T0278096

GÉNESIS

CREACIÓN EDÉN Y DILUVIO

MARCELO WALL

Editorial CLIE
www.clie.es

EDITORIAL CLIE
C/ Ferrocarril, 8
08232 VILADECAVALLS
(Barcelona) ESPAŃA
E-mail: clie@clie.es
http://www.clie.es

GÉNESIS. CREACIÓN, EDÉN Y DILUVIO
¿Qué trata de decir la Biblia?
ISBN: 978-84-19055-46-0
Depósito Legal: B 11139-2023
Religión y ciencia
REL106000

Impreso en Estados Unidos de América / *Printed in the United States of America*

23 24 25 26 27 LBC 5 4 3 2 1

Acerca del autor

Marcelo Wall obtuvo su maestría en estudios teológicos con énfasis en el Nuevo Testamento en el Seminario Teológico Providence (Canadá). Es de nacionalidad paraguaya y creció en un ambiente multicultural. Es profesor de materias bíblicas y de idiomas –como griego y hebreo–, en la Universidad Evangélica de Paraguay. Ha sido ordenado en la Iglesia Hermanos Menonitas y forma parte del gremio de predicadores en su iglesia. Le es de sumo interés el fuerte impacto de la Biblia en muchas vidas y, en especial, la interpretación y cosmología de esta en comparación con la científica. Como exégeta bíblico, acompaña en varias traducciones bíblicas a idiomas nativos en su país. En su tiempo libre escribe en su blog bibliayterere.com y como todo buen paraguayo, le gusta compartir el deleite del tereré y de un rico asado.

Índice

Abreviaturas

LIBROS BÍBLICOS Y PARABÍBLICOS

Gn	Génesis
Éx	Éxodo
Lv	Levítico
Nm	Números
Dt	Deuteronomio
Jos	Josué
Jue	Jueces
1Sa	1 Samuel
2Sa	2 Samuel
1Re	1 Reyes
2Re	2 Reyes
1Cr	1 Crónicas
2Cr	2 Crónicas
Esd	Esdras
Neh	Nehemías
Sal	Salmos
Pr	Proverbios
Ec	Eclesiastés
Is	Isaías
Jer	Jeremías
Ez	Ezequiel
Da	Daniel
Os	Oseas
Jon	Jonás
Nah	Nahum
Hab	Habacuc

Sof	Sofonías
Zac	Zacarías
Mt	Mateo
Mr	Marcos
Lc	Lucas
Hch	Hechos
Ro	Romanos
1Co	1 Corintios
2Co	2 Corintios
Gá	Gálatas
Fil	Filipenses
Col	Colosenses
1Ti	1 Timoteo
2Ti	2 Timoteo
Heb	Hebreos
Stg	Santiago
1Pe	1 Pedro
2Pe	2 Pedro
Jud	Judas
Ap	Apocalipsis
1Q20	Génesis apócrifo arameo
2Bar	2 Baruc
4Esd	4 Esdras
Ep. Ber.	Epístola de Bernabé
Jub	Jubileos
Opif.	De opificio mundi (De la creación del mundo)
Sab	Sabiduría de Salomón
Sir	Ben Sira
ViAd	Vida de Adán y Eva

ABREVIACIONES GENERALES

a.C.	antes de Cristo
ADN	ácido desoxirribonucleico

aprox.	aproximadamente
cap.	capítulo
d.C.	después de Cristo
gr	griego
heb	hebreo
pág.	página
v.	versículo

BIBLIAS

BLP	Biblia La Palabra
BNP	Biblia de Nuestro Pueblo
DHH	Biblia Dios Habla Hoy
DHH-E94	Biblia Dios Habla Hoy de Estudio 1994
JBS	Biblia del Jubileo
LBLA	La Biblia de Las Américas
LXX	Septuaginta (Biblia traducida al griego)
NA[28]	Texto Griego Nestle-Aland de la Deutsche Bibelgesellschaft (28ª ed.)
NTV	Biblia Nueva Traducción Viviente
NVI	Biblia Nueva Versión Internacional
RV60	Biblia Reina Valera 1960
RVA2015	Biblia Reina Valera Actualizada 2015
RVC	Biblia Reina Valera Contemporánea
TLA	Biblia Traducción al Lenguaje Actual
UBS[5]	Texto Griego de las Sociedades Bíblicas Unidas (5ª ed.)

OBRAS Y SERIES DE OBRAS DE REFERENCIA

BZAW	Beihefte zur Zeitschrift für die alttestamentliche Wissenschaft
COQG	Christian Origins and the Question of God
COS	Context of Scripture
ETSCL	The Electronic Text Corpus of Sumerian Literature
FOTL	Forms of Old Testament Literature Series

JSOTSS	Journal for the Study of the Old Testament Supplement Series
KTU	Keilalphabetische Texte aus Ugarit
NIDOTTE	New International Dictionary of Old Testament Theology and Exegesis
OTS	Oudtestamentische Studiën
Quaest. Gen.	Quaestiones in Genesim et Exodum (Preguntas en Génesis y Éxodo)
SB	Subsidia Biblica
SSTJNTT	Studies in Second Temple Judaism and New Testament Texts
SupJSJ	Supplements to the Journal for the Study of Judaism
UBS	Sociedades Bíblicas Unidas
WUNT2	Wissenschaftliche Untersuchungen zum Neuen Testament 2ª serie
ZIBBC	Zondervan Illustrated Bible Background Commentary

REVISTAS ACADÉMICAS

BBR	Bulletin for Biblical Research
Bib	Biblica
BibSac	Bibliotheca Sacra
BJRL	Bulletin of the John Rylands Library
Eur J Hum Genet	European Journal of Human Genetics
Genome Res	Genome Research
J. Creation	Journal of Creation
JBL	Journal of Biblical Literature
JBL	Journal of Biblical Literature
JETS	Journal of the Evangelical Theological Society
JR	The Journal of Religion
RSR	Religious science research
VT	Vetus Testamentum
WTJ	Westminster Theological Journal

SERIES DE COMENTARIOS

AB	Anchor Bible
AOTC	Abingdon Old Testament Commentaries
BCBC	Believers Church Bible Commentary
BECNT	Baker Exegetical Commentary on the New Testament
JPS	Jewish Publication Society
NICNT	New International Commentary on the New Testament
NICOT	New International Commentary on the Old Testament
NIGTC	New International Greek Testament Commentary
WBC	Word Biblical Commentary

Prólogo

Leer es uno de los placeres más hermosos, únicos y desafiantes que disfruto en la vida. Leer buenos libros, bien escritos, con solidez argumentativa y que plantean reflexiones novedosas e informadas, siempre resulta ser una aventura extraordinaria. Más aún, leer excelentes libros, con múltiples entradas, transdisciplinarias, polémicas, debatibles y opinables, y que invitan a desaprender para aprender nuevamente, me parece una caminata feliz que saboreo plenamente como expresión de la gracia de Dios.

El libro de profesor Marcelo Wall, *Génesis: Creación, edén, diluvio*, es uno de esos libros que producen placer y alegría e invitan al diálogo fraterno. Es uno de esos libros provocadores y que desmantelan prejuicios, desde la primera página, hasta el final, y que se disfruta, capítulo tras capítulo, con creciente expectativa. No exagero entonces si afirmo que, luego de la lectura del libro, uno comprende mejor la pregunta que plantea el autor en el título del mismo: ¿Qué trata de decir la Biblia? Y, desde esa pregunta, dialoga creativamente con una diversidad de puntos de vista, plantea argumentos con claridad y solidez, desmadeja hipótesis e invita a repensar la fe encarando los desafíos que plantean las ciencias.

Aunque el título comienza con la palabra *Génesis*, uno se engaña si cree que únicamente el libro trata sobre el primer libro del Antiguo Testamento y, particularmente, sobre los tres primeros capítulos en los que parecen concentrarse los distintos abordajes de los expertos que intentan desentrañar el mensaje contenido en los relatos que aquí se entrecruzan. En realidad, el libro es un diálogo con distintas perspectivas y con otros libros de la Biblia que, de una u otra manera, hacen referencia a los temas que están presentes al inicio del relato de *Génesis*. (Salmos, Profetas, Nuevo Testamento). Es, además, un diálogo abierto, franco, intenso, fructífero y crítico con otras disciplinas académicas, entre ellas, la teología.

El autor, paso a paso, va explicando su punto de vista en interacción permanente con diversos especialistas en Génesis y con los argumentos de las ciencias. Las citas bibliográficas que inserta en el transcurso de la discusión, indica que está bien informado y que conoce de primera mano la discusión académica contemporánea. En cada capítulo explica abiertamente los distintos enfoques, expone claramente su comprensión del tema o temas en discusión, y finaliza con conclusiones que sintetizan todo lo discutido y su propia opinión.

Luego de leer el libro, una de las primeras reacciones que tuve fue decirme a mí mismo: ¡Qué arriesgado es el autor! Así es en afecto, porque uno tiene que ser bastante arriesgado para escribir un libro sobre temas bastante trajinados y discutidos desde distintos ángulos a lo largo de muchas décadas, pero que, sin embargo, se pueden abordar desde otros marcos teóricos, metodologías y preguntas que aún no fueron respondidas. Valoro mucho el coraje y la seriedad académica con la que el autor escribe un libro necesario y pertinente, no solo para un público religioso, sino para todas las personas amantes de la verdad, sean o no cristianos.

Él mismo confiesa que afirma la autoridad de la Biblia como lo haría un creyente evangélico en cualquier contexto o frontera de la vida, pero precisa que esa confesión no significa ni implica que uno no esté abierto al diálogo y que cierre su mente a interactuar con otros que también, partiendo del rigor académico, no desertan de su fe, sino que en ese tránsito de búsqueda y de reflexión, la misma se va ahondando. Aunque, tal vez, el autor no diría que es un biblista, sin embargo, para quien lee el libro, resulta claro que maneja con destreza las herramientas de las ciencias bíblicas y que es un teólogo que sabe dialogar con respeto y tolerancia con quienes tienen una opinión distinta a la suya.

Usted tiene en sus manos, entonces, un libro bien escrito, adecuadamente documentado, explicado con rigor académico, fruto de una intensa investigación, y con un contenido sumamente útil para el diálogo con otras disciplinas, otras religiones y el variado menú de opiniones al interior de las iglesias cristianas sobre temas en los que no necesariamente coinciden los puntos de vista y que exigen diálogo, respeto y tolerancia.

¡Disfrutará su lectura! Especialmente, si tiene una mente abierta y un corazón dispuesto a desaprender para seguir aprendiendo y para saber que no está solo en este peregrinaje en el que, a cada tramo o en cada recodo del mismo, los saberes se van enriqueciendo y las experiencias de reflexión comunitaria embellecen la vida.

Darío A. López Rodríguez.
Villa María del Triunfo, Lima-Perú, abril del 2023.

Introducción

¿De dónde venimos? ¿De dónde surgió el universo? ¿Cómo llegamos a ser lo que somos? ¿En cuánto tiempo se formó la tierra? Muchos argumentos se han elaborado para explicar que la teoría de la evolución revela los millones de años que tardó hasta que de una partícula más pequeña surgió un planeta tan complejo como lo es nuestra tierra. Por otro lado, muchos cristianos han presionado en contra de estas opiniones, argumentando que a Dios le bastó una semana para formarlo todo. Los medios de comunicación muchas veces nos pintan una guerra entre la ciencia y la Biblia. ¿Qué pasaría si te dijera que no hay contradicción entre millones de años y siete días? Sí escuchaste bien, ¿qué pasaría si en realidad la Biblia y la ciencia no estarían en contradicción? En este libro explico que, si leemos la Biblia como quiere ser entendida y escuchamos a la ciencia sobre nuestro mundo, no habría una brecha entre la fe y la razón como muchas veces es aludida.

Si Dios está en el cielo y nosotros aquí en tiempo y espacio, ¿qué tiene que ver Dios con nosotros? Este fue el razonar de un joven ateo. Los tres primeros capítulos de la Biblia parecen justamente explicar esta incógnita: ¿qué tiene que ver Dios con nosotros? Es a partir de aquí que la venida de Jesús y su victoria realmente llegan a recibir un sentido más completo. ¿Podría ser que no conocemos del todo bien el mensaje de Génesis? Para la fe cristiana, los primeros capítulos de Génesis han sido fundamentales. Sin embargo, como este joven ateo, hay muchos que viven con más preguntas que respuestas sobre un libro tan importante.

Aunque en la historia hay más literatura desde los teólogos acerca de esta pregunta, hoy en día parece que nos dejamos llevar por lo que los científicos dicen. Hay poca literatura presente en nuestras iglesias de parte de gente estudiada en la Biblia para afrontar estas preguntas. Quizá sea por las minas que están escondidas en la temática, que fácilmente pueden explotar y, quizá, hasta arruinar una carrera teológica. Sin embargo, creo que estas preguntas son tan importantes que vale la pena poner la carne al asador. Si al final no está de acuerdo conmigo, no se preocupe, puedo vivir con diferentes opiniones. Pero no puedo dejar que la Biblia sea simplemente interpretada por científicos. Mi anhelo es que, a través de este libro, la Biblia pueda recobrar toda su fuerza y su impacto que contiene esta hermosa Palabra de Dios en nuestras vidas e iglesias.

La Biblia nos deja simplemente perplejos. Si conocemos la fuerza de gravedad, ¿por qué Dios tuvo que limitar a las aguas para que surja la tierra seca? Por otro lado, la francesa ya fallecida Jeanne Calment mantiene el récord mundial de nuestra época de longevidad con unos 122 años.[1] ¿Cómo es entonces que Matusalén pudo haber vivido 969 años? ¿Cómo Noé pudo tener a sus hijos recién a sus 500 años? Me imagino que lo habrá festejado a lo grande, el primer hijo junto al cumpleaños de medio milenio, quizá con un buen asado, como lo hacemos aquí en el sur. El lector moderno puede llegar a sentirse como en un laberinto entre las historias de la Biblia y las evidencias científicas. Son justamente estas y muchas preguntas más que este libro trata de mostrar cómo Génesis tiene respuestas a preguntas modernas, aunque quizá no aparezcan a primera vista.

¿POR QUÉ ESTE LIBRO?

Era un verano caluroso, estaba en una piscina refrescándome del calor tan dominante en nuestro querido Paraguay, que lo llamamos el corazón de Latinoamérica. Estaba de vacaciones del año lectivo, durante el cual trabajaba como capellán en un colegio cristiano. Lo mejor del trabajo, en comparación con los líderes juveniles, es que podía acompañar a los jóvenes y niños también los lunes o justo antes de un examen, cuando se encontraban en uno de sus más difíciles momentos. Estas vacaciones iban a ser diferentes porque había adquirido un libro para prepararme a enfrentar la tan temida teoría de la evolución. Lo devoré por lo interesante que era y porque me animaba a confrontar esta supuesta amenaza global.

---

1. Gerontology Research Group, "Gerontology Research Group (Grupo de Investigación Gerontología) - Verified Supercentenarians". *Gerontology Research Group*, 1 de enero de 2015, https://grg.org/Adams/B.HTM.

Cuando regresé al colegio, me encontré en una situación en la que había dado un devocional sobre Génesis y la creación a los chicos que, sin mi conocimiento, justo habían estudiado en la clase de ciencias naturales algo de genética y la teoría de la evolución y, en historia, el tiempo paleolítico, más conocido como la antigua edad de piedra (sí, de Los Picapiedra). Este devocional fue diferente a todos los demás. No solo me encontré en un dilema de que la ciencia y la Biblia parecían estar uno contra otro a puños, sino que también entre los docentes no había una claridad en cómo abordábamos este dilema. ¿Cómo podía responder a las preguntas tan profundas de los estudiantes? Pensé en mi interior ¡qué responsabilidad más grande de afrontar esta aparente contradicción junto con ellos que muy probablemente definirá mucho de su vida posterior!

Las preguntas de los estudiantes me dieron una lección de vida. Como buen docente traté de aprender más de mis estudiantes que ellos de mí. ¡Y vaya resultado! Mi reflexión del dilema entre lo que dice la Biblia sobre los siete días, el cálculo de los años de las genealogías y el diluvio, me llevó a contrastar con las mediciones de los espectros de las luces que nos llegan de las estrellas, que cuentan historias aparentemente tan contradictorias. En mi proceso de reflexionar sobre estas preguntas, dos de ellas me llegaron al fondo del corazón: ¿será que la naturaleza podría decirnos algo diferente de lo que la Palabra de Dios nos dice? Lo que me llevó a la siguiente pregunta: ¿hemos entendido bien la ciencia y, sobre todo, lo que la Biblia trata de comunicar?

El intento de sobreponer en forma directa la ciencia con sus tiempos y los días como etapas o periodos no me fue satisfactorio. Pues este razonamiento me presionaba a ajustar la Biblia a lo que la ciencia dictaba. Debía haber una manera mejor. En librerías cristianas encontraba una gran cantidad de libros sobre el dilema del Génesis, pero casi todos eran escritos por científicos y no por gente estudiada en la Biblia. Esta es la razón detrás de este libro. Si has escuchado de este dilema desde la perspectiva científica, por qué no adentrarse en lo que la Biblia tiene para ofrecer.

Que no nos suceda como al padre de aquella anécdota en la que un niño le había contado a su padre lo aprendido en el colegio: ¡descendemos de los monos! a lo que el padre haya respondido: tú quizás, pero yo no.

CÓMO SE COMPONE EL LIBRO

El libro está organizado de la siguiente manera: empezamos con una reflexión sobre qué maneras existen de leer la Biblia y cuál de ellas quiere la Biblia que usemos para respetarla por lo que es. A partir de ahí, nos adentramos a Génesis 1–3, donde trato de mostrar que muchas veces ni conocemos bien las historias porque existe una gran probabilidad de que la última vez que hemos leído o escuchado estos relatos bíblicos fue cuando éramos niños. De la creación y el paraíso, nos adentramos en la pregunta del diluvio y sus consecuencias no solo para el mundo, sino para entender mejor lo que el resto de la Biblia trata de decirnos. Del diluvio nos vamos a la pregunta de qué nos pueden delatar las destrucciones del mundo en la Biblia sobre la creación de la tierra. Es sobresaliente lo que podemos aprender de la creación partiendo del estudio de las destrucciones del planeta. Aquí analizamos las aguas, el fuego y las estrellas cayendo, rasgando el nuevo cielo y la nueva tierra.

Pero lo que une estos dos mundos son el primer Adán y el último que es Jesús. Por esta razón, necesariamente debemos entrar en la pregunta sobre el Adán histórico en Génesis, si Adán y Eva existieron y cuándo. Esta cuestión es una excelente muestra de cómo la ciencia y la fe parecen enfrentarse y cómo se pueden encontrar. Es justamente esta la siguiente pregunta que se trata de responder: ¿cómo debemos abordar los dos mensajes de la ciencia y la Biblia entre los cuales vivimos los cristianos, como en un desfasaje, tratando de bailar en dos pistas a la vez? Déjeme llevarle a lo largo de estas preguntas tan importantes para todos. Digo para todos, porque una de las cuestiones que depende de estas respuestas es lo que significa ser un humano. Asunto que nos incumbe a todos los que somos humanos. Finalmente, terminamos con la pregunta sobre cuál es entonces el mensaje de Génesis para nosotros hoy en día. Un mundo que es sobrevolado por satélites, donde las vacunas llevan un mensajero a nuestro ADN. ¿Qué podría decirnos un libro tan antiguo como Génesis a nosotros?

IMPORTANTE A CONSIDERAR

Antes de iniciar, quisiera aclarar que creo en la inspiración divina de la Palabra de Dios. Soy cristiano y sigo al Señor Jesús aún con mis luchas y debilidades. Quizás las palabras de Agustín de Hipona nos ayudan a aclarar de lo que se trata el libro:

> *No luchamos por la sentencia de la divina Escritura, sino por la nuestra, al querer que la nuestra sea la de la divina Escritura, cuando más bien debemos querer que la de la Escritura sea la nuestra.*[2]

No se trata de si la Biblia tenga autoridad o no, este libro y autor aceptan de antemano la inspiración divina de la Palabra de Dios. A la vez, sí se trata de cómo la interpretamos.

Podemos estar de acuerdo en lo que dice la Biblia, pero esto no significa que estaremos de acuerdo sobre lo que quiere decir la Biblia. Este libro como su autor aceptan que Dios puede hacer grandes milagros, incluso un arca que sea más grande por dentro que por fuera. Pero al mismo tiempo, aquí se tratan las preguntas de cómo entender la Palabra de Dios y su querido mundo por el cuál ha dado su hijo amado. Es este enfoque misionero lo que me ha llevado a escribir este libro. ¿Cómo podemos ser proclamadores del mensaje de Cristo en medio de un mundo que parece ser tan diferente al de la Biblia?

Un estudio realizado a lo largo de cinco años por la Barna Group, que hace investigaciones en las iglesias cristianas, ha identificado seis razones por la que la generación considerada *millenials* (nacidos entre 1981 y 1996) haya dejado la iglesia. La tercera razón de estas fue que la iglesia actual tiene una actitud antagonista hacia la ciencia.[3] Mi preocupación radica en que sé que, entendiendo mejor la Biblia y la ciencia, tendremos un mejor futuro para nuestros jóvenes. La Palabra de Dios tendrá relevancia para ellos y tendrá su impacto en un mundo que ha cambiado bastante.

---

2. Agustín, *Comentario Literal al Génesis*, trad. Lope Cilleruelo García (Madrid, España: Biblioteca Autores Cristianos, 1989), § 1.18.37, http://www.augustinus.it/spagnolo/genesi_lettera/index2.htm.

3. David Kinnaman, *You Lost Me: Why Young Christians Are Leaving Church… and Rethinking Faith* (Grand Rapids, MI, EE.UU.: Baker, 2016), 131–46. Para un breve resumen, ver "Six Reasons Young Christians Leave Church", *Barna Group*, 27 de septiembre de 2011, https://www.barna.com/research/ six-reasons-young-christians-leave-church/.

¿Está todo clarito en Génesis?

Tantas clases de idiomas hay, seguramente, en el mundo, y ninguno de ellos carece de significado. Pero si yo ignoro el valor de las palabras, seré como extranjero para el que habla, y el que habla será como extranjero para mí (1Co 14:10-11).

LOS PRIMEROS CRISTIANOS

Cuando abrimos la Biblia y leemos una historia, solemos saltar palabras, frases o versículos enteros, hasta llegar a la parte que decimos saber que contiene la enseñanza para nosotros, como lo hemos aprendido. Pues a menudo pensamos que ya entendemos cabalmente lo que la Biblia dice. Pero ¿es tan claro y obvio lo que la Biblia quiere comunicar? Esta es una pregunta que trataré de hacer una y otra vez a lo largo de este libro. La intención no es para nada hacerle dudar al creyente de nuestro gran Dios, sino es tratar de abrir nuevamente la Biblia y analizar cuál forma de interpretación hemos aprendido. No me enfocaré en las evidencias científicas, como muchos libros lo suelen hacer. Aquí trataré de explicar qué es lo que la Biblia quiere transmitir.

El relato de Génesis 1, los días de la creación, ha sido objeto de disputa por varios años. No estoy hablando solamente de los últimos 20 años, sino de siglos e incluso milenios. Pero a lo largo de la historia, personas que han leído e interpretado el primer capítulo de la Biblia, la han entendido de manera muy diferente. A pesar de ello, la gran mayoría de estas personas creían en el mismo Dios que los cristianos creemos hoy en día. ¿Cómo es posible que crean en el mismo Dios, pero entiendan su mensaje tan diferente?

En primer lugar, muchos libros que tratan sobre Génesis 1, hablan de evidencias científicas. Sea a favor o en contra, nos muestran que se parte de una forma bien establecida de leer el Génesis. Mejor dicho, presumen de que todo está bien clarito en el relato bíblico. Esta forma de acercarse al debate del origen está fuertemente influenciada por el modernismo, enfatizando potentemente el análisis del mundo y sus eventos desde una perspectiva científica. Esto quiere decir que se asume que solo se puede determinar por cierto según el método científico. Solo puede ser verdad si es posible repetir la hipótesis y, en la reproducción del evento, que el resultado sea siempre el mismo. Esta es una de las razones por las que los milagros hoy en día son criticados o exaltados por algunos.

Sin embargo, el libro de Génesis no siempre se interpretó de esta manera científica. No lo leían como el lector moderno lo lee. En realidad, a veces nos asustamos de las maneras en que personas creyentes han leído el relato del Génesis. En los tiempos de la composición del Nuevo Testamento, entre 40 a.C.-60 d.C., un filósofo judío llamado Filón de Alejandría, decía que los seis días no hablan del tiempo que Dios tardó en sus acciones creadoras, sino de la necesidad del orden que requería tener lo creado. Este ejemplo presenta una enseñanza muy diferente a la que el lector moderno está acostumbrado. Para Filón, la enseñanza de Génesis 1 es el orden divino. Para el lector moderno suele ser difícil entender cómo el orden de lo creado sea lo central del capítulo. Le concierna más la cronología y las dificultades científicas con lo relatado en la Biblia. Una de las preguntas modernas, por ejemplo, suele dirigirse hacia el problema de los primeros tres días, cómo podían existir las plantas sin el sol que recién aparece en el cuarto día.

Por otro lado, Justino Mártir (100-165 d.C.) e Ireneo (130-202 d.C.), conocidos teólogos en la iglesia primitiva, tenían problemas similares con entender los días como periodos de doce o 24 horas. Ellos argumentaban que el texto de Génesis no habla del tiempo de la creación, ya que el tiempo se había creado durante la creación. En específico, ellos afirmaban que Dios creó el tiempo recién durante el cuarto día. Esto es muy parecido a algunas interpretaciones modernas que tratan de superponer los tiempos de Génesis y la ciencia. Justino Mártir e Ireneo apoyaban su explicación en Sal 90:4 y 2Pe 3:8, donde los autores bíblicos señalan que los días de Dios son como mil años.

En la *Epístola de Bernabé* (70-132 d.C.), el autor cristiano también siguió esta interpretación. Allí encontramos que la analogía del día como mil años, no solo le dio argumentos para interpretar los comienzos, sino también el fin: "Terminó en seis días. Quiere decir esto que, en seis mil años, el Señor dará fin a todas las cosas" (Ep.

Ber. 15:4).[1] Muchos de los lectores modernos tendrían problemas con esta interpretación, porque significaría que en septiembre del año 2239 d.C. se acabaría el mundo, según el calendario actual de los judíos.[2] Esta clase de afirmaciones explica mucho de las fanáticas búsquedas cronológicas de la fecha exacta del fin del mundo. Se debe aclarar que hay varios cálculos diferentes de los periodos bíblicos, desde la creación hasta el éxodo de Egipto y desde este éxodo hasta los tiempos de David.[3] Estas variaciones vendrán a ser muy importantes más adelante.

También encontramos en los *Fragmentos de Papías* una explicación muy común entre los líderes de la iglesia primitiva de la creación. Por ejemplo, Atanasio de Sinaí escribe que Papías (70-163 d.C.), Clemente (150-215 d.C.) y otros grandes eruditos de la iglesia primitiva, "estaban de acuerdo entre sí en entender toda la obra de los seis días (como refiriéndose) a Cristo y a su iglesia".[4] Aunque no queda del todo claro lo que significa esto, notamos algo bien diferente a la lectura moderna.

Unos años más tarde, Agustín de Hipona (354-430 d.C.), pareciera ser muy revolucionario cuando explicó que Dios no necesitó seis días para formar la tierra. Para él como para sus contemporáneos era lo más obvio que Dios habría creado todo en su primer pensamiento. Ni hacía falta decirlo, ni trabajar o tomarse un tiempo de descanso. A la pregunta: ¿por qué entonces la narrativa de los seis días? él respondía que fue una manera en que nosotros podríamos entender lo que había sucedido. La manera científica de leer el relato podría tener sus problemas con esta interpretación mucho más teológica de Agustín.

Para Agustín y sus contemporáneos había una lógica teológica que se basaba en la naturaleza de Dios mismo. Primero se debía definir lo que Dios era, y luego de esa base toda la interpretación

1. Traducción de Alfonso Ropero, ed., *Obras escogidas de los Padres apostólicos* (Barcelona, España: Clie, 2018), 276.
2. Ver también John C. Lennox, *El principio según el Génesis y la ciencia: siete días que dividieron el mundo* (Barcelona, España: Clie, 2018), 35.
3. Para el texto masorético, la Biblia hebrea, el año 6000 hubiera sido 1836 d.C.; según la Biblia griega (LXX) el año 6000 hubiera sido en 725 d.C. y, según Josefo, ese año hubiera sido en 1912 d.C. Marshall D. Johnson, *The Purpose of the Biblical Genealogies: With Special Reference to the Setting of the Genealogies of Jesus* (London, Reino Unido: Cambridge University Press, 1969), 262–65.
4. Ropero, *Obras escogidas de los Padres apostólicos*, 321.

de la Biblia debía someterse a esa definición. Este punto de partida llegaba a ser su presupuesto general (su *a priori*), desde el cual analizaban y deducían la verdad de toda cosa. Para los reformadores del siglo XVI una de sus reivindicaciones fue dejar que la Biblia hable por sí misma, sin someterla de antemano a estos dogmas iniciales. Pretendían que las creencias y doctrinas siguieran a la Biblia, y no la Biblia a aquellas. La Biblia debía ser el criterio último de toda verdad cristiana. Esto, como es sabido, no resolvió las disputas religiosas, pues cada cual siguió su particular método de interpretación (sus *presupuestos*), de modo que se produjo una intensa guerra de interpretaciones. Tocante al tema que nos ocupa, es importante indicar que en aquel entonces ni la Iglesia católica ni las protestantes tenían una sola y única interpretación oficial de Génesis 1, ya que de un modo general todas admitían la existencia del universo como un acto creativo de Dios.

Es más, todas estas formas de interpretación y las siguientes, a lo largo de la historia del cristianismo, son interpretaciones de más de mil años después de David y aproximadamente unos 1500 años después de Moisés. Mucho puede suceder durante un siglo, y mucho más en milenios. Hoy ya estamos a unos 3000 años después de David o 4500 después de Moisés. Esto es una cuestión importante para poder escuchar lo que la Biblia quiere decir, hablando ya por tantos milenios. Las formas de interpretar la Biblia tienen su propia historia. Mientras que en el siguiente capítulo hablaremos sobre cómo se interpretaba el primer capítulo de la Biblia por lo menos unos 4 milenios antes, en este capítulo nos ocuparemos en cómo se interpreta Génesis 1 hoy en día.

LAS DIFERENTES INTERPRETACIONES DE GÉNESIS 1

Hoy en día existen varias maneras de interpretar el primer capítulo de la Biblia. De aquí en adelante, presentaré varias maneras de interpretar Génesis, que han sido modelos de interpretación para mayores grupos cristianos. Como hemos visto anteriormente, nuestra mente moderna está impregnada de la insoluble unión entre la ciencia y la palabra de Dios, por lo que la mayoría de estas interpretaciones trata de compaginar la Biblia y los descubrimientos científicos. No trato de establecer una verdad científica, sino de establecer una ruta a seguir de lo que la Biblia trata de transmitir al hablar de creación. Para esto he tratado de categorizar las interpretaciones en seis diferentes grupos. Explico cada grupo y, seguramente, veremos reflejado en uno o varios grupos nuestra propia interpretación. He llamado a estos grupos de la siguiente manera, para que puedan ser fácilmente reconocibles por su nombre:

1. Prescripción científica.[5]
2. Días simbólicos (días = periodos).[6]
3. Hipótesis de intervalo.
4. Completa analogía.[7]
5. Historia en su contexto cultural.[8]
6. Cosmología Antigua.[9]

1. Prescripción científica

La interpretación de Génesis como una prescripción a la ciencia, ha aparecido desde los momentos en que los descubrimientos científicos empezaron a ir claramente a lo que dice la Biblia. Un ejemplo es que en la Biblia la luna es una luminaria que emite luz, pero para Copérnico era observable que había lugares oscuros en la luna. Por lo tanto, la consideró un satélite natural que refleja la luz del sol. Sin embargo, la posición de demandar de la Biblia una prescripción científica ha tenido un largo trayecto desde la edad media. Esta interpretación se incrementó excepcionalmente después de la segunda guerra mundial en Estados Unidos y también en Europa.[10]

5. En los análisis científicos, este grupo suele determinarse como Creacionismo de Tierra Joven (CTJ). Una buena descripción se encuentra en Antonio Cruz, *A Dios por el ADN* (Barcelona, España: Clie, 2017), 214.

6. En lo científico, este grupo suele determinarse Creacionismo de Tierra Antigua (CTA). Para una buena descripción de esta teoría científica, ver Cruz, *A Dios por el ADN*, 232–33.

7. El mejor representante sigue siendo Agustín de Hipona.

8. Buenos representantes serían Tremper Longman, *"What Genesis 1-2 Teaches (and What It Doesn't)"*. En *Reading Genesis 1-2: An Evangelical Conversation*, ed. J. Daryl Charles (Peabody, MA, EE.UU.: Hendrickson, 2013); Luis Alonso Schökel, *Hermenéutica de la palabra: interpretación literaria de textos bíblicos*, vol. 2 de *Academia Cristiana* 38 (Madrid, España: Ediciones Cristiandad, 1987).

9. Un buen representante de esta forma de interpretación es John H. Walton, *El mundo perdido de Génesis uno: cosmología antigua y el debate de los orígenes*, trad. Jorge Ostos (Salem, OR, EE.UU.: Kerigma, 2019), 15–20.

10. Nicolaas A. Rupke, "Reclaiming Science for Creationism", en *Creationism in Europe*, ed. Stefaan Blancke, Hans H. Hjermitslev y Peter C. Kjærgaard (Baltimore, MD, EE.UU.: John Hopkins University Press, 2014), 242. Rupke explica este auge posguerra por el neocatastrofismo, ya que la ciencia inició en el discurso de cómo terminaría la humanidad (ej. cometa, tsunami, etc.). Tres factores son citados como sinergéticos a este neocatastrofismo,

Hoy día, la interpretación ha sido popularizada, en especial, desde los Estados Unidos. El eje del movimiento llamado creacionismo científico ha sido el ingeniero hidráulico Henry M. Morris, a partir de 1950. Desde entonces, Morris había publicado más de 25 libros defendiendo su interpretación especialmente ante la, según él, amenazante teoría de la evolución. Su posición interpretativa es sumamente elaborada. Se trata de un esquema científico, una historia de la formación del mundo y de las diferentes especies de animales, utilizando como autoridad literal a Génesis 1-11. Para los que hemos crecido en hogares cristianos, esta posición es la más fácil de comprender y de seguir, en especial si se tuvo poco o ningún contacto con estudios científicos.

Es importante reconocer que esta interpretación se desarrolló más detallada y expansivamente, en parte por el cambio del currículum nacional de los colegios al término de la Segunda Guerra Mundial. El nuevo currículum exigía enseñar la teoría de la evolución. Por lo tanto, este grupo creacionista trabajó fuertemente defendiendo la historia de la creación como parte del currículum en sus colegios. El enfoque fue presentado como un currículum paralelo, para que padres y profesores puedan seguir enseñando el currículum anterior y no la teoría de la evolución.[11]

El Museo de la Creación en Petersburgo, Kentucky, Estados Unidos, mantiene esta forma de explicar el mundo. Ken Ham, quien es el director del museo también construyó un arca según las medidas presentadas por Dios a Noé en Génesis 6. Es interesante que en la página web del museo se puede encontrar un fuerte énfasis en las palabras utilizadas en la Biblia, según la versión King James, para explicar lo que la ciencia debería enseñar.[12]

La propuesta es interesante, ya que elimina cualquier autoridad que la ciencia pueda tener. Esto libera a los lectores de la Biblia de cualquier problema teológico que pueda aparecer entre la ciencia y la fe. Morris explica el punto de partida de su interpretación de Génesis de la siguiente manera:

que posibilitaron la expansión del creacionismo científico: 1. la fuerte inclinación de leer la Biblia de manera literalista; 2. la separación de muchas iglesias del estado; 3. el efectivo uso de los medios de comunicación de parte del movimiento (pág. 244).

11. Gerald Rau, *Mapping the Origins Debate: Six Models of the Beginning of Everything* (Downers Grove, IL, EE.UU.: IVP Academic, 2012), 184–85.

12. Creation Museum, "Creation and Science", *Creation Museum*, s.f., https://creationmuseum.org/creation-science/ accedido el 2 de enero de 2020.

> *No hay alternativa. Si la Biblia es la Palabra de Dios —y lo es— y si Jesucristo es el infalible y omnisciente creador —y lo es— entonces debe ser creído firmemente que el mundo con todas sus cosas fueron creados en seis días naturales y que los largos periodos de la historia evolutiva nunca sucedieron.[13]*

Con esta afirmación, Morris arriesga toda la fe en que la Biblia sea la Palabra de Dios, y que Jesús sea el creador de todo, por la longitud de los seis días de Génesis 1. Realmente es un paso muy valiente, sin embargo, también bastante arriesgado. Además, se puede notar que lo más importante para Morris es la refutación de los largos periodos que una evolución podrían presentar para la lectura de Génesis 1. Para él, todo se basaba en la cuestión de la longitud de los días. Esto significa que, toda interpretación de Génesis que explique que el mundo solamente tenía 144 horas de antigüedad desde sus inicios hasta su funcionamiento normal, es aceptada.

Sin embargo, que la inspiración divina de la Biblia y la acción creadora de Jesús dependan de esta interpretación es algo exagerada. Podría ser comparado con alguien que cuelga su fe cristiana en un clavito por un hilo demasiado fino. ¿Qué pasa si nuevos descubrimientos llegasen a mostrar evidentemente una evolución por más tiempo que 144 horas, como la luna que no emite luz propia? Por esta razón, esta interpretación sale de un *a priori*, que se negará todo lo que no encaja con el actual entendimiento de la lectura literal de la Biblia.

Ya los padres de la iglesia se habían hecho la pregunta, que surge nuevamente con estos 6 *días naturales*: ¿y qué de los días en los que no había sol todavía? ¿Cómo se cuentan las horas sin tener un sol? ¿Podría ser que la Biblia se habría referido realmente a *días naturales*? ¿Por qué la iglesia no simplemente eligió decir que eran días naturales y se acaba todo este dilema? Pues no les pareció muy responsable colgar su fe en Jesucristo, lo más precioso, en un hilo tan finito. ¿Y si se venía abajo? ¿Perderían su fe? ¿Cómo la Biblia con toda su sabiduría podría decir algo aparentemente incoherente? En toda la historia del cristianismo, nuestra fe en la inspiración divina de la Biblia y en Jesús de Nazaret como el Mesías resucitado en ningún momento ha dependido de la longitud de los seis días en Génesis 1.

---

13. Henry M. Morris, *Scientific Creationism* (San Diego, CA, EE.UU.: Creation-Life Publishers, 1974), 250–51.

Al interpretar el libro de Génesis, sale la pregunta de cómo llegaron estos capítulos a las manos de Moisés, a quien se suele atribuir los primeros cinco libros de la Biblia. Esta es una pregunta crucial en el laberinto de la interpretación bíblica. La respuesta a esta pregunta influye enormemente en cómo uno entiende la inspiración divina de la Biblia, pero en especial del libro de Génesis, donde Moisés todavía no aparece. Moderadamente, Henry M. Morris explica su propia teoría de la siguiente manera:

> *Pareciera ser lo más razonable creer que los registros de Génesis fueron redactados por testigos oculares y luego transmitido a través del linaje de los patriarcas, desde Adán a Noé, Abraham y finalmente… compilados y editados por Moisés… Lo primero (Gn 1:1–2:3) no pudo haber sido observado por ningún hombre, y **deben haber sido escritos por el «dedo» de Dios mismo.**[14]*

Esta explicación sobre cómo llegó a escribirse Génesis 1-2 adelanta ya algunas cuestiones de su interpretación. La propuesta parece algo fantástica, aunque claro, Dios lo pudo haber hecho. No se trata de creer que Dios podría haberlo hecho o no, sino si lo hizo o no y por qué lo deberíamos creer. Como la Biblia misma lo demuestra, el dilema es bastante más complicado. Según Morris, Dios ha escrito Génesis 1-2 con su propio dedo y es en esta teoría por la cual ahora se cuelga toda la inspiración divina y la fe en Jesucristo. Esto nuevamente es bastante peligroso para algo tan importante como la inspiración de la Biblia y nuestra fe en Jesucristo. Una interpelación a esta teoría sería la pregunta: ¿por qué la palabra "dedo" (heb. *etsba*) no aparece en todo el libro de Génesis? ¿por qué aparece el dedo de Dios con relación a escribir solamente en Éx 31:18 y Dt 9:10, ambos en relación con las tablas de la ley? Si tanto dependiera de esto, ¿no lo encontraríamos afirmado en la Biblia en algún lugar? Además, Morris mantiene como base de su lógica dos ideas que no son necesariamente bíblicas o científicas: a) Génesis 1 presenta un registro de datos científicos comparables con la idea científica moderna; b) Génesis 1-11 no son tradiciones orales, sino redactados por los mismos patriarcas.

---

14. Morris, *Scientific Creationism*, 205–6. Por otro lado, el neerlandés Jan C. Janse prefiere creer que Dios le ha mostrado a Moisés en una visión todos los sucesos de la creación. *La tiranía del evolucionismo*, trad. Juan-Teodoro Sanz Pascual, 2ª ed. (Barcelona, España: FELiRe, 1997), 33–37. Gratitud por esta última fuente alertada por Alfonso Ropero.

Esta forma de interpretar la Biblia es prácticamente una historia científica y una guía de autoridad para todo científico. Pero difícilmente pueda brindarnos con buenos indicadores de entender las historias de la Biblia o de cómo interpretarlas. En ocasiones, los promotores de esta interpretación de la Biblia no tienen estudios bíblicos universitarios, sino que son matemáticos, físicos, biólogos o, como Morris, ingenieros. No conozco iglesia que pediría a su pastor estudiar ingeniería para que nos enseñe cómo leer la Biblia. Sin lugar a duda, Dios pueda utilizar grandemente a estas personas y son profesiones muy loables. Pero, la Biblia con todos sus misterios no es tan fácil de comprender.

Preguntémonos ahora cómo Morris había llegado a interpretar la Biblia y la ciencia de tal manera. Esto realmente es una historia fascinante.[15] Quizá usted ha escuchado alguna vez una de las siguientes frases: "Toda la superficie de la tierra fue cambiada por el diluvio" o "el diluvio ha cambiado toda la geología" o algo como "antes del diluvio todo el ambiente y la tierra fue diferente y que después solo quedaron las ruinas de una creación perfecta". Estas ideas, curiosamente, han iniciado con la profeta adventista *del séptimo día* Ellen G. White. Ella redactó en 1890 algunas de sus visiones, y en el capítulo llamado "La semana literal", ella afirma que la creación del mundo fue en seis días literales.[16] ¿Por qué? Porque ella lo vio en una visión. Cabe destacar que *el séptimo día* es base teológica para su denominación. Entre las creencias adventistas figura que las palabras de White son autoritativas para la iglesia.[17]

Partiendo de esta visión autoritativa, el geólogo adventista George McCready Price, escribió en 1923 un libro de más de 700 páginas sobre una nueva forma de geología natural. Los últimos capítulos de su libro explican justamente que, anterior al diluvio global, la creación era perfecta y lo que quedó era una creación cambiada, "unas ruinas parcialmente recuperadas".[18]

---

15. El estudio clásico sobre esta línea de interpretación bíblica se puede encontrar en Ronald L. Numbers, *The Creationists: The Evolution of Scientific Creationism* (Berkeley, CA, EE.UU.: University of California Press, 1993), 184–213.

16. Ellen Gould White, *Patriarchs and Prophets* (Toronto, Canadá: Review and Herald, 1890), 111–16, http://archive.org/details/patriarchsprophe00whituoft.

17. Así lo describen en su página web oficial (bajo la sección "el don de profecía"): https://www.adventistas.org/es/institucional/creencias/

18. George McCready Price, *The New Geology* (Mountain View, CA, EE.UU.: Pacific Press, 1923), 681–83, https://archive.org/details/newgeologytextbo00pric.

Henry Morris, por su lado, se basó fuertemente en estas ideas geológicas y teológicas de Price, y las ha llevado al mundo de los evangélicos, incluso tratando de esconder su fuente, que por algunos habría sido considerada sectaria. En una carta, John C. Whitcomb, el coautor de Morris, reconoció que para sus escritos: "Price y el Adventismo del Séptimo Día juegan un papel crucial como apoyo". Sin embargo, decidieron no mencionar a Price en ninguno de sus escritos, pidiéndole incluso perdón por adelantado por no citarlo.[19] Sin menospreciar la actual interpretación bíblica, a pesar de estos inicios quizá no tan honorable, la prescripción científica en muchas ocasiones es la manera asumida que debería ser la más correcta. Pero veamos que proponen las siguientes interpretaciones.

2. Días simbólicos

Como lo dice su designación, los días son interpretados de manera figurativa. Esta manera de interpretar los seis días en Génesis 1 tiene sus precursores en Justino Mártir e Ireneo de Lyon, ya en el siglo II d.C. En la actualidad, existen varios seguidores de esta manera de interpretar el libro de Génesis. Es una manera de acomodar la historia de la Biblia como también los datos científicos para que puedan superponerse. Es decir, entiende que Génesis habla de sucesos científicos, pero acepta la longitud de los días de manera analógica.

Un buen representante de esta interpretación es el teólogo y biblista C. John Collins. Él explica que se debe iniciar leyendo Génesis por lo que es y lo que trata ser. Su presupuesto general se fundamenta en la naturaleza del objeto analizado. Como el conocido escritor C. S. Lewis lo había formulado:

> La primera calificación para juzgar cualquier objeto, desde un sacacorchos a una catedral es saber qué es, la intención de su efecto y la intención de cómo debe ser utilizado tal objeto.[20]

Este enfoque no sale de la necesidad de acomodar la Palabra de Dios y los datos científicos observables en nuestro alrededor. Sino que C.

19. Numbers, *The Creationists*, 198–99.
20. Lewis en C. John Collins, *"Reading Genesis 1-2 with the Grain: Analogical Days"*. En *Reading Genesis 1-2: An Evangelical Conversation*, ed. J. Daryl Charles (Peabody, MA, EE.UU.: Hendrickson, 2013), 73.

John Collins propone que Génesis 1-11 es el inicio de lo que viene en todo Génesis. No se pueden separar las dos secciones, porque los capítulos 12-50 están basados en lo transmitido en Génesis 1-11. En otras palabras, la historia de Abraham y José no hacen sentido, sin la historia de la creación, el pecado y el diluvio.

Para esta manera de interpretar, Génesis 1 no puede ser lo que se suele llamar "prehistoria o protohistoria". La llave para descubrir el verdadero significado de Génesis 1 está en la naturaleza de esta obra literaria. Independientemente del autor de Génesis 1, quien para C. John Collins es Moisés, lo que Génesis 1 es, debe ser lo mismo que Génesis 12-50. Por lo tanto, Génesis llega a ser la historia de la humanidad y del pueblo de Dios como la entendemos. Esta es también la manera de entender el relato de Génesis 1 de Gleason L. Archer en su conocida *Reseña crítica de una introducción al Antiguo Testamento*.[21]

Esta interpretación designada *días simbólicos* afirma que el texto de Génesis 1-3 no es precisamente un texto científico, sino «prosa exaltada». Pero se distingue claramente que Génesis 1-3 *no* es poesía, ya que la poesía tiene sus propias maneras de ser interpretada. Es decir que, para Collins, Génesis 1-3 es más que una simple narrativa o historia, pero no llega a ser una poesía. Ya que el estudio literario propone que la poesía es más propensa a utilizar lenguaje figurativo o hiperbólico[22] que un relato histórico, para esta interpretación Génesis es *sui generis*, un género literario sin igual. Aunque la historicidad de los sucesos individuales de la creación debe quedar intacta para esta interpretación, los días y el descanso de Dios en el séptimo día pueden ser considerados como figurativos.

Leyendo Génesis 1 de forma 100% literal, aparece el problema de que Dios descansa. ¿Cómo puede Dios descansar? ¿Es que se cansó trabajando? Jesús mismo se defiende al obrar en sábado, diciendo: "Mi Padre aún hoy está trabajando, y yo también trabajo" (Juan 5:17, NVI). Por lo tanto, la explicación dada para el simbólico descanso de

---

21. *Reseña crítica de una introducción al Antiguo Testamento*, trad. Edwin Sipowicz y Francisco Liévano (Grand Rapids, MI, EE.UU.: Portavoz, 1981), 204-7. Es curioso que inicia su argumento sobre su interpretación con la acotación de cómo calcular los años los geólogos, terminando nuevamente con un apartado argumentando por ocho páginas en contra de la teoría de la evolución.

22. Una hipérbole es un aumento o disminución excesiva de aquello de que se habla.

Dios es que en realidad había terminado su obra «creadora», pero no había dejado de trabajar a favor de los humanos.

Es más, en Génesis, el séptimo día de la creación no llega a un final como los otros seis que todos concluyen con la frase "y fue la tarde y fue la mañana: el x día". Este detalle es tomado en cuenta por los defensores de esta interpretación. ¿Por qué no llega a un final el séptimo día? ¿Se le olvidó al redactor ponerlo? El detalle resalta en esta interpretación porque su punto de partida está en el análisis de lo que Génesis es, una obra literaria inspirada, pero una obra literaria.

La interpretación días simbólicos entiende este reposo como algo figurativo y no como algo literal. Para ello se basa en Hebreos 4:3-11, donde se explica que hay un reposo que Dios prometió para su pueblo. La carta a los Hebreos alude a la historia del pueblo de Israel en el desierto cuando Dios promete que los desobedientes "No entrarán en mi *reposo*". El reposo de Dios aparentemente debe significar algo más que un simple descanso del trabajo ya que, aunque podemos descansar de noche, Dios promete a los creyentes en Jesucristo que entrarán en su reposo. Por esta razón, el descanso de Dios en el séptimo día no debe ser considerado literal, lo que lleva a una interpretación figurativa también de los días mismos. Un buen ejemplo histórico de esta postura la encontramos en Agustín de Hipona (354-430 d.C.), quien lo había explicado diciendo: "Pero el séptimo día no tiene tarde, ni tiene ocaso, pues lo has santificado para que dure eternamente".[23]

A diferencia con la interpretación *prescripción científica*, esta postura no se basa ni en la Biblia inglesa ni en la versión King James, sino que se buscan respuestas en el hebreo, el más cercano al original que tenemos hoy en día.[24] Esto ya nos explica que entender Génesis es más complicado de lo que parecía, y que el manuscrito hebreo que realmente tenemos no nos dice mucho, al menos que entendamos el idioma. La barrera del idioma siempre es un problema

---

23. En Agustín, *Obras escogidas de Agustín de Hipona: Confesiones*, ed. Alfonso Ropero (Barcelona, España: Clie, 2018), 2:503 (13.35, §51).

24. Es importante reconocer que el texto que tenemos hoy en día se basa en una larga trayectoria de tradiciones de copistas y de traductores. El fragmento del texto hebreo (Códice de Leningrado) de Génesis del cual se traducen las Biblias, data del año 1008 d.C. En el siguiente link puede visualizarse el manuscrito en forma digital: https://archive.org/details/Leningrad_Codex/page/n6

para la interpretación más precisa de la Biblia, pero C. John Collins nos ayuda a comprender algo de la «narrativa hebrea» que es una forma de redactar historias de los hebreos. Esto es muy importante, porque explica uno de los detalles que, por ejemplo, la prescripción científica omite.

En síntesis, la interpretación *días simbólicos* atiende a lo literario de Génesis, pero mantiene la historicidad literal en que contiene elementos científicos que son autoritativos. Por ello, los días de la creación y el reposo de Dios son figurativos.

3. Hipótesis de intervalo

La tercera manera de interpretar el primer capítulo de la Biblia lo llamo la hipótesis de intervalo. Esta interpretación fue popularizada vigorosamente por la *Biblia de Estudio Scofield* y la *Biblia de Estudio del Expositor* por Jimmy Swaggart. La cuestión central es el problema del mal: ¿cuándo y por quién se originó la maldad? La respuesta se encuentra en el comentario explicativo del versículo en Gn 1:2: "Y la tierra estaba desordenada y vacía". La nota explicativa afirma que Dios había creado la tierra perfecta en un inicio como lo dice Gn 1:1: "En el principio creó Dios los cielos y la tierra". ¿Qué sucedió? Pues, estas Biblias explican que un "acontecimiento catastrófico... fue el resultado de la rebelión de Lucifer [Satanás] en contra de Dios, que tuvo lugar algún momento en la eternidad pasada".[25] Si en el primer versículo ya fueron creados cielo y tierra, pero en el segundo versículo la tierra es un caos, ¿qué habrá sucedido?

Esta transformación caótica de la tierra inicialmente perfecta es entendida por la palabra "estaba" en el versículo 2. Las traducciones al español de la Biblia mantienen que este verbo debe traducirse con el verbo "ser", como lo tiene, por ejemplo, la versión Reina Valera 1960: "la tierra *estaba* desordenada". Esta traducción sugiere que este era el estado actual de la tierra. Sin embargo, esta palabra que viene del hebreo *jayah*, también puede significar "llegar a ser". El diccionario Strong, por ejemplo, ofrece las siguientes alternativas de traducción para *jayah*: "existir, i.e. ser o llegar a ser, tener

---

25. Jimmy Swaggart, ed., *Biblia de Estudio Del Expositor* (Baton Rouge, LA, EE.UU.: Jimmy Swaggart Ministries, 2011).

lugar".[26] Por lo tanto, la hipótesis de intervalo entiende que en Gn 1:1 se encuentra la primera acción creadora de Dios, y que en Gn 1:2 se encuentra la consecuencia de la catástrofe que resultó de la expulsión de Satanás y sus ángeles del cielo, o sea que *llegó a ser* vacía y desordenada.

Tocante a la integración de los millones de años que la geología propone, esta interpretación no suele tener problemas. Simplemente los mete entre los primeros dos versículos. De ahí viene su designación hipótesis de intervalo. Aunque para la evolución biológica no hay lugar, que desconecta toda existencia anterior a la actual. Aunque pudieran haber existido seres similares a humanos, estos no tuvieron ningún contacto evolutivo con el Adán del sexto día. El punto de partida de esta interpretación llega a ser una interpretación de los textos bíblicos que sugieren una rebelión celestial (ej. Is 14 y Ez 28) y luego se los introduce en la interpretación de Génesis.

Para esta postura interpretativa, los días son entendidos literalmente como seis periodos de 24 horas. Aquí se parte de una interpretación más dispensacionalista, en el sentido que se divide la historia en diferentes etapas muy específicas llamadas dispensaciones. A partir de allí, el origen del pecado se entiende que haya sucedido entre la creación original y perfecta de Dios (Gn 1:1) y el estado caótico de la tierra posterior (Gn 1:2). Al tratar de acomodar esta interpretación bíblica con la ciencia, los defensores de esta interpretación colocan los datos científicos en los "casilleros conceptuales" que encuentra en Génesis 1. Por ejemplo, el firmamento (Gn 1:6) es considerado la atmósfera y cuando aparece la tierra seca (Gn 1:9) "se refiere a [la aparición de] los continentes que exigió grandes convulsiones de la tierra".[27]

Aunque la teoría toma en cuenta el texto hebreo, su interpretación se basa en unos pocos comentarios judíos que utilizaron una traducción al arameo del libro de Génesis que se llaman *Midrash*. En los años 1970, Arthur Custance, basándose en anteriores como Thomas Chalmers ya en 1814,[28] publicó una defensa de la interpretación

---

26. James Strong, "היה Jayá", en *Diccionario Strong de Palabras Originales Del Antiguo y Nuevo Testamento* (Nashville, TN, EE.UU.: Caribe, 2002), 116.

27. Swaggart, *Biblia de Estudio Del Expositor*.

28. David N. Livingstone, *Adam's Ancestors: Race, Religion, and the Politics of Human Origins* (Baltimore, MD, EE.UU.: Johns Hopkins University Press, 2008), 83.

del intervalo entre Gn 1:1 y 2. Uno de sus argumentos centrales es la antigüedad histórica de esta teoría. Según Custance, se trataría de una explicación originaria incluso desde antes de Cristo. El rabino muy aclamado en la literatura judía, Akiva ben Iosef, había entendido de la misma manera el intervalo entre los dos primeros versículos de Génesis.[29] Sin embargo, cabe resaltar que Rabbi Akiva y varios de sus discípulos son identificados con los propulsores de al menos dos, de lo que más tarde fueran conocidas como las ramas más representadas del misticismo judío (la Cábala y el Merkabá), que más tarde desarrolló el gnosticismo rabínico y luego el gnosticismo judío.[30] El gnosticismo siempre ha sido uno de los enemigos más sutiles y fuertes del cristianismo.[31]

A primera vista, la hipótesis de intervalo parece ser una formación de un gran compartimiento entre los dos primeros versículos de la Biblia, para acomodar todo millón de años de la geología o rebeliones celestiales que pudieron haber sucedidos. No obstante, esta interpretación presenta sus propios problemas. El primero es que tiene en su contra toda la tradición de traducción del versículo 2 en varios idiomas.[32] Además, da lugar a un peligroso paralelo con el desarrollo del gnosticismo judío. Final —y principalmente, como lo explica bien Bruce Waltke, la gramática del hebreo mismo no permite el significado pretendido de desconectar los versículos. Esto tiene que ver con que ambos versículos, Gn 1:2 y 1:3, inician con la conjunción *vav*, que suele traducirse como "y", pero es diferente en cada caso. A continuación, se puede ver como la palabra "y" es

29. Arthur C. Custance, *Without Form and Void: A Study of the Meaning of Genesis 1:2* (Brockville, Canadá: Custance, 1970), 13. Custance expande todo su libro argumentando cómo estadísticamente se podría encontrar la forma en que se podría ver este verbo de su manera propuesta.

30. Gershom Scholem, *Major Trends in Jewish Mysticism*, 3ª ed. (New York, NY, EE.UU.: Schocken Books, 1961), 18, 57, 65–66.

31. Alister McGrath, *Heresy: A History of Defending the Truth* (New York, NY, EE.UU.: Harper Collins, 2009), 28. Para una buena introducción panorámica, vea F. García Bazán, "Gnosticismo", en *Gran Diccionario enciclopédico de la Biblia*, ed. Alfonso Ropero (Barcelona, España: Clie, 2017), 1023–42.

32. La única versión que se pudo encontrar que no se encuentra ni en español ni alemán, es la Living Bible (1971) que lo traduce al inglés como *"was"* (estaba) y en una nota al pie indica la alternativa "o la tierra llegó a ser". Incluso la versión Peshitta Siríaca (siglo 1 d.C.) traducida al español y el Pentateuco Samaritano tienen el verbo "estaba" y no "llegó a ser". En las traducciones del Antiguo Testamento al griego, se encuentran algunas variaciones de las cuales una entre varias tiene el verbo *"egeneto"* (llegó a ser), pero todas las demás tienen nuevamente, como las demás, versiones del verbo *"en"* (era/estaba). Aquí hay una lista de lo analizado: http://tanakh.info/gn1-2.

empleada de manera secuencial, o simultánea, es decir juntando dos sucesos en secuencia. La Reina Valera 1960 (RV60) mantiene una traducción literal que no respeta este factor gramatical, mientras que la traducción Dios habla Hoy (DHH) sí. Fíjese como en la RV60 la "y" se vuelve una introducción para una secuencia de sucesos, mientras que el "entonces" de la DHH solo utiliza esta introducción en el versículo 3:

RV60	DHH
2 **Y** la tierra estaba desordenada…	2 La tierra no tenía **entonces**…
3 **Y** dijo Dios…	3 **Entonces** Dios dijo…

Tabla 1 - Comparación de traducciones de Gn 1:2

Este apartado gramático del idioma hebreo es importante ya que la "y" en Gn 1:3 es la manera de iniciar una nueva sección secuencial, una *vav secuencial*, que indicaría que sigue el orden de sucesos creacionales. Sin embargo, la "y" en el versículo 2 no puede realizar esta función porque es una *vav disyuntiva*, que no puede introducir una frase independiente, sino que *describe* la secuencia anterior.[33] Por lo tanto, la "y" en el v.2 no es una nueva idea, sino que se suma al v.1, donde la tierra es creada y en el v.2 solamente *descrita*.

Parece algo complicado, pero no lo es. En la RV60 cada versículo de Gn 1:1-5 inicia con una "y" donde se podría colocar también un "entonces", siempre y cuando fuera un orden secuencial y no interrumpiendo la secuencia de las acciones creadoras de Dios. Así funciona el hebreo, pero no el español. La idea del hebreo es bien representada en la DHH, donde la posición de la palabra "entonces" cambia totalmente el sentido de la conjunción. El "entonces" en el v.2 describe la actualidad, mientras que en el v.3 inicia un nuevo apartado secuencial. Por lo tanto, es la gramática hebrea misma la que no permite el enorme intervalo que se propone en esta interpretación de Génesis.

Resumiendo, nos damos cuenta de que la hipótesis de intervalo es bastante compleja. Se basa en ciertas interpretaciones teológicas de otros textos, para luego adaptar Génesis a estas conclusiones.

---

33. Bruce Waltke, "The Creation Account in Genesis 1:1-3; Part II: The Restitution Theory," *BibSac* 132.526 (1975): 140. También se puede verificar una gramática del hebreo, como por ejemplo Thomas O. Lambdin, *Introcucción al hebreo bíblico*, trad. María Melero y Noé Reyes (Estella, España: Verbo Divino, 2001), 164.

Lastimosamente, esta interpretación no toma en cuenta diversos factores que se requieren para un profundo análisis del texto hebreo.

4. Completa analogía

Quizá nos empiece a parecer que cada intérprete pueda elegir ver las cosas como quiera. En cierto sentido, los límites de la interpretación bíblica no son fáciles de reconocer y dependen de muchos factores. Pero antes de tomar una decisión por una de estas interpretaciones, sería sabio analizar las diferentes opciones, para luego ir quedándonos con la mejor opción. Pasemos entonces a la siguiente opción designada como la interpretación de la completa analogía.

Varios de los padres de la Iglesia estuvieron muy de acuerdo con la completa analogía. Esta interpretación sugiere que Génesis 1 no presenta un reporte histórico de lo sucedido en el inicio del tiempo, sino que es una forma de narrarlo, pero queriendo decir algo diferente. Un muy buen representante de esta interpretación es Agustín de Hipona. Él y los que siguen esta interpretación parten de algunas dificultades que el texto bíblico presenta: si Dios, por definición, no necesita más que un segundo o un momento para pensar en algo para que esto existiera inmediatamente y completamente, ¿por qué, pues, se escribió Génesis 1 como si fuesen 7 días? La respuesta que esta interpretación ofrece es que Génesis 1 presenta un paradigma de lo sucedido y no un reporte con detalles históricos cronológicos como de un crimen o una secuencia científica.

Este paradigma, según la interpretación de la completa analogía, es como una semilla que crece y tiene mucho potencial. Pero esta semilla no se compone de materia biológica sino de un ordenamiento de la verdad teológica. En otras palabras, Génesis 1 se trata de que Dios haya creado todo y sin Dios nada existiese, pero esto no significa que Dios estuvo trabajando en seis diferentes oportunidades por al menos doce horas. Además, así lo explica esta interpretación, la creación significa más bien el ordenamiento de las cosas, como en las secuencias lógicas filosóficas. Esto quiere decir que las verdades dependientes no pueden existir sin las verdades o la verdad independiente.[34] Por ejemplo, el ser humano no podría existir sin un

---

34. Por ejemplo, Agustín pregunta: "¿Es imposible que cielo y tierra fueran hechos primero de la creación, si los ángeles y todos los poderes intelectuales fueran hechos primero?", en *Interpretación literal de Génesis* §3.7.

lugar creado para él, por lo tanto, la tierra es creada en el tercer día y el ser humano viene al final del orden de la creación. La cronología no es el centro de los días, sino la lógica de la narración.

Casi todos los cristianos dirían que en los primeros capítulos de Génesis encontramos verdades muy fundamentales sobre las cuales se basan, por ejemplo, la idea del paraíso, el pecado, Dios como creador, el humano a imagen de Dios, etc. La interpretación de la completa analogía sugiere que Génesis no explica cómo fueron creados todos estos conceptos, sino que Dios se comunicó en una forma para que le pudiésemos seguir la lógica. En cierto sentido, parece tener algo de razón esta interpretación, pero por la otra parte parece sacarle cualquier índole de eventos históricos. Pero dejar a Génesis sin historicidad no es lo que la completa analogía sugiere. El paradigma de los siete días, por ejemplo, se presta para la semana de trabajo y el descanso como lo encontramos en el mandamiento de cuidar el día de descanso (Éx 20:8-11). Pero esto no necesariamente implica seis días de cansancio para Dios.

La forma de interpretar analógicamente el Antiguo Testamento es fuertemente subrayada por Agustín. Es más, todavía sigue siendo la manera más normal de interpretar el templo y los sacrificios que siguen siendo conceptos empleados en la iglesia cristiana, pero tienen significados paralelos a los del Antiguo Testamento. Algunos seguidores de la interpretación de la completa analogía la llevaron a tal grado que decían que Adán y Eva eran seres puramente espirituales al inicio, y recién al ser echados del edén eran vestidos, como lo dice la Biblia, "vestidos de pieles", lo que entendían como la piel de nuestros cuerpos físicos. Entre estos se encontraban el filósofo judío Filón (20 a.C.-45 d.C.) y Orígenes de Alejandría (184-253 d.C.).[35]

La versión moderna de esta interpretación no es llevada a tal extremo del puro significado figurativo, sino que se aferra fuertemente al mensaje paradigmático. Con esto, Génesis 1 se desprende de lo puramente *histórico*. Pero no en el sentido de que Dios no haya creado el universo, sino que se aboga que Génesis 1-11 no trata de presentar un reporte historiográfico moderno, sino que se trata de un paradigma para un mundo lógico y coherente al cual logra dar sentido a todas las cosas.

---

35. Filón en *Quaest. Gen.* I.53 y Orígenes en *Comentario sobre el Génesis* 124,2-125,8.

Naturalmente, teniendo a teólogos como Agustín de su lado, esta interpretación se hace fuerte. Sin embargo, demostrando algo de sus flaquezas, se suele cuestionar lo siguiente: 1) ¿cómo se explica entonces las genealogías desde Adán a Noé y de Noé a Abraham? ¿No hay una conexión histórica bien clara? 2) ¿cómo se mantiene entonces que Pablo se refirió al primer hombre como Adán y Jesús siendo el postrero? (1Co 15:45). Además, se suele señalar que parece presentar simplemente un origen mitológico más entre todos los demás que se conocen. Aunque la interpretación de la completa analogía tiene sus puntos muy interesantes e importantes, también tiene sus debilidades en no tener una respuesta clara a estas preguntas.

5. Historia en su contexto cultural

Las primeras dos interpretaciones, habían presentado un fuerte enfoque en lo puramente histórico. En contraste, la completa analogía pareciera carecer por completo de un ancla histórico. Por su lugar, la interpretación *historia en su contexto cultural*, como ya lo delata su designación, toma muy en serio el contexto cultural de lo que se encuentra en Génesis 1. Esta interpretación se basa en que Dios no solo utilizó el idioma, sino también las formas de escribir de la cultura de las personas a quien Dios haya inspirado para redactar la Biblia. En otras palabras, Génesis está escrito en hebreo en un contexto muy antiguo que es sumamente diferente a nuestro contexto moderno. No podemos esperar de Génesis, siendo de un contexto tan antiguo, que aclare todas las preguntas moleculares o genéticas que tengamos hoy en día.

A veces encontramos analogías muy interesantes entre la narración de la creación en Génesis y la ciencia moderna. Por ejemplo, la luz que fue creada primero suele ser conectada con el *Big bang*. A primera vista pareciera que la Biblia ya tiene toda la ciencia, pero al llegar al punto en que Dios separó la luz de las tinieblas, nos preguntamos cómo encajaría esto en nuestra ciencia ya que para la física moderna la oscuridad es simplemente ausencia de luz. Pero esto no es lo que Génesis trata de comunicarnos.

La manera de interpretar el significado de Génesis 1 como una *historia en su contexto cultural*, llega muy cerca de lo que C. S. Lewis pretendía con su sugerencia de juzgar alguna cosa. Él decía que se necesita saber qué es lo que se analiza, para poder explicar la intención y el modo de aplicación de lo analizado. Entonces, ¿qué es Génesis? Esta interpretación argumenta que Génesis 1 no puede ser un registro histórico científico de modo moderno, sino un texto literario con un género que debería ayudarnos a encontrar el sentido de este texto. Nuevamente surge el debate del género literario del primer capítulo en la Biblia. ¿Es un relato simbólico, un registro científico o qué pretende Génesis 1 presentar? Como Génesis 1 es un texto, Tremper Longman, uno de los conocidos representantes de esta interpretación, sugiere que la mejor manera de poder entender a Génesis 1 es encontrar otro texto que tenga un género literario lo más cercano posible a lo que encontramos en Génesis 1. Esto no es decir que Génesis no sea inspirado por Dios, sino que mantiene formas culturales de expresarse de su época y contexto que no conocía y ni le interesaban los átomos o los años luz.

A lo largo del siglo XIX, solo unos pocos biblistas cristianos han apoyado esta idea, porque poco se conocía sobre los estudios de los géneros literarios aplicados a la Biblia. El biblista alemán Herman Gunkel (1862–1932), había fundado el método conocido como la crítica (o estudio) de las formas literarias. Este método era muy bueno para detectar similitudes en géneros literarios de diferentes textos. Una de las formas modernas es la poesía que se detecta mediante la rima, el ritmo y los versos. Algunos ejemplos en la Biblia son la narrativa, los salmos, las cartas o las parábolas. Pero los resultados debían, según Gunkel, ser géneros literarios puros. Es decir, si los salmos tienen una forma y hay uno que no sigue totalmente la forma, no debía ser considerado más como salmo o debía ser considerado escrito por un autor diferente que no sabía escribir un verdadero salmo.[36] Sin embargo, unos 50 años después, se pudo notar un enorme acercamiento de biblistas cristianos a este método, ya que se habían dado cuenta de que los géneros literarios puros no existen, pero el reconocimiento de estos géneros tenían un enorme potencial para la explicación de varios textos muy complicados en la Biblia.[37]

---

36. Juan María Tellería, "Géneros literarios", en *Gran Diccionario enciclopédico de la Biblia*, ed. Alfonso Ropero (Barcelona, España: Clie, 2017), 986–7.

37. Tremper Longman, "Form Criticism, Recent Developments in Genre Theory, and the Evangelical", *WTJ* 47.1 (1985): 46–67. Se podría comparar con el estudio de personalidades, cuando se habla del flemático o del iniciativo, siempre se explica que no existe

En síntesis, el texto de Génesis 1 no representa una manera moderna de explicar los orígenes, sino que es comparado con maneras de ver la realidad experimentada en el *Antiguo Oriente Próximo* (AOP).[38] Se trata de buscar conceptos similares entre los diferentes textos para explicar, por ejemplo, qué significa que al comienzo se separen las aguas. Si entendemos por aquello la atmósfera y los océanos estamos pensando nuevamente en conceptos modernos. Es muy común que en la literatura del AOP, por ejemplo, encontremos que *las aguas* representan una *fuerza caótica* y hay que domarlos para que no obren contrarios a la vida. En contraposición, *la tierra* está a favor de la vida y es una figura literaria bien mansa que produce plantas y animales. Eso es también lo que encontramos en la Biblia: "y dijo Dios: Produzca la tierra vegetación" (Gn 1:11); "entonces dijo Dios: Produzca la tierra seres vivientes" (Gn 1:24).

Mediante esta manera de análisis, los eruditos han encontrado entre las culturas vecinas a la hebrea, varios textos bastante cercanos y muy parecidos a los de la Biblia. Las culturas que cuentan con los textos más cercanos son la egipcia, la mesopotámica (babilónica), y la siria-palestina. Entre los más conocidos de los textos paralelos a Génesis 1-11 tenemos la *Enuma Elish*, la *Epopeya de Guilgamés*, *Adapa y el viento sur*, el *Himno a Ptah*, el *Himno a Ra* y *Inuma Ilu (Atrajasis)*.[39]

Cabe destacar que estos textos no son totalmente iguales. Algunos son claramente himnos, otros son poemas y también hay narrativas. Pero tienen puntos de contacto muy importantes con Génesis 1-11: 1) el género literario de una cosmogonía; 2) oraciones y formulaciones paralelas; 3) el motivo de la historia; 4) los temas ideológicos y teológicos; 5) las muy similares tramas o desarrollo de las historias; 6) los lugares, los nombres y los sucesos compartidos.[40]

la personalidad pura. Son más bien representaciones de polaridades. Este argumento también es utilizado por el gran biblista Luis Alonso Schökel, *Hermenéutica de la palabra: interpretación literaria de textos bíblicos*, 242–56; donde explica el desarrollo histórico del análisis literario de la Biblia. Schökel es uno de los grandes analistas literarios de la Biblia que ha presentado mucha apertura al entendimiento de los significados intencionados de los escritos bíblicos.

38. Al mismo territorio también se lo denomina como Creciente fértil u Oriente bíblico.

39. Estos y varios textos más se encuentran en Víctor H. Matthews y Don C. Benjamin, *Paralelos del Antiguo Testamento: leyes y relatos del Antiguo Oriente Bíblico*, trad. Ramón Díez Aragón (Santander, España: Sal Terrae, 2004).

40. Matthews y Benjamin, *Paralelos del Antiguo Testamento*, 357.

Todo esto brinda al lector de la Biblia una tremenda caja de herramientas para poder adentrarse a estos textos tan antiguos como el de la Biblia.

La interpretación *historia en su contexto cultural* explica que los días de Génesis 1 son intencionados a interpretarse como días literales. Pero esto no significa que sea un recuento histórico, sino más bien un tratado teológico. El relato de Génesis 1 contacta y encara en muchas ocasiones otros relatos del AOP. De esta manera, con su forma de transmitir su mensaje, Génesis revela su clara conexión con el mundo del AOP. En este sentido, para esta interpretación los primeros tres días son el ordenamiento de los espacios o las esferas: a) Día 1: luz y oscuridad; b) Día 2: cielo y aguas; c) Día 3: tierra (Gn 1:3-13). Una vez que los espacios o las esferas fueran establecidas, estas son llenadas con los habitantes de cada esfera: a) Día 4: sol, luna y estrellas; b) Día 5: aves y peces; c) Día 6: animales y humanos.[41]

Estas ideas también las encontramos, por ejemplo, en la *Enuma Elish*, un texto babilónico de la creación. Para estos babilonios el dios creador es Marduk. En una batalla cósmica, Marduk vence y divide a un dios demonio llamado Tiamat, quien representa las aguas profundas o saladas. Marduk somete a Tiamat y dividiéndola, divide las aguas, para la creación.[42] No solo encontramos la idea similar de la división de las aguas, sino que las aguas o el mar pueden significar una fuerza caótica como lo vemos tantas veces también en la Biblia. Los mejores ejemplos son la división de ellas en tres relatos claves: la creación, el mar rojo durante el éxodo, luego el Jordán para entrar a la tierra prometida. También en el Nuevo Testamento esta idea es muy bíblica, cuando Juan habla de la tierra y cielo y explica que el mar no será más.[43]

Por otro lado, también existen claras diferencia entre Génesis 1 y los textos paralelos. En la misma *Enuma Elish*, las lumbreras como el sol, la luna y las estrellas son todos dioses, y los humanos son creados para que trabajen y que los dioses puedan descansar. Esto es totalmente revuelto en Génesis, donde las lumbreras son creación de Dios y los humanos son creados como clímax de la creación.

---

41. Longman, *"What Genesis 1-2 Teaches (and What It Doesn't)"*. En *Reading Genesis 1-2: An Evangelical Conversation*, 105.
42. Tablilla I:2-5; IV:135-141.
43. Gn 1:6-7; Éx 15:4-5; Jos 4:6-7, 23 y Ap 21:1.

Pero en contraposición con los textos paralelos, el texto bíblico no es un cuento de alabanza teológico. La interpretación *historia en su contexto cultural* acepta la conexión histórica mediante las genealogías, aunque lo deja ser *una historia teológica* que cuenta los comienzos en formas arcaicas y cargadas de teología. Esto acrecienta la probabilidad de un lenguaje figurativo, que por su parte desencadena a Génesis 1 de la historia científica moderna. En síntesis, Génesis 1-11 sigue siendo historia, pero no debe ni quiere concordar con la historia como la entendemos hoy en día con nuestros descubrimientos científicos.

Esta interpretación es a veces acusada por no tomar en cuenta la historia del mundo de la Biblia, dando así lugar únicamente a la historia de la ciencia moderna. Aunque podría suceder que interpretando la Biblia así, se da más lugar para la ciencia moderna en definir la realidad, pero se debe reconocer que casi todos los lectores de la Biblia hoy en día aceptan, por ejemplo, una tierra esférica y descartan creer en una tierra plana. Por su lado, la Biblia presenta claramente una constelación cosmológica con una tierra plana y varios elementos que causarían problemas con lo que los cristianos creen sobre la realidad hoy en día.[44] Longman diría que todos estamos influenciados por las explicaciones científicas de nuestros días, por lo que no deberíamos imponer nuestro entendimiento moderno a Génesis 1, sino dejar que hable en su propio contexto.

Además, como nos podemos dar cuenta, se requiere de más tiempo y espacio para poder explicar cómo es que se llega a esta interpretación, en comparación con las interpretaciones anteriores. Esta siempre ha sido la ventaja de las interpretaciones *prescripción científica* y la de los *días simbólicos*. Estas son mucho más fáciles de explicar y sumamente atrayentes para el cristiano que busca una respuesta instantánea y simple. Pero como hemos visto, la cuestión de la interpretación de Génesis es bastante compleja. Y es justamente por ello, que echaremos un vistazo a la sexta interpretación de Génesis 1.

6. Cosmología antigua

En base a que las conexiones entre Génesis y las culturas contemporáneas al pueblo hebreo son fuertes e ineludibles, varios eruditos

---

44. Comparar 1Sa 2:8; Sal 104:5; Job 28:4; Is 11:12; 40:22; Ez 7:2; Mt 4:8; Ap 7:1.

considerana a Génesis 1 más bien como una forma de conceptualizar el mundo compartiendo más las ideas con las culturas antiguas que con la ciencia moderna. Es decir, Dios se ha comunicado a través de la cultura y pensamiento del redactor de Génesis para que las culturas contemporáneas a este lo pudieran haber entendido. Si Dios quiso que su pueblo entendiera el texto ya en esos tiempos remotos, deberíamos preguntarnos qué es lo que habrían entendido. Esto nos obliga a reconsiderar lo que nosotros entendemos al leer el relato bíblico. Si Génesis habla de la palabra *agua*, el pueblo de Dios no habrá entendido H_2O o un líquido transparente, incoloro, inodoro e insípido. Estos son conceptos modernos que tenemos nosotros. Eso no es decir que no sea inspirado por Dios, o que el agua de entonces no era H_2O, sino que el texto comunicó algo diferente al pueblo hebreo de lo que nosotros escuchamos.

Cuando se intenta juntar e integrar estos diferentes elementos conceptuales del relato bíblico que comparte con el mundo antiguo, como por ejemplo las fuerzas caóticas y la fertilidad de la tierra, es como armar un rompecabezas. Pero este no tiene una forma rectangular y no se puede iniciar simplemente por los bordes, es mucho más complicado una vez que se comienza a intentar. A pesar de lo difícil que pareciera este ejercicio, la aglomeración y unión de estos elementos ha resultado en lo que se podría llamar una bella cosmología.

Es por ello que designamos a esta interpretación una *cosmología antigua*. A la pregunta ¿qué es Génesis 1? esta interpretación explica que es una manera de describir qué es la realidad en la que vivimos, cómo es esta realidad y cómo se experimenta o de qué manera influye en nosotros; es decir una cosmología bien elaborada. John Walton es quizá el representante más conocido de esta manera de encarar Génesis 1.[45]

Al compararse esta cosmología con las demás que encontramos en los textos del antiguo Oriente, Génesis 1 parece encajar muy bien a este género literario. Lo que esto significa es que presenta una manera de hablar del mundo, pero no como una máquina biológica

45. Walton, *Mundo Perdido de Génesis*; John H. Walton, "Reading Genesis 1 as Ancient Cosmology", en *Reading Genesis 1-2: An Evangelical Conversation*, ed. J. Daryl Charles (Peabody, MA, EE.UU.: Hendrickson, 2013), 141–69. Esta sección se basa en estos dos textos. Ver también Jon D. Levenson, "The Temple and the World", *JR* 64.3 (1984): 275–98 sobre el cual Walton construye ampliamente.

ni un conjunto de muchos elementos moleculares. Walton sugiere que la concepción del mundo según Génesis más bien se enfoca en las funciones de los componentes y no en lo material. Él estaría de acuerdo con la interpretación de la *historia en su contexto cultural* en considerar los textos paralelos para entender a Génesis. Sin embargo, da un paso más allá al entender los diferentes textos no solo como obras literarias, sino como diferentes concepciones del mundo.

Los días de Génesis 1 para la interpretación de la *cosmología antigua* son días de 24 horas, pero son formas de hablar acerca de la organización del cosmos. Aquí son entendidos como las secciones que separan la creación de las funciones y la instalación de los funcionarios. En el día 1-3 son establecidos los límites de los lugares con sus funciones, como las habitaciones de una gran casa, y en los días 4-6 se establecen los funcionarios de cada una de estas habitaciones. Así la casa funcionaría según el diseño del creador. Podríamos hablar de un arquitecto, que diseña un hogar de acuerdo con los moradores y a lo que debería suceder allí. No se trata tanto de la ingeniería material de un edificio frío y muerto, sino más bien de una formación de un hogar vivo.

Para la interpretación de la *cosmología antigua* todo se basa en el orden y el funcionamiento de los poderes en juego, no en la maquinaria biológica o la existencia o inexistencia de elementos, a lo que la ciencia moderna nos empuja a pensar. En este sentido, Dios mismo sería quien prepara su propio cosmos o su reino, para luego "descansar" en él. Además, ya que el séptimo día no termina en el relato bíblico, como ya nos había indicado Agustín de Hipona, el "descansar" no significa que Dios estaba cansado de su labor, sino más bien que Dios al final estaba gobernando en paz en su paraíso, como una casa de verano en la que plantó su jardín.

Este descanso aparece también en Dt 12:10, cuando Moisés explica a los israelitas que, al cruzar el Jordán, Dios "os dará *reposo* de todos vuestros enemigos alrededor, y *habitaréis* seguros".[46] Este reposo obviamente no significa que no trabajarán nunca más, sino que habrá una paz ordenada para que la vida pueda ser vivida de

---

46. En Dt 12:10 no aparece la palabra *shabat* como en Gn 2:2, sino *nuaj*. Estos dos verbos hebreos que son usados para "descanso" son sinónimos y utilizados sin distinción. En Gn 2:2 aparece *shabat*, pero Éx 20:11 dice: "Porque en seis días hizo Jehová los cielos y la tierra, el mar, y todas las cosas que en ellos hay, y *reposó* en el séptimo día", utilizando la palabra *nuaj*.

acuerdo con la voluntad del creador. Sin embargo, una pregunta todavía queda no resuelta: ¿dónde descansa Dios? A esto responde el Salmo 132, específicamente en los versículos 7-8 y 13-14. Aquí la morada de Dios es el tabernáculo o el templo sobre el cual Dios mismo dice que "este será para siempre mi lugar de reposo". Esto sugeriría que el cosmos podría considerarse como un templo en el que descansa Dios. Génesis 2-3 explicaría entonces porqué este mundo dejó de ser lo que había sido en sus inicios. Es decir, la desobediencia humana en Génesis 2-3, ha dado lugar al desorden general en este mundo, por lo que seguimos esperando al reposo eterno.

Teniendo en cuenta estas concepciones bíblicas y revisando si realmente se pudiera tratar de unas ideas compartidas con las demás culturas en este mundo arcaico, Walton encuentra varios textos paralelos a esta concepción de la realidad. Uno de los paralelos más claros está en la fundación de la ciudad del dios Marduk, que era considerada sagrada para los babilónicos:

> *Ninguna morada santa, ninguna casa para los dioses había sido construida…*
> *no había aparecido planta alguna, ningún árbol había sido creado…*
> *Las profundidades no se habían construido… no se había creado ninguna morada santa, ninguna morada de los dioses, ninguna vivienda para ellos. Todo el mundo era mar…*
> *Los dioses… lo llamaron sublimemente "Ciudad santa, morada placentera".*
> *Marduk … creó tierra y la apiló … para asentar a los dioses en una vivienda confortable.*[47]

Aquí podemos notar varias similitudes con el texto de Génesis 1. La morada o casa de Dios se conecta con las plantas, árboles y profundidades. La realidad caótica era solo mar, a la que había que instalar una tierra firme para poder construir su morada confortable. Estas conexiones nos indican que, en el antiguo Oriente, las palabras utilizadas como también el hablar de creación no tiene tanto que ver con elementos científicos sino más bien con una proclamación de dioses sobre el cosmos.

---

47. De "Marduk, creador del mundo" según la traducción del inglés de Benjamin R. Foster, *Before the Muses: An Anthology of Akkadian Literature*, 3ª ed. (Bethesda, MD, EE.UU.: CDL Press, 2005), 488.

Si esto fuera así, ¿por qué razón entonces Génesis presenta la creación en siete días? ¿De qué se trata esto? En términos de este contexto de una *cosmología antigua*, los *siete* días son una referencia a la inauguración del templo cósmico de Dios. Esta idea no viene de afuera de la Biblia, sino del ejemplo de la construcción del templo en 1Re 6:37-38, donde se nos dice que su construcción duró *siete* años. La inauguración duró *siete* días, añadiendo un ayuno de *siete* días (1Re 8:65; 2Cr 7:9). Así también, el tabernáculo en Éxodo 35-40 es otro ejemplo. Aquí se adjunta el hecho de la inauguración del tabernáculo que ocurre durante el Año Nuevo (Éx 40:1). Esta conexión entre la celebración del Año Nuevo y la celebración del templo cósmico también se encuentran en los textos mesopotámicos, pero todo esto para su propio dios.[48]

Aunque esta interpretación pueda sonar algo extravagante y desconocida, leer Génesis 1 como una cosmología antigua puede aportar enormemente en su significado, sobre lo que intenta comunicar y sobre su intención hacia sus lectores. A pesar de todo lo positivo de esta interpretación, algunos estudiosos han disputado: 1) el sobreénfasis en que *solo* se trata de funciones y no de materia; 2) que se basa demasiado en los conceptos de los textos del antiguo Oriente y; 3) que relega toda pregunta sobre lo histórico o no histórico.

Sin embargo, en su defensa debemos admitir que utiliza de una manera extraordinaria los textos del género más cercano, tomando el contexto histórico seriamente en cuenta. La interpretación denominada *cosmología antigua* nos muestra lo lejano que está el texto bíblico de nuestra propia manera moderna de describir la realidad. Así también, nos muestra que un autor bíblico pudo utilizar su cerebro al redactar, a pesar de nuestro reflejo de pensar de la Biblia como un dictado divino. Esta interpretación no necesariamente es nueva, pero sí poco conocida.

CONCLUSIÓN

A lo largo de la historia de la cristiandad la interpretación de Génesis 1 ha sido objeto de diálogo y reflexión. Iniciando con los padres de la Iglesias, desde el momento que se escribieron los textos de

48. La *Enuma Elish* era recitada cada año durante la celebración del Año Nuevo.

la Biblia actual, hasta llegar a los más nuevos descubrimientos de estudios bíblicos sobre lo que Génesis 1 trata de anunciar. Habiendo comparado las maneras más utilizadas de interpretar el relato, quizá se nos viene la duda que si realmente existe una sola manera correcta de interpretar la Biblia. Pareciera ser que cada cual elige lo que quiere creer y ya. Lo que nos puede ayudar en esta situación son dos cosas: 1) reconocer que ninguno de nosotros tiene toda la verdad y que esto es más un diálogo que una guerra entre los cristianos; 2) aunque no existe interpretación alguna que claramente es 100% superior a todas las demás, sí notamos que algunas de ellas toman en cuenta una evaluación más amplia en su interpretación, mientras que otros parecieran ser más una reacción hacia la amenazante narrativa del materialismo científico.

Si nos fijamos en las seis interpretaciones, nos damos cuenta de que todas parten de la idea de la inspiración divina del texto. No nos hemos concentrado ni en aquellas interpretaciones que no reconocen una inspiración divina, ni en las de otras religiones. Todas estas interpretaciones tratadas aquí son propuestas por personas que creen en la Biblia como inspirada por Dios, y buscan seguir su voluntad y la de su hijo amado Jesucristo. Es por esto que el diálogo sobre la interpretación de la Biblia no debe ser una simple reacción contra los argumentos ateístas, sino una manera en que podamos dejar hablar la Biblia misma en su propio lenguaje y su propia cultura.

En el siguiente capítulo echaremos un vistazo a Génesis 1 mismo y trataremos de mostrar las fortalezas y debilidades de las diferentes interpretaciones. Para poder entender en una forma sintetizada las diferentes interpretaciones tratadas, presento una tabla con los modelos de interpretación y sus aplicaciones a los conceptos de Génesis 1:

MODELO DE INTERPRETACIÓN	1. Prescripción científica	2. Días simbólicos	3. Hipótesis de intervalo	4. Completa analogía	5. Historia teológica	6. Cosmología antigua
Días	Días literales	Periodos de tiempo, mostrando el orden de la creación	Días literales	Figurativos, los días son los avances del entendimiento humano	El autor quiere que imaginemos 2x3 días literales como pasos del orden creacional	Orden y énfasis escalado hasta el séptimo día
Significado de crear	Crear lo material de la nada	Crear lo material de la nada	Crear lo material de la nada	Iluminar	Crear (no necesariamente de la nada)	Dar funciones (no material)
Genealogías	Continuación biológica de la población mundial	Continuación biológica de la población mundial	Continuación biológica de la población mundial	-	Continuación de la narrativa	Comienzo de sección
Gn 1:1	Actividad creadora	Actividad creadora y no una introducción	La primera actividad creadora, luego viene la re-creación	La única actividad creadora	Introducción	La única actividad creadora
Género literario	Historia científica	Gn 1-11 "prehistoria", protohistoria", Gn 1-2:3 prosa exaltada, casi una canción	Historia científica	Narrativa (pasos de explicación humana)	Historia teológica	Un himno, inauguración del templo cósmico
Propósito	Explicación de la creación	Paradigma del ciclo de Dios de la semana humana: trabajo-descanso	Explicación de la creación y de la rebelión de Satanás en el cielo	Revelación adaptada de Gn 2:4	Explicación de la realidad pervertida y destructiva del lector	Inauguración del templo (explicar el orden)
Relación con el Antiguo Oriente Próximo	Ninguna	Estructura similar a Gn 1-11	Ninguna	Algunas, pero las sobrepasa en lo retórico	Paradigmas paralelos, puntos textuales de contacto	Similar en ordenar funciones y paradigma para el templo cósmico
Uso del NT de Gn 1	Literal	Figurativo / arquetípico	Literal	Alegórico	Figurativo / arquetípico	Figurativo / arquetípico
Relación con la ciencia	La Biblia determina la ciencia	La Biblia se puede adaptar a la ciencia	La Biblia determina la ciencia	Cristianos deberían aceptar descubrimientos científicos	La ciencia puede informar la lectura de la Biblia	La ciencia es importante como cosmología moderna
Presuposiciones	La ciencia se adapta a la Biblia y la Biblia dicta la ciencia	La ciencia es limitada por la escritura y sentido común	La ciencia se adapta a la Biblia	Dios no necesita tiempo para crear algo	Conocimiento científico, fuerza al cristiano a leer de nuevo su Biblia	El género literario cosmológico define el significado de Génesis 1

Tabla 2 - Comparación de modelos interpretativos de Génesis 1

Análisis de Génesis 1

Porque en él fueron creadas todas las cosas, las que hay en los cielos y las que hay en la tierra, visibles e invisibles; sean tronos, sean dominios, sean principados, sean potestades; todo fue creado por medio de él y para él (Col 1:16-17).

En el capítulo anterior hemos prestado atención a unas seis diferentes maneras de interpretar a Génesis. Esta variedad de interpretaciones ya nos indica que el primer capítulo de la Biblia se hace más complicado de lo que pensábamos. En este sentido, estoy muy de acuerdo con Alonso Schökel que le da en el ojo explicando que *"no es difícil leer la Biblia, sino saber leerla"*.[1] Muchos piensan que al fin y al cabo uno simplemente decide como quiere leer la Biblia. Es cierto que es la decisión de cada uno. Sin embargo, las varias maneras de leer la Biblia toman diferentes factores en cuenta y como cristianos deberíamos tratar de buscar la manera en que Dios quisiera ser entendido. Es algo peligroso quedarnos únicamente con lo que nos sentimos cómodos. Las palabras de Dios, en su mayoría, no han sido cómodas para su audiencia. No quisiera sugerir que existe solo una y perfecta manera de leer la Biblia, sino mi deseo es participar y expandir el diálogo tan importante en nuestras comunidades cristianas.

¿QUÉ ES GÉNESIS 1?

Aunque se puede responder a esta pregunta de diferentes maneras, cabe volver a preguntarnos lo que realmente es Génesis 1. En primer lugar, Génesis 1 son palabras que forman un texto. Querámoslo o no, Dios nos dio su palabra en forma de texto y si Dios quiso comunicarse mediante este texto, debemos pensar qué quiere decir tal texto.

---

1. Luis Alonso Schökel, *Hermenéutica de la palabra: Hermenéutica bíblica*, vol. 1 de *Academia Christiana* 37 (Madrid, España: Ediciones Cristiandad, 1987), 207.

Además, como hemos podido ver (pág. 29), Dios utilizó a humanos para redactar este texto. Pero lastimosamente la Biblia misma no nos explica cómo sucedió todo esto o cómo se escribió este texto. El Nuevo Testamento atribuye, por lo menos, partes de los cinco primeros libros a Moisés, pero esto no necesariamente quiere decir que nunca nadie había escuchado partes de Génesis antes de Moisés.[2]

Aunque se le atribuye la autoridad de estos libros a Moisés, el libro de Génesis no nombra a ningún autor. Es casi como si no le importara quién lo habría escrito. Sí encontramos varias partes en las que se describe a Moisés redactando o diciendo algo, pero no habla de un autor de toda la composición. Quizá esta también podría ser una manera bíblica para nosotros de leer a Génesis. Pero si Moisés fuera el único autor de todo Génesis como sugiere, por ejemplo, la *prescripción científica* (ver pág. 29), en Hch 7:22, Esteban, el primer mártir cristiano y hombre lleno del Espíritu Santo, dijo que "Moisés fue instruido en toda la sabiduría de los egipcios". Esto es un detalle muy importante, ya que muy probablemente el texto que Moisés redactara tendría formas o un formato de la manera en que él hubiera aprendido a escribir.

Si esto fuera así, y si dijéramos que Génesis es un libro de ciencia, este debería hacer sentido para Moisés quien vivió en Egipto y pensaba en categorías y lógicas egipcias. A pesar de ello, la mayoría de las interpretaciones analizadas en el cap. 1 no entienden a Génesis 1 como un texto científico. En todo caso, podríamos afirmar que no trata de átomos o magnetismos de la física como hoy entendemos la ciencia. Para los egipcios, por ejemplo, el sol era el dios creador de todo. Así lo encontramos, por ejemplo, en el *Himno a Atón*, al dios sol, que dice: "Disco Viviente, que das comienzo a la Vida… ¡Oh, dios único, sin par! Has creado el universo según tu deseo, cuando estabas solo: hombres, ganados, fieras, cuanto hay sobre la tierra y… en el cielo".[3]

2. Por ejemplo, en Juan 5:46-47 Jesús dice: "Porque si creyerais a *Moisés*, me creeríais a mí, porque de mí *escribió él*. Pero si no creéis *sus escritos*, ¿cómo creeréis mis palabras?". Esto no significa necesariamente que Dios le dictó a Moisés los cinco primeros libros de la Biblia, ni que fuese todo material original escrito por Moisés. Un ejemplo lo encontramos en Nm 21:14 cuando se cita "el libro de las batallas de Jehová". Podría ser que Moisés redactó lo que otros hayan vivido y contado antes, como las experiencias de Abraham, por ejemplo. La primera indicación a Moisés de escribir algo la encontramos en Éx 17:14, cuando Dios lo invita a escribir que el Señor borrará la memoria de Amalec. Es importante que miremos lo que la Biblia misma dice sobre ella.

3. I.2; II.2-7, compuesto probablemente alrededor de 1300 a.C. Traducción de Guillermo Fatás, Universidad de Zaragoza, https://web.archive.org/web/20060512181613/

Debe quedar claro que Moisés no estuvo de acuerdo con este entendimiento, no lo convenció, y la Biblia nos indica como él fue fiel al Dios Yahvé quien le apareció en la zarza ardiente (Éx 3). Pero es interesante que Moisés también escribió sus propios himnos, unos cánticos a su Dios Yahvé, como por ejemplo los "cánticos de Moisés" que encontramos en Éx 15 y Dt 32, así también la oración en forma de salmo que nos ha llegado en el Salmo 90, que es atribuido a él. Por lo tanto, es de suma importancia dar lugar a Moisés mismo o quizá a la tradición que le llegó a Moisés, de tener formas de expresarse de las culturas de las que salieron.[4] No se trata de mezclar religiones de los diferentes pueblos, ni de definir quien copió de quien para escribir su mejor himno. Se trata de definir qué es Génesis 1, y así poder analizarlo según sus propias categorías. Definamos, por lo tanto, que Génesis 1 es un texto muy antiguo que no funciona con las categorías científicas modernas. Es decir, para Génesis 1 los conceptos como átomos, atmósfera y genética simplemente no funcionan. Las interpretaciones que leen Génesis como una *historia en su contexto cultural* (pág. 43) o una *cosmología antigua* (pág. 47) parecen prestar más atención a estas cuestiones que son de suma importancia.

¿CÓMO INICIA EL TEXTO DE GÉNESIS 1?

Los textos antiguos no tenían un título aparte del texto como lo tienen nuestros libros. Los libros eran llamados por las palabras iniciales. Por ejemplo, la primera palabra del libro Génesis es *bereshit* (en un principio). De aquí que el libro se llama en hebreo *bereshit*, que fue traducido al griego como Génesis. Pero esto no significa que no tenían introducciones que tomarían la función de nuestros títulos. La función de tal introducción sería informar del tema o suceso del que el texto tratará. En este sentido se pueden analizar los primeros versículos de Génesis 1 como una introducción. No solamente porque vienen primero, sino por la misma gramática del hebreo (ver pág. 37).

---

http://155.210.60.15/HAnt/ Fuentes/aton.html; para algunas similitudes se puede comparar el Salmo 104 que tiene elementos y frases bastante similares a este himno.

4. Abraham, por ejemplo, salió de Ur de los caldeos, que es la Babilonia antigua (Gn 15:7). Se podría preguntar en qué idioma habrá hablado al salir de Ur, y en qué idioma se habrá comunicado con el Faraón de Egipto (Gn 12:18) o con Abimelec el rey de Gerar, en el sur de Canaán (Gn 20:9).

Génesis 1:1 inicia con la palabra *bereshit*, que significa "en un principio". La narrativa hebrea, que es el género literario que relata sucesos, inicia normalmente con un verbo en pasado precedido por la conjunción *waw* (y).[5] La traducción RV60 mantiene este estilo del hebreo cuando inicia como introducción Gn 1:1 "En el principio…", luego en Gn 1:2 "Y la tierra…". Podemos notar que ninguno de los dos versículos inicia con la regla de la narrativa del *y + verbo pasado*. Pero ¿qué sucede en Gn 1:3? "*Y dijo* Dios…". Aquí se nota exactamente como inicia la narrativa recién en el versículo 3. Por lo tanto, la mejor manera de entender los dos versículos de Génesis es como una introducción con la función de un título diciendo de qué se tratará lo que sigue. En este caso, "creó Dios los cielos y la tierra".

El v.2 presenta una oración subordinada al v.1 que explica la situación de tres elementos: "*Y la tierra* estaba desordenada y vacía, *y las tinieblas* estaban sobre la faz del abismo, *y el Espíritu de Dios* se movía sobre la faz de las aguas". No hay separación de tiempo entre v.1 y 2, como lo sugiere la interpretación de la *hipótesis de intervalo* (pág. 37). Para el lector hebreo el texto todavía no quiso decir nada de lo que sucedió, sino solamente aclarar la situación en la que Dios obrará. De esta manera debemos concluir, que la gramática hebrea nos ayuda a entender que los versículos 1-2 preparan el escenario para lo que vendrá.[6]

CREACIÓN, MATERIAL U ORDENAMIENTO DE FUNCIONES

El verbo hebreo para *crear* en Gn 1:1 es *bará*. Cuando nosotros leemos que Dios ha creado algo, nuestra mente suele inmediatamente presentarnos un movimiento de la no existencia material a una existencia material, una forma de producción de sustancia. Si lo pensamos bien, esta idea parece ser bastante filosófica. Incluso, a veces, es asumido que todo lo creado de Dios debe ser algo material. Sin embargo, como entendimos que Génesis 1 es un texto muy antiguo, debemos tratar de entender lo que haya significado para su contexto

---

5. Rudolf Meyer, *Gramática del hebreo bíblico*, trad. Ángel Sáenz-Badillos (Barcelona, España: Clie, 1989), §100.3.a-b; Gary D. Pratico y Miles V. van Pelt, *Basics of Biblical Hebrew Grammar*, 2ª ed. (Grand Rapids, MI, EE.UU.: Zondervan, 2007), §3.17.1.

6. Compare también David Toshio Tsumura, *Creation and Destruction: A Reappraisal of the Chaoskampf Theory in the Old Testament*, 2ª ed. (Winona Lake, IN, EE.UU.: Eisenbrauns, 2005), 33.

y así entender mejor lo que el autor de la Biblia quiso decir. Para lograr esto, necesitamos analizar un poco más qué significa este verbo hebreo y cómo la Biblia lo utiliza.

Este verbo *bará* (crear) aparece unas 54 veces en todo el Antiguo Testamento hebreo. Todas las veces que aparece este verbo, el sujeto que realiza la acción es un ser divino. Pero lo que es más importante es saber lo que la deidad *bará* (crea). Dios *bará* la tierra, personas y muchas otras cosas, entre las cuales también *bará* Israel (Is 43:1), *bará* al Norte y al Sur (Sal 89:12), a la oscuridad (Is 45:7) y al rey de Tiro (Ez 28:13). Mientras que los primeros elementos parecieran ser materiales, estos últimos objetos creados nos hacen ver que no necesariamente lo creado sea todo material. Otros objetos creados son, por ejemplo, la alabanza (Is 57:19), una nube de humo (Is 4:5) o los amonitas (Ez 21:30). Estos ejemplos ponen algo en duda nuestra idea filosófica de que algo llegue a existir materialmente. ¿Es realmente el crear de Dios el movimiento de algo material no existente a un estado material existente? Todos estos ejemplos indican que no son necesariamente existencias materiales las que se *bará*. La alabanza viene de otros que ya existen, la nube es de humo, y los amonitas son un grupo que consta de varios individuos ya existentes. ¿De qué material se hace la oscuridad o el Norte?[7]

No creo que Génesis está en contra de la idea de una creación *ex nihilo* (la creación de la nada), pero como vemos, tampoco lo afirma necesariamente. Esto no es decir que Dios no haya creado de la nada, pero sí significa que, por lo menos, no lo podemos concluir claramente del relato de Génesis. Otra cuestión que puede volverse bastante problemática, y es parte de nuestro problema moderno, es que Dios *bará* los cielos. Si los cielos deben ser necesariamente material, la lógica exigiría un espacio, lo que nos haría pensar que el cielo estaría en algún lugar del universo. Pero Dios y los ángeles, que están en los cielos, no son simplemente extraterrestres materiales en algún planeta lejano. Estas son las gafas de la ciencia moderna que no nos permiten ver lo sobrenatural que Génesis y la Biblia nos quieren transmitir. Aunque para la doctrina cristiana la creación de la nada es importante, enfatizándola no nos ayuda a entender a Génesis como habría sido entendido en su contexto.

---

7. Así también Alfonso Ropero, "Creación", en *Gran Diccionario enciclopédico de la Biblia*, ed. Alfonso Ropero (Barcelona, España: Clie, 2017), 507–12.

Quizá una mejor manera de entender lo que sucede en Génesis 1 es algo más allá de la simple transformación de lo inmaterial a lo material. Curiosamente, el relato de Génesis 1 utiliza la palabra *bará* 6 veces. Aunque sería una bella simetría si se usara una vez en cada uno de los seis días de la creación, no es este el uso que se le da. Génesis utiliza la palabra *bará* para los cielos y la tierra dos veces, para los monstruos marinos una vez y para los humanos tres veces. Esto es importante tenerlo en mente. Si *bará* no necesariamente es llamar algo a la existencia material, ¿a qué entonces se refiere? Para responder esta pregunta debemos echar un vistazo a lo que era la situación inicial en la que Génesis nos relata que Dios acciona.

En Gn 1:2, como hemos visto, se nos describe la situación en la cual sucederán el accionar de Dios en los 7 días. La traducción RV60 redacta este escenario inaugural de la siguiente manera: "la tierra estaba *desordenada* y *vacía*". Por otro lado, la Nueva Versión Internacional lo llama a este estado "un caos total". Desde este caos desordenado inicia el relato de Génesis 1 y termina con el séptimo día en que Dios *descansa* de su labor. Todo inicia de un desastroso desorden y va a un desenlace ordenado en el cual Dios puede alegrarse y descansar. ¿Qué, pues, significa que Dios *creó* los cielos y tierra? En verdad, la pregunta es más simple de lo que parece: ¿cómo se arregla un caos desordenado? ¿Añadiendo cosas u ordenándolo? El hecho que la historia inicia con un caos y termina en paz, parece indicarnos que lo que sucede en medio tiene que ver necesariamente con Dios ordenando el cosmos. Todo esto no es decir que Dios no crea o añade cosas, que no pueda hacerlo, o que él no haya creado de la nada, pero sí es una llamada de atención a nuestro entendimiento puramente materialista. Algo más está sucediendo y no lo podemos ver claramente.

La descripción "desordenada y vacía" o "caos total" vienen del hebreo *toju vaboju*. Aunque cada una de estas dos palabras aparecen varias veces en el Antiguo Testamento de manera independiente, las dos palabras juntas solo aparecen en tres versículos: en Gn 1:2, en Jer 4:23 y en Is 34:11. En casi todas las ocasiones, la palabra *toju* sola, transmite la idea de *improductividad* de lo que describe. Y esta improductividad del objeto descrito está en relación al propósito para lo cual fue creado.[8] Por ejemplo, en Is 45:18 Dios no creó (*bará*) la tierra

---

8. Mediante la improductividad la idea viene a ser un desierto. Pero el autor de Génesis no quiere transmitir la idea de una sequía total, como parece ser el planeta Marte,

para que sea *toju*, sino para ser habitada. El propósito de la tierra es ser un hábitat para que animales y humanos puedan convivir, y es descrita como improductiva en este sentido. No cumplía ni podía cumplir su propósito en el estado en que se encontraba. El ordenamiento de Dios, por lo tanto, es instaurar un propósito y Génesis 1 explica cómo Dios instaura propósitos y funciones al caos improductivo. ¿Cuáles son, entonces, estos propósitos y funciones que Dios instaura?

LUZ Y OSCURIDAD

Los seis días del obrar de Dios se pueden dividir en dos grupos bien marcados. En el **día 1** encontramos a Dios ordenando a la luz que sea, para luego separarla de las tinieblas (Gn 1:3-4). Nuestra mente moderna no puede imaginarse cómo la luz y las tinieblas puedan estar mezcladas.[9] Sin embargo, en Génesis 1 Dios los tiene que separar. Esto es un llamado de atención nuevamente a que nuestro texto tiene ideas diferentes de la realidad de nuestro pensamiento moderno. Esta separación es un ordenamiento de hábitats o dominios, luz y oscuridad, que el texto los llama día y noche.

Si hacemos un pequeño salto al **día 4**, encontramos a Dios llamando a las lumbreras, para que le ayuden a separar el día y la noche: "para separar el día de la noche" (Gn 1:14). Podemos notar como Dios está comenzando a dar propósitos, en este caso a las lumbreras. Además, especifica que hay diferentes lumbreras, dos mayores (sol y luna) y las estrellas. De esta manera, el hábitat de las lumbreras queda establecido y ordenado para que las lumbreras deciden los ciclos del día, noche, estaciones y años, a través de la luz y la oscuridad. Esto queda más claro también en el v.16 donde dice que dispuso a "la lumbrera mayor [el sol] para que *señorease* en el día, y la lumbrera menor [la luna] para que *señorease* en la noche". La palabra hebrea de *señorear* no es un verbo sino el sustantivo

---

sino que la condición de la tierra todavía no está en su formato intencionado. Esto es explicado también porqué la tierra seca recién aparece en Gn 1:9. Tsumura, *Creation and Destruction*, 33.

9. Algunos han interpretado la mezcla de luz y oscuridad como el crepúsculo matutino, el amanecer, el arrebol. Esto sale de la idea de que el primer capítulo de Génesis en realidad cuenta la experiencia de un amanecer, hasta que la luz haya ganado sobre la noche oscura con sus peligros. Dios ha cuidado de los suyos una vez más. El ejemplo más claro de esta interpretación es Johann Gottfried Herder, *Älteste Urkunde des Menschengeschlechts: eine nach Jahrhunderten enthüllte heilige Schrift* (Tübingen, Alemania: Cotta, 1806), 1:36.

memshaláh, y significa dominio o autoridad. Un ejemplo del uso de esta palabra lo encontramos en 1Re 9:19 donde leemos: "y todas las ciudades de almacenaje que Salomón tenía... *en toda la tierra de su dominio [memshaláh]*" (LBLA). Otro ejemplo lo encontramos en Da 11:5: "Entonces el rey del sur se hará poderoso, y uno de sus príncipes se hará más poderoso que él y *dominará*; su *dominio* será un gran *dominio [memshaláh]*" (LBLA). Las tres palabras de dominio son de la misma palabra hebrea que encontramos para el sol y la luna. La luz y la oscuridad son los *dominios* o hábitats de las lumbreras y Dios llama a estos dominios noche y día.

LAS AGUAS Y EL AIRE

En el **día 2**, Dios ordena que haya una expansión. Pero más que la expansión, lo importante es nuevamente la división de dos hábitats que estaban mezclados. Esta mezcla eran las aguas que necesitaban ser separadas para cumplir su propósito. Al separarlas por medio de la expansión, quedan divididas por encima y por debajo de esta. Las interpretaciones *prescripción científica* (pág. 29) y la *hipótesis de intervalo* (pág. 37), por ejemplo, interpretan esta expansión como la atmósfera, mientras que en Gn 1:8 Dios llama a la expansión los cielos. Para el lector moderno parece muy lógico que sea lo que nosotros llamamos la atmósfera, pero el texto en Isaías 40:22 nos ayuda a entender un poco mejor qué quiere decir el Antiguo Testamento con esta expansión o el firmamento:

> *Él reina sobre la **bóveda** de la tierra,*
> *cuyos habitantes son como langostas.*
> *Él extiende **los cielos** como un toldo,*
> *y los despliega como carpa **para ser habitada***

Dios expande el firmamento como un toldo o carpa para que las aguas de arriba no bajen, ni que las de abajo suban. Según Is 40:22, esto es crear hábitat. Un dominio son las aguas de abajo y el otro dominio son lo que queda entre las aguas de abajo y el firmamento que ataja "las aguas que estaban *sobre* la expansión" (Gn 1:7). De esta manera quedan por lo menos dos dominios establecidos y ordenados: las aguas de abajo y los cielos.

Al hacer un salto al **día 5**, podemos ver como Dios incorpora estas hábitats o dominios en su forma de organizar el mundo. Aquí Dios ordena a las aguas que se llenen o pululen (LBLA) de todo tipo de seres vivientes (Gn 1:20). Estos seres llenan el dominio de las aguas. Luego también ordena a las aves que vuelen sobre la tierra y a lo largo de la expansión. Las aves claramente llenan el dominio que está por encima de la tierra, formada por la expansión que retiene las aguas de arriba.

Es interesante que el texto es muy genérico en describir cómo sucedió todo esto. Primero, las aguas son las que deben simplemente "producir" (RV60) los seres acuáticos y luego las aves ya deben volar. Luego, en el siguiente versículo nos enteramos que "Dios los creó (*bará*)", aunque tampoco nos dice cómo. El texto no nos explica de qué fueron hechos, si del agua, del aire o de una mezcla de ambas cosas; ni nos dice si fue a través de un chasqueo de los dedos divinos o de alguna otra forma.[10] Al texto no parece que le interese mucho la forma en que suceden las cosas. Nada más, cabe preguntar: ¿qué, pues, si le interesa? La mejor respuesta es que Dios los creó (*bará*) y que llenaron los espacios creados en el segundo día, cumpliendo con su propósito.[11]

Sin embargo, en el día quinto encontramos un detalle que alerta a cada lector moderno: "Dios creó los grandes *monstruos marinos*" (Gn 1:21). Aunque exista un centenar de explicaciones a lo que se refiere con este concepto, debemos analizar el texto donde la palabra hebrea para monstruo marino es *tanin*. Esta palabra ha producido un debate de los estudiosos de la Biblia por mucho tiempo. Un *tanin*, por ejemplo, es en lo que la vara de Moisés se convirtió al enfrentar al faraón de Egipto (Éx 7:9), pero a la vez el *tanin* es colocado en las profundidades o el abismo (Sal 148:7). Los textos proféticos nos pueden ayudar, incluso un poco más, a entender a lo que se refieren con *tanin*.

---

10. Martín Lutero curiosamente añade al versículo que peces aparecen de la nada en una laguna, como si fueran creados por el agua misma. Martín Lutero, *Gründliche und erbauliche Auslegung des ersten Buchs Mosis*, trad. Johann Georg Walch (Halle, Alemania: Johann Justinus Gebauer, 1739), 193.

11. Es muy cierto que el autor hace un énfasis en los "géneros" o "especie" (10x en Gn 1:11, 12, 21, 24, 25). La importancia lleva el orden ante el caos. La nomenclatura no es lo fundamental, sino que sean diferentes entre sí y que no se mezclen. En la Biblia la hibridad es algo que se debe evitar. Ej.: Lv 19:19; Dt 22:9-11.

Para entender la idea bíblica en su contexto, haremos un pequeño viaje a estos textos proféticos y a otras culturas y textos del Antiguo Oriente Próximo. Iniciemos considerando a Is 27:1:

> *En aquel día el Señor castigará*
> *a Leviatán, la serpiente huidiza,*
> *a Leviatán, la serpiente tortuosa.*
> *Con su espada violenta, grande y poderosa,*
> *matará al Dragón que está en el mar*

¿Cuál de estas palabras traduce a *tanin*? El último de estos seres, el *dragón*, que nuevamente es explicado que está en el *mar*. Pues aquí Isaías nos explica la idea sobre un *tanin*. Esto es un versículo que funciona en versos que emiten ideas paralelas en el cual se juntan muchas imágenes antiguas que son compartidas entre las diferentes cosmogonías (narrativas de origen) de las culturas del Antiguo Oriente Próximo. Saber que este monstruo marino sea un dragón o Leviatán no nos ayuda todavía para comprender lo que quiere decir el autor bíblico. Nahum Sarna, un intérprete de las escrituras judías, explica que la palabra *tanin* aparece en los escritos cananeos en Ugarit.[12] En un texto de combate entre Baal y Mot (KTU1.5.I, 1-6), encontramos un verso casi idéntico:

> *Aunque aplastaste a Leviatán, la serpiente huidiza,*
> *acabaste con la serpiente tortuosa*
> *el tirano de siete cabezas,*
> *y se arrugaron y aflojaron los cielos*
> *como el ceñidor de tu túnica.*[13]

Aquí hay una conexión entre este monstruo marino y los cielos, como en las aguas que son separadas en Gn 1:6-7 y luego los monstruos quedan abajo y los cielos arriba. En Isaías, Dios dice que él castigará a este monstruo, pero aquí en el texto de Baal quien habla

---

12. Nahum M. Sarna, *Genesis*, JPS (Philadelphia, PA, EE.UU.: Jewish Publication Society, 1989), 10.

13. Esto es parte de los Cilcos de Baal, de la traducción de Gregorio del Olmo Lete, *Mitos, Leyendas y Rituales de Los Semitas Occidentales* (Madrid, España: Trotta, 1998), 102. Leviatán, de los consonantes hebreos lvtn, en cananeo es Lotan, de los consonantes ltn. La consonante faltante "v" en el cananeo se explica en que la "v" en hebreo también puede ser una consonante o indicar la vocal "o" o "u".

es el dios Mot (muerte, en hebreo). Este admite que el dios Baal haya ganado esta batalla contra Leviatán, que tiene que ver con los cielos, que parecen una túnica. ¡En lo que dice Isaías y Mot hay una enorme diferencia! Mientras que para Mot es Baal quien haya ganado esta batalla, para Isaías es Isaías Yahvé quien aplastará a este monstruo. Pero la serpiente y la túnica parecen ser conceptos similares en los dos textos. Isaías juntó al Leviatán con la palabra *tanin*, el monstruo marino que encontramos en Gn 1:21 y, además, el cielo para Isaías también es como una carpa o toldo (Is 40:22).[14] Por lo tanto, vemos que el mundo del Antiguo Testamento está bien inmerso en lo que era la cultura y la manera de hablar de estos conceptos en aquel entonces y en esta región.

En Génesis 1, Dios crea (*bará*) a este monstruo, pero para los cananeos era un dios. La palabra *bará* es solamente utilizada en la introducción Gn 1:1, luego para estos monstruos marinos (v.21) y finalmente para los humanos (v.27). Aquí sucede algo que no encaja en nuestra forma de ver la vida, pero no es nada ajeno a los autores bíblicos. La interpretación moderna lo ha llamado la "desmitologización" o "desmitación" para sacar estas cosas que parecen de otro mundo.[15] Admito que es compleja la conexión entre estos dos textos. Pero este contexto parece ser mejor para entender Génesis 1 por lo que es, en vez de imponer nuestra creencia de la inexistencia de estas cosas sobre la Biblia. Volviendo a los días de Génesis, después de haber creado los dominios del agua y del aire, Dios los llenó con seres acuáticos y las aves.

EL MAR Y LA TIERRA

En el **día 3**, Dios ordena a las aguas que se junten en un lugar, explicando a cuáles aguas se refiere: "las que están debajo de los cielos" (Gn 1:9). El juntarse en un lugar quiere decir lo contrario a todo lugar, de manera que en el v.2 lo describe como unas aguas amorfas

---

14. Es curioso que para Pablo el último enemigo a vencer es la muerte (1Co 15:26), pero en el Apocalipsis un enemigo principal es "el dragón, la serpiente antigua" (Ap 20:2). Al parecer la Biblia mantiene la conexión entre la muerte y el dragón.

15. Compare Alfonso Ropero, "Mito", en *Gran Diccionario enciclopédico de la Biblia*, ed. Alfonso Ropero (Barcelona, España: Clie, 2017), 1715.

que llenaban el cosmos.[16] La orden que se junten las aguas no se trata de un muro de agua como en el éxodo. Es más, como Jeremías 5:22 lo describe:

> *¿Acaso has dejado de temerme?*
> *—afirma el Señor—.*
> *¿No debieras temblar ante mí?*
> *Yo puse la arena como límite del mar,*
> *como frontera perpetua e infranqueable.*
> *Aunque se agiten sus olas,*
> *no podrán prevalecer;*
> *aunque bramen,*
> *no franquearán esa frontera (NVI)*

Aquí Dios habla a su pueblo y explica qué es lo que hizo. No se habla de que lo hizo en cierto tiempo, o que lo haya hecho de cierta forma. Como en Génesis 1, lo importante para Dios fue que Él tiene el poder de limitar a estas aguas que aquí son pintadas bastante amenazantes. Es Dios quien ha dado los límites, y este es el argumento para que su pueblo le tema. Dios llama a estas aguas limitadas "mar" y en hebreo esto es *yam*. Los monstruos como el Leviatán son normalmente asociados con lo acuático. En Job 7:12, encontramos estas dos fuerzas en paralelo: "¿Soy yo el *mar*, o un *monstruo marino*, para que me pongas guardia?". No es que cada vez que leamos *mar* o *agua* en la Biblia haya un monstruo debajo de la cama. Sin embargo, cuando leemos que Dios no descansa, y se necesita alguien poderoso como Dios para ordenar y limitar al mar que evita la posibilidad de la creación de Dios, estamos ante un obstáculo para el mismo plan y propósito de Dios.

Dios ordena las fuerzas del cosmos habilitando los dominios o hábitats, para que su plan se pueda llevar a cabo. Ante su orden y limitación a estas aguas, aparece lo seco. Esta palabra que describe lo seco (*yabashá*) aparece unas catorce veces en el Antiguo Testamento. Todas las veces que aparece lo seco, se trata o de una hazaña muy decisiva de parte de Dios o de su pueblo. En primer lugar surge como el hábitat de la humanidad en la creación, luego el lugar para cruzar entre las dos partes del mar dividido y del Jordán, más tarde

---

16. Gordon J. Wenham, *Genesis 1-15*, vol. 1 de *WBC* (Grand Rapids, MI, EE.UU.: Zondervan, 1987).

lo seco es lo que necesita un avivamiento del Espíritu de Dios y, finalmente, aparece tres veces como la salvación de vida para Jonás y los marineros ante la amenaza de la tormenta en el *mar*.[17] La tierra seca es el lugar seguro para el pueblo de Dios, a la que Dios la llevará y lo avivará para que los suyos puedan seguir su propósito, y como tal, Dios llamó a lo seco *tierra*.

Limitando al amenazante mar, que parece requerir guardia, Dios da lugar a que plantas y árboles puedan subsistir. Un detalle importante que solemos pasar por alto es que ambos grupos de vegetación dan semillas. Estas semillas son las portadoras de vida y, por lo tanto, esta vida puede nutrir a los humanos (Gn 1:29). Es curioso que cuando se explica que las frutas y plantas son para el alimento del humano, su diferencia con los animales es que los humanos comen lo que da semilla y los animales comen las plantas o hierbas verdes (Gn 1:30). Ya el tercer día contiene el plan completo para lo que vendrá a ocupar el hábitat establecido por Dios para los animales y humanos.

El concepto de preparar una tierra fecunda y productiva lo encontramos en varios textos de otras culturas. Tomemos, por ejemplo, la *teogonía de Dunnu*, un escrito mesopotámico que trata de una narrativa que data aproximadamente del siglo XVIII a.C.: "Al principio Harab se casó con la Tierra. Deseó tener familia y señorío".[18] El texto sigue hablando sobre cómo se tiene que controlar y trazar límites a varios personajes acuáticos para que esto pueda surgir. El mar llega a matar a la tierra, pero esta es renovada y los ríos le ayudan a ser fecunda para proveer vida a los seres vivos habitando sobre ella.

De manera similar, un mito saliente de la zona de Ur de los caldeos, zona de donde venía Abraham, datando de ca. 1700 a.C., el *Mito bilingüe de la creación del hombre* habla de los límites de grandes ríos, explicando la limitación entre tierra y agua repitiendo tres veces de seguido la frase "mantendrán sus límites para siempre".[19]Además, aquí se limitan las funciones de los dioses y de los humanos, como también el recorrido de las estrellas. De manera similar, en Génesis como en estos textos, los *planos* del cielo y tierra nos suenan

---

17. Los textos donde aparece esta palabra son: Gn 1:9, 10; Éx 4:9; 14:16, 22, 29; 15:19; Jos 4:22; Neh 9:11; Sal 66:6; Is 44:3; Jon 1:9, 13; 2:11.

18. COS 1.112, 1-2, traducción de Lluís Feliu Mateu y Adelina Millet Albà, *Enuma Elis y otros relatos babilónicos de la creación* (Madrid, España: Trotta, 2014), 102.

19. 6, 14-15, 36-42. Traducción de Mateu y Albà, *Enuma Elis*, 100–101.

arquitectónicos, pero no se enfocan en los elementos de construcción, sino en las funciones de las diferentes piezas de la obra. Es decir, a Génesis 1 le interesa más bien el trazar los límites de los lugares y funciones que el hablar de la composición sustancial del cosmos.

A LA IMAGEN DE DIOS. CLÍMAX DE LA CREACIÓN

En el **día 6**, una vez que los dominios de la tierra han sido establecidos, notamos como Dios introduce los habitantes sobre ella. Un importante detalle es que el texto habla de una gran variedad de plantas, árboles, animales acuáticos, aves y bestias del campo. Todas estas criaturas son "según su género/especie". Pero esta idea no aparece en la creación de los humanos. Aunque también son habitantes de la tierra como los animales y se alimentan de lo que produce la tierra, los humanos no son según una especie.[20] Los humanos tienen un propósito más amplio que las demás criaturas. Génesis 1:26 lo explica de esta manera:

> Y dijo Dios: Hagamos al hombre **a nuestra imagen**, conforme a **nuestra semejanza**; y ejerza **dominio** sobre los **peces** del mar, sobre las **aves** del cielo, sobre los **ganados**, sobre toda la **tierra**, y sobre todo **reptil** que se arrastra sobre la tierra (LBLA)

El hábitat del hombre es la tierra, pero el domino se expande no solo sobre lo que existe sobre la tierra, sino también sobre los peces y aves que están en el mar y el aire. El relato no dice que el humano tiene dominio sobre el mar o el aire, pero sí sobre la tierra. Estos son hábitats establecidos por Dios y los encargados del hábitat tierra son los humanos. Además, el humano tiene dominio sobre todos los animales. En este sentido, para Génesis el humano depende de lo que Dios permita que la tierra produzca y debe considerarse un gobernador bajo un estricto mando divino. Sin embargo, para que

---

20. En toda la Biblia la palabra especie nunca es utilizada para los humanos. A pesar de ello, la teología cristiana como también la ciencia han utilizado argumentos creacionistas como evolucionistas para afirmar las diferentes razas entre los humanos, tratándolas como especies diferentes, con el fin de certificar la esclavitud. S. Joshua Swamidass, *The Genealogical Adam and Eve: The Surprising Science of Universal Ancestry* (Downers Grove, IL, EE.UU.: InterVarsity, 2019), 130. Véase también Livingstone, *Adam's Ancestors*, 121–25.

esto se pueda dar, es Dios quien ordena a la tierra producir y limita al mar rugiente de no destruir este hábitat.

El versículo citado abre algunas preguntas importantes que siempre surgen al hablar de la creación de los humanos: ¿con quién habla Dios al decir *hagamos* y *nuestra*? ¿Qué significa ser creado a la imagen y semejanza de Dios? Aunque son cuestiones muy amplias, trataré de responder de forma abreviada las dos preguntas porque son decisivas en entender lo que está sucediendo en Génesis 1.

¿Con quién está hablando Dios? Se ha respondido a esta pregunta de varias maneras. Es una pregunta problemática, porque molesta al monoteísmo estricto. El texto mismo nos explica que quien sea quien es la compañía de Dios, tiene también la imagen y semejanza de Dios como los seres humanos. Pues Dios habla de *nuestra* imagen. Algunos han explicado que se trata de una manera de dirigirse formalmente a una majestad en la que Dios se hable a sí mismo. Sin embargo, la forma plural majestuosa como la usamos en el español *vuestra majestad*, por ejemplo, no existe en el hebreo.[21]

Agustín de Hipona propone que fue Jesús a quien Dios hablaba, porque en Juan 1:3 dice: "Por medio de él [Jesús] todas las cosas fueron creadas" (NVI). Como se trata de un escrito dirigido al hombre, esta es la explicación que hace sentido para el hombre que lo lee.[22] Pero cabe preguntar qué es lo que habría entendido, por ejemplo, Moisés detrás del plural. No conocía a Jesús ni se podía imaginar tal cosa, ya que también está escrito que ni los ángeles sabían de este plan (1Pe 1:12), o también que el apóstol Pedro mismo no pudo entender que Jesús fuese el Cristo sino por obra de Dios (Mt 16:17). Lo curioso es que Jesús no le dice a Pedro que haya estudiado muy bien las escrituras, contrariamente más tarde al no reconocerlo "les abrió el entendimiento, para que comprendiesen las Escrituras" (Lc 24:45). Por estas razones, decir que el autor de Génesis 1 ya lo había entendido que era *claramente* Jesús, en realidad no es muy bíblico ni convincente.[23]

Volviendo al problema del uso del plural de Dios en Génesis 1:26, el filósofo judío Filón y los intérpretes judíos del 1.er siglo d.C.

---

21. Paul Joüon y Tamitsu Muraoka, *A Grammar of Biblical Hebrew*, 2ª ed., SB (Roma, Italia: Gregorian & Biblical, 2011), §104.e nota 2.

22. *Interpretación literal de Génesis* §16.56. Aunque la Epístola de Bernabé y Justino Mártir ya habían promovido esta explicación siglos antes de Agustín.

23. Compare Michael S. Heiser, *The Unseen Realm: Recovering the Supernatural Worldview of the Bible* (Bellingham, WA, EE.UU.: Lexham Press, 2015), 241–42.

habían entendido a Dios hablando a sus ángeles. Esto ya nos deja más cerca de lo que encontramos en el libro Génesis y en la Biblia, cuando Dios habla de esta manera. Sarna nos alerta al detalle que Dios habla en plural en tres ocasiones en Génesis, todas concernientes al destino de los humanos.[24] La primera vez ocurre durante el relato de la creación (Gn 1:26), la segunda trata acerca de la expulsión de los humanos del edén (3:22), y la tercera de la dispersión de las naciones en Babel (11:7). Ciertamente, Dios indica en Génesis 18 que viene a visitar a Abraham, y aparece en forma tres hombres (18:1-2) y más tarde nos damos cuenta de que dos de ellos son ángeles (19:1). Pero ¿por qué hablaría Dios con sus ángeles, y si habla con ellos en qué tiempo los creó?

Génesis no se trata de los elementos o habitantes mismos del cielo, sino que se trata de los hábitats y el ordenamiento del cosmos. Es por esta razón que el texto no relata cómo fueron creados los ángeles. Sin embargo, a quien Dios habla aquí es el consejo de Dios o la asamblea divina. Dios suele preguntar a su consejo celestial cuando se trata de grandes decisiones. Una situación así la encontramos en 1Re 22:19-20, donde el profeta Micaías dice:

> Yo *vi al* Señor **sentado en su trono,** y **todo el ejército de los cielos estaba junto a Él,** *a su derecha y a su izquierda.* Y *el* Señor *dijo:* **¿Quién inducirá a Acab?**... Y **uno** *decía de una manera, y* **otro** *de otra. Entonces* **un espíritu** ... *dijo: Yo le induciré. Y el Se-* ñor *le dijo:* «**¿Cómo?**». *Y él [le] respondió... Entonces Él [*Señor*] dijo:* «*Le inducirás y también prevalecerás.* **Ve y hazlo así**» *(LBLA)*

En este pasaje Dios no solo explica a su consejo celestial lo que hará, sino que pregunta por opiniones y planes. Pero el que decide finalmente es el Señor. El profeta no participó ni dio su opinión, pero participó silenciosamente. Pero también encontramos en la Biblia situaciones en las que los humanos participan activamente en una reunión del consejo divino. En Isaías 6:8, ya estando delante del trono de Dios, el profeta Isaías relata que "oí la voz del Señor, que decía: ¿A quién enviaré, y quién irá por nosotros? Entonces respondí yo: Heme aquí, envíame a mí". Dios lo toma en serio al profeta quien aquí aparece como un invitado al consejo, como si este fuese elegido y purificado para participar. Esto está muy cerca de lo que

---

24. Sarna, *Genesis*, 12.

encontramos en Génesis, cuando Dios visita a Abraham, apareciendo como tres hombres. Dios pregunta a los otros dos: "¿Acaso voy a ocultarle a Abrahán lo que voy a hacer?" (Gn 18:17, RVC). La razón de Dios para comunicar sus planes a Abraham tiene que ver con que Abraham será el primero de muchos descendientes y que este les ordenará a seguir el camino Dios (Gn 18:18-19). La participación de Abraham en este consejo, negociando con Dios, es lo que salva a Lot finalmente de la destrucción de Sodoma.

Hemos visto que el plural de Dios en la Biblia no siempre y necesariamente es directamente Jesús o la trinidad, aunque esto nos parezca a los que conocemos como la historia avanza en el Nuevo Testamento. Si entendemos a Génesis 1 como un texto antiguo, la mejor opción es entender el plural de Dios como el consejo celestial, que es la manera hebrea de entender el panteón de los múltiples dioses que tenían prácticamente todas las culturas en el Antiguo Oriente Próximo.[25] En este sentido, podemos concluir que Dios habla a los que están con él afirmando su creación del humano a la imagen y semejanza de los miembros del consejo divino.

¿Qué significa que los humanos seamos creados **a la imagen y semejanza de Dios** o de este consejo celestial? Nuevamente las varias y diferentes maneras de interpretar esta parte de Génesis nos muestran que no es un simple relato científico de lo que haya sucedido. Hemos visto que hay elementos muy complejos en el primer capítulo de la Biblia. Sea lo que fuese, la imagen y semejanza de Dios debe unirnos a él y separarnos del resto como, por ejemplo, del reino animal. Por lo tanto, se han enfatizado cualidades intelectuales o de lenguaje que los animales no tienen. Esto no es necesariamente la idea de Génesis. Para nuestro texto, debe ser más que una cualidad. ¿Qué pasa con las personas que tienen una imposibilidad mental o los niños que todavía no pueden hablar? ¿Dejan de ser imagen de Dios? Las *habilidades* pueden crecer, pero la imagen de Dios no. Lo somos o no somos. Lo mismo sucede con la *capacidad* de conectarnos mentalmente con Dios: los bebés no lo pueden hacer de la manera

---

25. El Salmo 82 brinda una interesante escena del consejo celestial, en la que Dios no está muy feliz con los que están en su consejo. Vea especialmente los vs. 1 y 6. La versión Reina-Valera traduce muy bien el texto hebreo. Para un análisis profundo del salmo considere Daniel McClellan, "The Gods-Complaint: Psalm 82 as a Psalm of Complaint", *JBL* 137.4 (2018): 833–51. También puede considerar la escena en Job 1, donde los hijos de Dios se juntan en asamblea. Vea especialmente el v.6 de este capítulo.

en que muchos lo practican en sus iglesias o tiempos devocionales. A esto se junta la idea del alma, que viene a ser lo diferente al cuerpo, pero la palabra para *alma* en hebreo es *nefesh* y esta es utilizada sin distinción de *ruaj* (espíritu), ejemplo 1Sa 1:15 y Job 7:11. Además, el autor utiliza *nefesh* (alma) para todos los seres *con vida* en la tierra, mar y aire (Gn 1:30).[26]

La traducción griega (la Septuaginta o la LXX) de Génesis 1 utiliza para *imagen* la palabra *eikon*. Sí, nuestra palabra *ícono* viene de la misma. La idea no es que nos adoremos y en esto adoraremos a Dios. Pero la idea no está del todo mal, excepto por la parte de la adoración. La palabra hebrea *tselem* (imagen) es utilizada en el Antiguo Testamento para imágenes o formas fundidas (ej. Nm 33:52; 1Sa 6:5; 2Re 11:18; Amós 5:26). No es decir que Génesis 1 quiere solamente decir que somos una réplica en forma física de Dios, sino que los atributos imputados a los humanos femeninos y masculinos, al ser descritos como imagen y semejanza del consejo divino: se nos otorgó el dominio terrenal y así representar el dominio total de Dios aquí en la tierra. Somos como íconos vivos del gobernador celestial, del Dios vivo a quien le pertenece cielo y tierra.

Randall Garr explica que, según Génesis 1:

> *"la humanidad es una creación como la divinidad y como Dios. Creada 'a nuestra imagen' y 'a imagen de Dios', representa los dos niveles de autoridad divina que gobierna el cosmos. La humanidad representa la comunidad de cogobernantes de Dios, responsables de realizar la justicia y promulgar la voluntad soberana de Dios. Además, representa el gobierno de Dios mismo… La humanidad representa al Entronizado como también a aquellos que rodean Su trono".[27]*

El Salmo 8 apoya la idea de equivaler *imagen y semejanza* a autoridad, al hablar de la creación de Dios y luego entrar en detalle acerca de los humanos, que son "poco menor que un dios [*elohim*], y los colmaste de gloria y de honra" (Sal 8:5, RVC). El estatus del humano está entre lo divino y la gloria y honra. Los humanos no son divinos, ni tampoco los seres divinos son humanos. No obstante, el

---

26. Heiser, *The Unseen Realm*, 42–43.
27. W. Randall Garr, *In His Own Image and Likeness: Humanity, Divinity, and Monotheism*, vol. 15 de *Culture and History of the Ancient Near East* (Leiden, Países Bajos: Brill, 2003), 219.

salmista sigue diciendo: "¡Lo has hecho señor de las obras de tus manos! ¡todo lo has puesto debajo de sus pies!" (Sal 8:5, RVC). Junto con la gloria y la honra, este dominio es todo lo que necesita alguien para ser rey o gobernante.

Podemos notar como la idea del alma o alguna capacidad no es lo que nos hace especiales. Sí nos hacen funcional para el propósito, pero no nos gloriamos en lo funcional, sino en el propósito. El *nefesh* (alma) lo compartimos con los animales y las capacidades pueden crecer o decrecer. No así la imagen de Dios. De acuerdo con Génesis 1, creados a *nuestra* imagen, representamos la comunidad de coregentes de Dios (los que rodean su *trono*), como también (a imagen de *Dios*) al gobierno mismo de Dios, a Dios mismo.[28] Para que no nos creamos la última Coca Cola en el desierto o la octava maravilla del mundo, el salmista ya nos pone en nuestro lugar: "¿Qué es el ser humano, para que en él pienses?" (Sal 8:4) y termina elevando a Dios como del que todo depende: "Oh Señor, Soberano nuestro, ¡qué imponente es tu nombre en toda la tierra!" (Sal 8:9, NVI).[29] Saber que somos coregentes de Dios, representándolo en la tierra, nos puede llevar a mucha arrogancia, pero al recordar que el prójimo también es coregente y representante del Dios vivo, nos mantenemos en un equilibro sano.

Sin lugar a duda, la creación del humano en Génesis 1 es el clímax de la actividad de Dios. Los humanos son nuevamente *creados* (*bará*), descripción que solamente reciben el cielo y tierra y los monstruos marinos. Todo ordenar, separar e instaurar funciones es necesario para que los humanos puedan ser creados. Cuatro veces utiliza Génesis 1 el concepto que los humanos son creados según la imagen de Dios y su consejo divino (Gn 1:26-27). En dos ocasiones Dios explica que dominarán sobre los habitantes de los hábitats de agua y tierra (Gn 1:26, 28). Una razón más es que Dios no descansa hasta que esto también se realice. Parece que todo está relacionado con

---

28. Esta idea está a través de toda la Biblia. Primeramente, a través del pueblo elegido, llamándolo un pueblo de sacerdotes (Éx 19:6); segundo, para Pedro esto quedó claro que el nuevo pueblo lo será también (1Pe 2:5, 9). Podría haberlo entendido cuando Jesús le otorga a Pedro las llaves del reino de los cielos (Mt 16:19), aunque esto queda debatible. Esto es sin mencionar la idea de la *ekklesia* (iglesia), que es formado por el nuevo pueblo, ofreciendo sacrificios de obediencia y amor al prójimo (Heb 13:15-17).

29. Otro paralelo se encuentra en Sal 29:1-2: "Tributen al Señor, *seres celestiales*, tributen al Señor la gloria y el poder. Tributen al Señor la gloria que merece su nombre" y en Sal 96:7-9: "Tributen al Señor, *pueblos todos (lit. familias de los pueblos)*, tributen al Señor la gloria y el poder. Tributen al Señor la gloria que merece su nombre" (NVI).

el propósito final del hombre. Aunque si sea el clímax de la actividad creadora, recordando la humildad del Salmo 8, esto no es el clímax del relato todavía, para esto debemos ir al séptimo día.

EL SÉPTIMO DÍA. EL CLÍMAX DEL RELATO

"Al llegar el séptimo día, Dios descansó porque había terminado la obra que había emprendido" (Gn 2:2, NVI). Como es el final del relato de Génesis 1 (que en realidad va hasta Gn 2:3), llegamos a un final feliz. La narrativa de Génesis 1 con sus hábitats o dominios y los habitantes de los dominios llegan a buen término y cuando todo está ordenado y limitado, Dios *descansa*. Teológicamente esto no hace ningún sentido. ¿Se había cansado Dios? ¿Tuvo que descansar para recomponerse? ¿Será que comió también para recuperar fuerzas? La palabra utilizada es *shabat*, lo que conocemos del sábado en el que los hebreos no debían trabajar (ej. Éx 20:8). Pero el descansar de Dios no es simplemente una pausa en su provisión y dominio universal. Así también lo explica Jesús defendiendo su obrar milagroso en un sábado: "Mi Padre hasta ahora trabaja, y yo trabajo" (Juan 5:17). La palabra *shabat* tiene varios significados: terminar de existir, desistir del trabajo y observar el sábado.[30] ¿Qué entonces quiere decir Génesis al afirmar que Dios *descansó*?

Debemos recordar el detalle del cual Agustín ya nos había alertado unos cuántos siglos atrás, que todos los días en Génesis 1 terminan menos el séptimo, este no termina (pág. 37). Si le importó al redactor de Génesis 1 mencionar seis veces que "fue la tarde y la mañana", sugiriendo una secuencia, es importante que notemos que la secuencia deja de aparecer en el séptimo día Esto nos aclara también el descanso, la bendición y la santificación del séptimo día. Algo poderoso y santo había sucedido. Éxodo 20:11 nos ayuda a entender mejor este dilema. Aquí también aparece el obrar de Dios relacionado con el séptimo día bendecido y santificado, aunque esta vez Dios no *shabat*, sino *nuaj* que es estar en un *estado* de estabilidad y seguridad.[31] El texto en Éxodo nos ayuda a entender que la idea del *shabat* de Dios es íntimamente conectada con el concepto de *nuaj*.

30. Wenham, *Genesis 1-15*, 35.
31. Walton, *Mundo Perdido de Génesis*, 66.

Para Job las dos palabras *shabat* y *nuaj* son usadas en paralelo y tienen que ver con lo opuesto de turbación o inseguridad. Job 3:26 dice: "No he tenido paz [*nuaj*], no me aseguré, ni estuve reposado [*shabat*]; no obstante, me vino turbación". Pero las expresiones más claras las encontramos en Dt 12:10 y 2Sa 7:1:

> *Pero cruzarán el Jordán, y habitarán en la tierra que el Señor su Dios les da como herencia, y él los hará reposar [nuaj]* **de todos los enemigos** *que los rodean, y vivirán* **tranquilos**

> *Aconteció que cuando ya el rey habitaba en su casa, después que Jehová le había dado reposo [nuaj]* **de todos sus enemigos** *en derredor*

Ambos textos presentan un reposo más que recuperador de fuerzas. El *descanso* de Dios es como el de un gobernante cuando no existe disturbio alguno. El versículo de Deuteronomio nos aclara que los israelitas al entrar en la tierra prometida, no es que no la trabajarán, a pesar de entrar en un reposo. Notemos como el día séptimo se transforma en paradigma para, por lo menos, dos conceptos. Es decir, el séptimo día es como una semilla base que germina y puede expandirse. El primer fruto de este paradigma es el cesar del trabajo y refrescarse. De este concepto sale el descanso de los israelitas cada séptimo día, o sea guardar el sábado. El segundo fruto germinado de la semilla del séptimo día es la estabilidad y la seguridad, de las cuales se nutre la promesa de la tierra prometida (Jos 21:44), como también el reposo eterno de Dios en el cual los cristianos participamos (Heb 4:1-11). Así podemos decir entonces, que Dios termina su "trabajo" de ordenar el cosmos y "descansa" en la estabilidad del cosmos ordenado. Pero ¿cómo hemos llegado hasta aquí? El círculo se empieza a cerrar. El siguiente diagrama muestra el paralelo de los hábitats creados para los habitantes y dominadores, mientras que en el séptimo día, Dios disfruta de su orden establecido.

	Hábitat / Dominio		Habitantes y Dominadores
Día 1	Día/luz y noche/oscuridad	Día 4	**Sol, luna** y estrellas
Día 2	Aire (cielo) y aguas	Día 5	Aves y peces (monst. marinos)
Día 3	Tierra seca (con plantas)	Día 6	Animales y **Humanos** 👑
Día 7	**Dios descansa en su dominio** 👑		**Día 7**

Tabla 3 - Estructura de hábitats y habitantes

ORDENANDO Y DOMINANDO

Dios llega a descansar en la estabilidad y ordenamiento del cosmos (Gn 2:3), mediante su obrar llamado *bará* (crear) cielo y tierra (Gn 1:1). A lo largo de los días vemos como el autor ha utilizado imágenes que son muy representativas (ej.: el mar amenazante, los monstruos marinos) para describir el trabajo de Dios. Pero esto no es todo. Una vez establecido que Gn 1:1-2 son los versículos que preparan el escenario, podemos apreciar el *bará* (crear) de los cielos y tierra. En el v.2 encontramos una situación no tan ordenada ni tan alentadora: la actividad de Dios inicia con una "tierra [que] estaba desordenada y vacía, y las tinieblas estaban sobre la faz del abismo, y el Espíritu de Dios se movía sobre la faz de las aguas".

Un texto mesopotámico datado de aproximadamente 1800 a.C. también inicia su narrativa separando cielo y tierra: "Cuando el cielo y la tierra, que aún estaban unidos, fueron separados...". Luego el texto relata que se deben construir unos diques para controlar el Éufrates y el Tigris, los dos mayores ríos en Mesopotamia, después de que "los planos del cielo y la tierra fueron establecidos".[32] Estos dos ríos curiosamente aparecen en Génesis en relación con el Jardín del edén (Gn 2:14). Sin embargo, también hay mayores diferencias entre el texto bíblico y el babilónico que realzan el mensaje de Génesis 1 en medio del contexto que era compartido, como lo indican los ríos y la forma de narrar de los textos.

Como ya hemos visto qué quiere decir el desorden y el vacío de la tierra (pág. 58), nos fijaremos ahora en las imágenes que se esconden detrás del estado inicial: las tinieblas sobre la faz del abismo y el Espíritu de Dios sobre las aguas. Es curioso que aquí aparece el Espíritu (*ruaj*) de Dios (*elohim*). Podría ser traducido también como viento de Dios o soplo de Dios (BNP), pero casi todas las traducciones se quedan entendiendo aquí el Espíritu de Dios. El versículo habla sobre la improductividad de la tierra y hay dos cosas que están en un paralelo: las tinieblas y el Espíritu de Dios. Los dos lugares mencionados parecen sombríos: faz del abismo y faz de las aguas. Las aguas y las tinieblas son algo que deben quedar separadas a lo largo de Génesis 1: las tinieblas de la luz en Gn 1:4, 5, 18 y las aguas entre sí en Gn 1:6, 7, 9, 10. Pero ¿qué del abismo?

32. En el mito bilingüe de la creación del hombre, 1, 4-7, 12-15. Traducción de Mateu y Albà, *Enuma Elis*, 99–100.

El abismo mencionado aquí se refiere a una idea más que simplemente un vacío cósmico infinito, como algunos científicos lo explican. En la Biblia, la palabra *tejom* (abismo) puede significar el fondo del mar (Sal 106:9), pero también algo personificado o un poder (Éx 15:15; Sal 77:17). Habacuc 3:10 es un buen ejemplo: "Las montañas te ven y se retuercen. Pasan los torrentes de agua, y *ruge el abismo, levantando sus manos*". Casi parece ser asaltado el abismo rugiente. Por lo tanto, cabe preguntar cuál "abismo" es lo que Génesis 1:2 quiere transmitir con el *tejom*. ¿Será un simple fondo del mar, o un poder? Desde la perspectiva moderna, la idea del fondo del mar es la más normal y lógica, pero ¿qué hacemos entonces del Espíritu de Dios? ¿También lo transformamos en una energía como la fuerza de gravedad? Garr nos ayuda nuevamente a ver qué habría visto un lector del mundo del Antiguo Oriente Próximo:

> En ausencia de luz, había oscuridad. Había un **océano primitivo** con **aguas abismales** y *mezcladas*. También estaba Dios, o alguna manifestación de Dios, expresada como el **viento de Dios**. Al principio, había **representantes del caos**, así como un **representante de Dios**. Dios y el caos son diferentes en Génesis 1:2. Las señales del caos constituyen las cosas preexistentes y el estado del mundo; la descripción es relativamente **estática**. El *viento de Dios*, sin embargo, es **dinámico**. Se mueve; está de alguna manera separado de su opuesto "abismo"; y encara al abismo como en una confrontación cara a cara. Incluso cumple una función anticipatoria en contexto. El **viento de Dios prefigura** el agente y el inicio del primer acto creativo (v.3) y todos los actos creativos posteriores. **Anuncia a Dios y su papel activo en el establecimiento de un mundo paradigmático a partir de un entorno primario de caótica indistinción.**[33]

En otras palabras, el Espíritu/viento de Dios como representante de Dios ordena, encara y confronta al representante del caos quien en este caso es el abismo. Este abismo caótico queda totalmente estático, mientras que el Espíritu/viento se mueve. El versículo nos indica que Dios crea a través de su Espíritu/viento dominando y limitando a cualquier poder o representación del caos que mantiene la tierra improductiva.

La misma idea encontramos cuando los israelitas cruzan el Mar Rojo, saliendo de la opresión egipcia. Siendo liberados, Moisés canta la victoria: "Al soplo (*ruaj*) de tu aliento [lit. narices] se amontonaron

---

33. Garr, *In His Own Image and Likeness*, 180–81.

las aguas" (Éx 15:8). Además, también encontramos el concepto del abismo (*tejom*) siguiendo el mismo versículo: "Los abismos (*tejom*) se cuajaron". Notemos que Gn 1 y Éx 15 comparten los personajes del *viento de Dios*, las *aguas*, el *abismo* y la *victoria de Dios*. Esto no es coincidencia y, nuevamente, el enfrentamiento entre el viento (de las narices) de Dios con las aguas dan vida al pueblo de Dios.

Pero Génesis y Éxodo no son los únicos textos que contienen estos personajes en sus historias de orígenes. Los cananeos en Ugarit tenían una historia similar en la cual el dios Baal lucha contra el monstruo Yam, que es la palabra para *mar* en ugarítico como en hebreo:

> Baal, Todopoderoso, ...
> con tu fuerza, regalo de tu **diestra**,
> ... coge tus nubes, tu **viento**, tu borrasca, tu lluvia.[34]

Los mismos personajes también encontramos en la Enuma Elish de los babilonios en Mesopotamia (comp. pág. 43), de donde había salido Abraham. Bel es un título que se le atribuye al supremo y significa *señor*. Para los babilonios esto era el dios Marduk:

> **Bel** [Marduk] extendió su red y enredó a **Tiamat (aguas profundas)**
> liberó en su cara el **viento** destructivo que traía tras de sí,
> **Tiamat** abrió su boca para tragárselo,
> pero Marduk introdujo el **viento** destructivo
> para que no pudiese cerrar sus labios.
> Los **vientos furiosos** llenaron su vientre,
> sus entrañas se hincharon y su boca se ensanchó.[35]

Las similitudes son bastante claras. Sin embargo, esto no significa que se copiaron las historias, ni que simplemente cambiaron los nombres de los dioses. Significa que comparten algunas reglas y conceptos culturales como, por ejemplo, nosotros compartimos las reglas del juego papel, piedra o tijera. Está claro quién gana a quien. Los conceptos culturales que compartían era que hay un dios que gobierna y que las aguas son una fuerza amenazante que este dios sabe gobernar. Podríamos decir, si los hebreos, cananeos y babilonios jugarían papel, piedra o tijera, los tres entenderían las mismas

---

34. KTU 1.5V.1-7 del Olmo Lete, *Mitos*, 107–8.
35. IV.95-102 Mateu y Albà, *Enuma Elis*, 73.

reglas. Aunque cada uno iba a decir que saben jugar mejor el juego, y que sus propias tácticas les ayudarán a ganar. ¿Qué nos muestran estas citas de textos que no son de la Biblia? Nos ilustran cómo Génesis 1 contrariamente a las otras narrativas de orígenes no presenta una guerra detallada, pero sí presenta unas fuerzas antagónicas que Dios ordena y domina, para que la vida pueda subsistir y finalmente Dios pueda *descansar*.[36]

Si dejamos a Génesis 1 iniciar con una escena de tanta envergadura sobrenatural, podremos sentir con mayor impulso los enfrentamientos por el orden y dominio divino. Dios, además de crear (*bará*), realiza acciones como hacer (*asah*), separar (*badal*) y llamar (*cará*). Durante los seis días del obrar de Dios, el *separar* ocurre más veces (5x) que el *crear* (4x) y la misma cantidad de veces que el *hacer* y *llamar* (5x).[37] Todas estas formas de hablar nos indican que más que una producción de cosas por orden científico, Génesis 1 trata sobre todo de ordenar y dominar en maneras de apreciarlo en el mundo conceptual del Antiguo Oriente Próximo. Pero ¿cómo era su concepto del universo entonces?

EL UNIVERSO DE LA BIBLIA

Ha habido una larga historia del entendimiento del universo en la Biblia. El entendimiento a partir de los avances científicos nos ha dado una idea muy diferente del universo, de lo que la Biblia presenta. Aunque quizá pensemos que existe solamente una idea del universo, esto no es para nada así y las diferentes tradiciones culturales han brindado nociones muy variadas. Como latinoamericano siempre me han fascinado los diferentes conceptos de las culturas nativas de nuestro continente. En los EE.UU., aparte de la construcción del arca y del Museo Creacional, también existe el Museo Nacional de los Indígenas Americanos. En este museo existe una colección hermosamente presentada de ocho cosmologías nativas, es decir, presentan ocho ideas bastante diferentes del universo.[38]

36. Compare también John Day, *God's Conflict with the Dragon and the Sea: Echoes of a Canaanite Myth in the Old Testament* (Cambridge, Reino Unido: Cambridge University Press, 1985), 53; Paul K.-K. Cho, *Myth, History, and Metaphor in the Hebrew Bible* (Cambridge, Reino Unido: Cambridge University Press, 2019), 217–18.

37. Garr, *In His Own Image and Likeness*, 184.

38. En la exhibición "Our Universes: Traditional Knowledge Shapes Our World", localizado en Washington D.C. https://americanindian.si.edu/explore/exhibitions/item?id=530.

Al comparar estas cosmologías con las científicas de hoy en día, notamos enormes diferencias. De la misma manera existen diferencias gigantescas entre el universo científico con el de la Biblia. Echemos un vistazo a la cosmología que encontramos en la Biblia. Esta se divide en tres esferas grandes:

1. Cielo		
Esfera divina	(Dt 26:15; Sal 104:2-3; Ap 13:6)	
Aguas de arriba	(Gn 1:7; Sal 104:3; 148:4)	
Firmamento	(Gn 1:6-8, 14-19; Sal 19:1; Job 37:18)	→ Ataja aguas superiores
Sol	*(Jos 10:13; Sal 19:6; Ec 1:5)*	→ *Recorre la faz del cielo*
Luna	*(Jos 10:13)*	
Estrellas	*(Is 34:4; Mt 24:29; Ap 6:13)*	→ *Caen del cielo*
2. Tierra		
No se mueve	(1Cr 16:30; Sal 93:1; 104:5)	
Tiene extremos	(Is 41:9; Da 4:11; Mt 12:42 +45x)	→ no tierra seca, *yabash*, pág. 65
Aguas de abajo	(Gn 1:7, 9)	
Circular	(Pr 8:27; Is 40:22)	
Centro	(Ez 5:5; 38:12; Da 4:10)	
3. Agua/Inframundo		
Seol	(Nm 16:30-33; Sal 88:3-4; Job 7:9; Jon 2:2-9)	
Puertas	*(Job 38:17; Is 38:10; Jon 2:7)*	
Abismo	(Gn 1:2; Gn 49:25; Sal 71:20; Pr 8:27; Ro 10:7)	
Fundamentos de tierra	(1Sa 2:8; Sal 18:15; Pr 8:29; Job 9:6; Jer 31:37; +20x)	
Monstruos marinos ¿?	(Gn 1:21; Job 7:12; Sal 148:7; compare Éx 20:4; Dt 5:8)	

Tabla 4 – Universo tripartito de la Biblia

Esto era parte de lo que Schökel había encontrado en la Biblia cuando decía que no era difícil leerla, pero sí difícil *saber leerla* (pág. 55). ¿Qué hacemos con estas ideas que están totalmente fuera de nuestra comprensión del mundo? En primer lugar, nos damos cuenta de que esto parece ser de otro mundo; ¡*Y LO ES!* Es de un mundo alejado unos cuantos milenios que sale de un contexto oriental y semítico. Debemos dejar a los autores bíblicos hablar en su mundo y a su mundo. Es claro que la Biblia no presenta una idea concreta en todos los detalles sobre el universo. Algunas veces tenemos un cielo, pero luego Pablo habla de tres (2Co 12:2). No es claro si la idea es de una tierra de forma de disco (Is 40:22,

RV60) o si tiene una cúpula (Is 40:22, DHH). Algunos textos sugieren una plataforma rectangular (Is 11:12). Los cuatro vientos, los cuatro extremos o puntos cardinales parecen sugerir esto (Mr 13:27; Ap 7:1). Pero las partes generales sí quedan establecidas a lo largo de toda la Biblia.

Habiendo visto como entendían el universo las personas de la Biblia, podemos ver si es que diferían en esto de las demás culturas en su contexto histórico. Como en Génesis 1 no queda claro si se divide en dos esferas, cielo y tierra, o si el abismo también cuenta como una tercera esfera. Así también encontramos en los antiguos egipcios que algunas veces entendían el universo dividido en dos secciones (cielo y tierra), y a veces en tres (cielo, tierra, aguas/inframundo). Los egipcios, los asirios, los sumerios como también los hititas tenían en concepto de las dos secciones (cielo y tierra) como un reflejo del orden cósmico.[39] La regla común es "como en el cielo así en la tierra". Pero también encontramos la división general tripartita en todas estas culturas.[40]

Ilustración 1 - Cosmología egipcia

39. Othmar Keel, *Die Welt der altorientalischen Bildsymbolik und das Alte Testament: Am Beispiel der Psalmen* (Göttingen, Alemania: Vandenhoeck & Ruprecht, 1972), 22–39. También en castellano *La iconografía del Antiguo Oriente y el Antiguo Testamento*, trad. Andrés Piquer (Madrid, España: Trotta, 2007).

40. Wayne Horowitz, *Mesopotamian Cosmic Geography* (Winona Lake, IN, EE.UU.: Eisenbrauns, 1998), xii; Mateu y Albà, *Enuma Elis*, 40–42.

¿Qué nos dice esto? Pues, en primer lugar, nos indica que los autores bíblicos tenían una idea del cosmos que se asemejaba a las demás culturas de su contexto. Sin embargo, también se diferenciaba grandemente de ellas en las concepciones teológicas. Era muy normal entender que la monarquía había llegado desde los cielos a los humanos. En un listado de los reyes sumerios encontramos esta introducción:

> *Después de que la realeza **descendiera del cielo**, la realeza estuvo en Eridu… Despúes de que el **diluvio** hubiera terminado, y la realeza hubiera **descendido del cielo**, la realeza pasó a Kish… Entonces Kish fue derrotado y el reinado fue tomado por E-ana (Uruk).*[41]

El pueblo de Dios no tenía monarcas como tales hasta que el pueblo de Dios le pide "un rey *como las naciones*" (1Sa 8:20). Desde ese momento, pareciera que la monarquía sí vino del cielo, pues es Samuel el que, siguiendo la indicación divina, unge a Saúl y a David como reyes de Israel. Y recién con David la monarquía fue trasladada a Jerusalén. Sin embargo, Dios trabaja con nosotros dentro de nuestros propios contextos. A veces pide a algunos a salir de su contexto para un obrar misionero, pero en la mayoría de los casos, Dios expande su reino a todo contexto cultural. Dios se acomoda al contexto de su pueblo. Lo hizo con Abraham, Moisés, David, Ezequiel, Jesús, Pablo y lo está haciendo con nosotros hoy en día. Esto nos ayuda a entender y poder apreciar que Dios haya hablado a gente que vivía en concepciones de un universo de tres esferas superpuestas. Entendiendo esto, nos sirve para no entender el concepto cultural del aquel entonces como un dogma para nosotros hoy en día. Podemos ser cristianos, creyendo que la Biblia es inspirada por Dios y creer que la tierra es un globo girando alrededor del sol que en realidad es una estrella.

---

41. Lista de reyes sumerios, 1, 40, 94. Traducción ETSCL de la Universidad de Oxford, texto t.2.1.1; http://etcsl.orinst.ox.ac.uk/cgi-bin/etcsl.cgi?text=t.2.1.1# (accedido el 17 de enero 2020).

Ilustración 2 - Universo de Martín Lutero

CONCLUSIÓN

Podemos concluir, entonces, que Génesis 1 corresponde de muchas maneras al contexto histórico y que no puede ser un texto totalmente separado de la cultural del Antiguo Oriente Próximo. Hemos visto que el relato no es poesía hebrea en el sentido como lo proponen algunos, pero sí tiene muchas estructuras literarias que guían la narrativa al clímax del Dios todopoderoso y ultrasuperior a toda entidad que pueda existir. Él maneja las lumbreras y las profundidades. Habiendo Dios ordenado las tres esferas del cosmos para un buen funcionamiento, Génesis 1 con su estilo literario termina nuevamente con Dios, pero esta vez "descansando", teniendo el dominio despejado de los obstáculos al funcionamiento regulado. Todo esto con sus corregentes humanos en la tierra formados a cumplir su propósito para la gloria divina.

El primer capítulo de la Biblia es el punto de partida de cualquier argumento a lo largo de las escrituras. Aunque pocos textos en la Biblia se refieren directamente a este capítulo citándolo, el contenido está subyacente a todo precepto teológico que la Biblia y sus personajes presentan. Por un lado, Génesis 1 es una cosmología, explicando como Dios inició ordenando el cosmos. Por otro lado, es un tratado teológico que funciona como un paradigma fundamental para la cosmovisión bíblica. Es decir, un relato con potencial creador, como por la palabra de Dios mismo, así mediante Génesis 1 las escrituras disparan y hacen fluir sus ríos de agua viva a través de los milenios.

En el siguiente capítulo veremos como la Biblia une Génesis 1 y sus siete días con Génesis 2–3, el relato de la formación del hombre, el edén y el origen de las civilizaciones.

Desde el edén. Génesis 2–3

Y el SEÑOR Dios plantó un huerto en edén (Gn 2:8).

De la historia del edén, los personajes probablemente son lo más conocido. Dios, la serpiente, Adán y Eva. Este relato también es fundamentalmente paradigmático para el resto de la Biblia por el mensaje del pecado y la muerte que transmite. El relato sigue siendo un enigma para nosotros con tonos casi fantásticos. Esto no quiere decir que es ficción. ¡Jamás! Pero el relato está repleto de elementos que no tienen lugar en las categorías de hoy en día. Permíteme explicarme: si usted quisiera explicarle a su vecino por qué sus seres queridos mueren, me imagino que no hablaría de una serpiente que habla, ni de dos árboles que podrían haber evitado la muerte de los familiares del vecino. Fácilmente esta conversación podría terminar muy mal y naturalmente el vecino dudaría en volver a leer la Biblia después de esta conversación. Quizá hablaríamos de la maldad en este mundo, como la fruta prohibida. Posiblemente hablaríamos del diablo o de la oposición a la bondad en este mundo, refiriéndonos a la serpiente hablante. Probablemente hablaríamos de la promesa de la resurrección y la vida eterna, pensando en el árbol de vida. Nos damos cuenta de que vivimos en un mundo diferente. ¿Dónde quedó este paraíso tan maravilloso?

EDÉN EN EL GPS

Las discusiones sobre la localización del edén han sido cuestión de mucho debate y varias propuestas diferentes han sido desarrolladas. Dos indicaciones conocidas suelen concluir esta pregunta: 1) el texto dice que Dios plantó un huerto en edén, hacia el oriente (Gn 2:8) y, 2) se mencionan los dos ríos más conocidos en Mesopotamia, el Éufrates y el Tigris (Gn 2:14). Estas indicaciones han llevado a muchos a considerar al huerto ubicado muy cerca de estos dos ríos, en la cuna babilónica. Esta ha sido comúnmente la única alternativa viable con los dos ríos mencionados, ya que es en el sur donde más cerca están el uno del otro, ya saliendo al golfo pérsico. Sin embargo, no está del todo claro dónde están los otros dos ríos mencionados en Gn 2. Los mismos Éufrates y Tigris corren hacia el sur donde se juntan llegando al golfo pérsico, la sugerida localización del edén. Pero en Gn 2:10 leemos que "*salía de edén un río*". Esto requiere necesariamente una inversión del flujo de los ríos. Si corrieran hacia el norte, entonces la localización sería muy probable. Sin embargo, la realidad nos crea algunos problemas al querer localizar al jardín del edén en el sur de la antigua Babilonia.

El primer detalle que hace difícil que se sostenga la localidad babilónica del huerto es que Gn 2:9 explica que "en edén nacía *un río* que regaba el jardín, y que de allí *se dividía en cuatro*" (NVI). Según el texto, el río inicial era el que regaba todo el huerto y era él la fuente de estos cuatro grandes ríos. Para Agustín, por ejemplo, la cuestión debía ser entendida por el método alegórico y espiritual. Él interpretaba estos nombres no refiriéndose a ríos geográficos, sino a realidades espirituales: prudencia, fortaleza, templanza y justicia.[1] Esto no es decir que no tenga *nada* que ver con la geografía, pero para Agustín existía una clara desconexión. Mientras tanto, en Génesis estos cuatro ríos son llamados Guijón, Pisón, Tigris y Éufrates (Gn 2:11-14).[2] ¿Será que el escritor no conocía su geografía y por ello habría unido a estos ríos conocidos? Quizá, al haber insertado todas estas aparentes contradicciones dentro del texto, el autor ha querido indicar la inaccesibilidad del huerto después de que el hombre y la mujer fueran expulsados.[3]

Dentro del huerto, la fuente principal lo regaba, pero los cuatro ríos que se dividían de esta fuente central estaban fuera del jardín. Como no había todavía lluvia (Gn 2:5), estos ríos son las fuentes mundiales de la fecundidad de toda la tierra. No se requiere un título universitario para saber que las plantas requieren agua para poder subsistir. Estas fuentes mundiales, naturalmente, salen del jardín que había plantado Dios. Pues así, la fuente principal se convierte en la única fuente universal de la vida terrestre para que la tierra

1. *Interpretación literal de Génesis* §10.13
2. El Tigris no aparece con este nombre sino como Jidequel/Hidekel, ver RV60, pero compare con Da 7:10. Ambas veces ocurre el nombre Jidequel, pero la primera vez la LXX (Biblia griega) traduce Tigris y la segunda Jidequel.
3. Wenham, *Genesis 1-15*, 66–67.

pueda ser habitable. Para el autor de Génesis 2-3 esta fuente queda en el centro de su cosmografía. Su cartografía colocaría al huerto en el centro para luego rodearlo con las tierras Hávila (Arabia), Cus (Egipto) y Asiria (Gn 2:11-14). Si la búsqueda del paraíso en el mapa inicia con las localidades y no con los ríos, podríamos representar la idea de Génesis, según nuestra cartografía, de la siguiente manera:

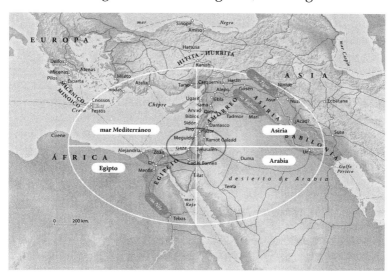

Ilustración 3 - Mapa del edén según las regiones de Génesis 2

Como indica el mapa, Asiria queda como la tierra al noreste, Arabia como la tierra al sureste, Egipto como al suroeste. ¿Y qué con el noroeste? La incógnita que no hemos resuelto todavía es si el autor quería indicar con la zona faltante al huerto o monte de Dios mismo.[4] De que uno de los ríos estaba conectado con el Nilo lo explican diferentes tradiciones. Teniendo estas tres tierras como localidades mencionadas, hace sentido si el cuarto hemisferio, el noroeste, no es mencionado. La razón es que al noroeste estaba el mar limitado por Dios mismo. Lo especial y significativo que ocurre con esta visión del texto, es que implícitamente el autor ha identificado al centro del cosmos: Jerusalén. ¿Podría tratarse de algo tan escondido? Si algo está escondido o visible depende más del lector y su geografía

---

4. Markus Witte, *Die biblische Urgeschichte*, BZAW (Berlín, Alemania: De Gruyter, 1998), 263–67.

que de nuestra opinión. Realmente, pareciera ser que el autor conocía muy bien su mapamundi, y no era demasiado difícil para los lectores en reconocer esto. Por lo menos el libro de Ezequiel no tuvo ningún problema en entenderlo de tal manera.

El profeta Ezequiel nos muestra que él había entendido el relato del edén de la misma manera. El profeta, al dirigirse al rey de Tiro, alude a nada más ni nada menos que al edén mismo:

> Estabas en **edén**, el **jardín** de Dios, ...
> estabas en el **monte santo** de Dios
> y caminabas entre las estrellas...
> Entonces te eché de **mi presencia**;
> te expulsé del **monte de Dios**,
> y el **ser alado** que te protegía
> te sacó de entre las estrellas
> (Ez 28:13-14, 16, DHH)

Lo que este texto nos explica es que Ezequiel entendía que el "edén, el jardín de Dios", equivalía al "monte santo de Dios", como también a la presencia de Dios. Estas conexiones de Ezequiel nos ofrecen algo más de luz sobre qué es lo que era el huerto de Dios. Para Ezequiel el huerto era un monte. El edén, o el paraíso, no era el mundo perfecto antes del pecado. El huerto, *en contraste* con el resto de la creación, recibía su agua fructífera de este monte santo de Dios. En otro pasaje, Ezequiel nos explica la relación entre "edén" y un monte específico:

> Pero en **mi santo monte**, en el **alto monte de Israel**,
> dice Jehová el Señor,
> allí me servirá toda la casa de Israel, toda ella **en la tierra**;
> allí los aceptaré, y allí demandaré vuestras ofrendas,
> y las primicias de vuestros dones,
> con todas vuestras cosas consagradas
> (Ez 20:40)

Para Ezequiel, el jardín está relacionado con el monte de Dios, pero también relaciona el alto monte de Israel con la tierra prometida. El profeta nos da a entender que quizá hemos sido demasiado exquisitos con nuestra demanda de localizar a edén en nuestro mapa moderno. Entender al *jardín del edén* como un *monte santo de Dios*, explica por qué es tan difícil de ubicar al jardín en el mapa de nuestro GPS. ¿No le ha parecido curioso que, a lo largo de la Biblia, nunca se intenta volver al edén, una vez que fueran echados los humanos? Una respuesta podría ser que no podrían haber ingresado por los querubines guardianes (Gn 3:24). No obstante, sí se intenta llegar a la presencia de Dios al construir la torre de Babel *que llegue al cielo* (Gn 11:4). ¿Qué nos dice todo esto? Por lo menos nos dice que nos hemos saltado unos cuantos detalles que simplemente no nos hacen sentido en nuestro mundo moderno. Pareciera ser que el edén está en medio de las estrellas, como el primer pasaje de Ezequiel indica, y luego está en la tierra de Israel. No es sorprendente que algunas personas habían conectado el jardín del edén con la ficticia isla Atlantis de una novela de Platón.[5]

Habiéndonos basado en la Biblia misma, podemos afirmar que la conexión entre el edén y el monte de Dios no viene de ningún texto de otra cultura, sino que la Biblia misma parece entenderse de tal manera. Otras culturas tenían un pensamiento muy similar a estas conexiones en cuanto a presencia de deidades. Ronald Clements nos explica que se tenía un concepto bastante diferente al que muchas veces encontramos en nuestros contextos contemporáneos:

> *Las religiones del antiguo oriente próximo **no** parecen haber sido de un tono fuertemente místico, donde la presencia divina podía buscarse en una exploración interna del alma, ni poseían una filosofía racional, con sus conceptos de deísmo o panteísmo.*[6]

A pesar de ello, estas culturas muy religiosas sí necesitaban una conexión entre los humanos y las moradas de los dioses. Esta conexión entre la vida humana y la asamblea divina sucedía en los montes. Es decir, antes se pensaba que los dioses vivían en los montes y que allí se los podía encontrar. El dios Baal en Ugarit, por ejemplo, habitaba y regía desde el monte Zafón (norte) donde también se encontraba su asamblea divina. Isaías 14:13 hace referencia a esto cuando habla del rey de Babilonia que habría dicho: "Me sentaré en el *monte de los dioses*, allá por los confines del *norte* (lit. Zafón)". El monte santo

---

5. Un ejemplo claro es Ignatius Donnelly, *Atlantis: The Antediluvian World* (New York, NY, EE.UU.: Harper and brothers, 1882), 320–22.

6. Ronald E. Clements, *God and Temple: The Idea of the Divine Presence in Ancient Israel* (Oxford, Reino Unido: Basil Blackwell, 1965), 2–9.

era un símbolo de esta conexión, así como lo eran los templos. Así lo entiende también el salmista al pedirle a Dios: "Envía tu luz y tu verdad; estas me guiarán; me conducirán a *tu santo monte*, y a tus *moradas*" (Sal 43:3).[7]

Desde sus moradas en los montes santos, los dioses regían sobre la tierra, como creadores y brindadores de la producción de las aguas de vida que las hacían fructíferas. Pero ¿qué sucedía en tierras planas, donde no había montes? La antigua Babilonia es un buen ejemplo. Esta cultura tenía una idea similar sobre la conexión entre dioses y humanos a través de los montes. Sin embargo, como vivían en una planicie, no tenían otra opción que construir unos montes-templo, que los llamaban zigurats. Estos funcionaban como montes artificiales y contenían una habitación con muebles gigantes en su parte superior. El deseo babilónico, por ejemplo, era que el dios Marduk *descienda* y habitara con su pueblo en su monte construido. Esto ha llevado a la idea de juntar los zigurats con la historia de la torre de Babel, donde Dios *baja* para ver la ciudad y la torre (Gn 11:5).[8] Pero no podemos entrar en ese relato aquí.

Que el edén sea realmente la morada de Dios, que Dios más tarde también se le encuentra en sus montes santos (Horeb, Sinaí y Sión), en el tabernáculo y el templo de Jerusalén, explica por qué nunca han buscado el mismo jardín del edén. A través de los lentes del Antiguo Oriente Próximo, Dios regía al mundo y fructificaba la tierra desde este monte santo. Si la localidad del edén realmente se refiere a Jerusalén como fuente de donde brota el agua de vida de Dios, sería también entendible por qué la tierra prometida estaba ubicada allí, por qué Abraham tuvo que salir de Ur para llegar allí, por qué Moisés tuvo que llevar el pueblo hacia allí y por qué la ciudad celestial sería llamada la nueva Jerusalén.[9] Si no fuera mucho ya, un verso en la canción de la hermana de Moisés, Miriam, nos presenta otra conexión fascinante. Esto es el cántico que aparece después de haber pasado por el Mar Rojo al salir de Egipto:

7. Compare Heiser, *The Unseen Realm*, 44–48.
8. En la historia bíblica de la torre de Babel, los constructores parecen invitar a su dios Marduk, pero baja el Dios Yahvé, el equivocado, y les da una paliza por su mal obrar.
9. La ciudad celestial en Apocalipsis es comparada con el jardín del edén. Hay un río de agua viva que corre por la ciudad (Ap 22:1) y en el medio está el árbol de la vida, que es para la sanidad de las naciones (22:4). Curiosamente, aquí el río de agua viva brota del trono de Dios, indicando su morada. Pero a la vez, pareciera estar ubicada por encima del cosmos, porque el sol que quedó en el firmamento no hará más falta (22:5).

*Tú los traerás y los **plantarás en el monte** de tu heredad,*
*el **lugar** que **has hecho** para **tu morada**, oh Señor,*
*el **santuario**, oh Señor, que **tus manos han establecido***
(Éx 15:17, LBLA)

El vocabulario suena edénico. El plantar (*natá*) del Señor, es la misma palabra que solo encontramos anteriormente diciendo que Noé plantó (*natá*) una viña (Gn 9:20) y que Abraham plantó un árbol tamarisco (Gn 21:33). Pero por sobre todo nos recuerda de la misma palabra en Gn 2:8 cuando el Señor plantó (*natá*) un jardín. Que este monte es la morada y el santuario de Dios, también nos ayuda a entender a Ezequiel de mejor manera. El autor de Génesis describe el obrar de Dios de una manera bien misteriosa para nosotros, pero sus ideas son reconocidas por los demás autores de la Biblia. De veras es difícil encontrar otras explicaciones que pudo haber tenido en mente este versículo, que no sean estas conexiones edénicas.

EL EDÉN ES UN SANTUARIO

La Biblia nunca explica claramente que edén era un santuario, pero implícitamente lo hace bastante claro. Al hablar de un santuario me refiero a algo como un templo, pero no un templo mismo como el de Salomón, por ejemplo. El templo y el tabernáculo, a lo largo de la Biblia, representan una morada o un lugar de estar para Dios. Allí está su presencia. Pero ni el templo ni el tabernáculo son o fueron sus moradas principales. Cualquier niño cristiano diría que Dios vive en el cielo y que Jesús puede vivir en nuestros corazones. Todas estas expresiones hablan de moradas divinas. La conexión entre el cielo y el templo como moradas de Dios es muy fuerte en la Biblia. Debemos pensar en el templo o el tabernáculo como una pequeña representación del cielo. De este modo, al leer el relato sobre el tabernáculo y el templo, la intención del autor y del constructor es llevarnos de vuelta al edén o al cielo mismo. En la Biblia, notamos diferentes expresiones que representan santuarios: el monte santo de Dios, el tabernáculo, el templo, los lugares altos, los seguidores de Jesús, la nueva Jerusalén.[10] Echemos un vistazo

10. En la Biblia, antes del tabernáculo ya encontramos expresiones de santuarios: Salem, donde estaba Melquisedec como sacerdote de Dios Altísimo (Gn 14:18); Betel, lugar

a algunos paralelos que nos ayudan a entender la conexión entre edén y un santuario.[11]

1. La presencia de Dios paseándose

En primer lugar, encontramos la presencia de Dios en medio del jardín "paseando *(hithalek)*" y hablando con los humanos (Gn 3:8). Dios nuevamente promete la misma acción a su pueblo después de salir de Egipto: "*andaré (hithalek) entre vosotros, y yo seré vuestro Dios, y vosotros seréis mi pueblo*" (Lv 26:12). Esto lo hace en el mismo instante cuando explica que deben ser obedientes y seguir sus mandamientos, cosa que no se logró en el edén y la presencia de Dios fue obstaculizada. Más tarde, en Dt 23:14-15, encontramos algo curiosamente relacionado con la historia del edén. Aquí Moisés recuerda al pueblo: "el Señor tu Dios *anda (hithalek)* en medio de tu campamento… Él no debe ver *nada indecente* en medio de ti, no sea que *se aparte* de ti" (LBLA). Además de la presencia de Dios, podemos notar en este último ejemplo que se une la idea de la desnudez que se había vuelto algo indecente en el edén y Dios mismo hace unos vestidos para Adán y Eva.

2 Las túnicas y la función de Adán

En segundo lugar, Dios hace unos vestidos para el hombre y la mujer (Gn 3:21). La palabra hebrea para estos vestidos es *kutonet* y es la misma palabra para lo que los sacerdotes deben vestir. En las indicaciones para Aarón y sus hijos leemos lo siguiente:

> *Para los hijos de Aarón harás* **túnicas (kutonet)***; también les harás cintos, y les harás tiaras para honra y hermosura. Y con ellos vestirás a* **Aarón** *tu hermano, y a* **sus hijos** *con él; y los ungirás, y los*

---

del sueño de Jacobo (Gn 28:16-19); y el monte Horeb/Sinaí (Éx 3:1-3; 19:20; Dt 5:2). Menahem Haran ha coleccionado la lista de las así llamadas casas de Dios antes del templo de Salomón: Siloh (1Sa 1:9), Dan y Betel (1Re 12:28-29; Jue 18:30-31), Gilgal (Amós 4:4; 1Sa 11:14-15), Mizpa (1Sa 10:17, 25), Hebron (2Sa 5:3; 15:7), Belén (1Sa 20:6, 28-29), Nob (1Sa 21:1, 4-6), un mini templo en la casa de Micaías en el monte de Efraín (Jue 18:13-15), Ofra (Jue 8:27), Guibea (2Sa 21:6, 9) y Arad (solo por medios arqueológicos). En *Temples and Temple-Service in Ancient Israel* (Winona Lake, IN, EE.UU.: Eisenbrauns, 1985), 26–40.

11. Compare Gordon J. Wenham, "Sanctuary Symbolism in the Garden of Eden Story", en *I Studied Inscriptions from Before the Flood: Ancient Near Eastern, Literary, and Linguistic Approaches to Genesis 1-11*, ed. Richard S. Hess y David Toshio Tsumura (Winona Lake, IN, EE.UU.: Eisenbrauns, 1994), 399–404; Witte, *Urgeschichte*, 274–76.

*consagrarás y santificarás, **para que sean mis sacerdotes.** Y les harás calzoncillos de lino **para cubrir su desnudez** (Éx 28:40-41)*

Nuevamente tenemos las dos ideas unidas. Primero en las vestiduras que Dios hizo en el edén y ahora nuevamente en su indicación a los sacerdotes que realicen las *kutonet* (túnicas) para honrar y cubrir su desnudez. Una vez erigido el tabernáculo, Dios indica de nuevo a sus sacerdotes que vistan las *kutonet* (túnicas) (Éx 40:14-15). Más tarde nos enteramos de que no solo fue indicado, sino que también así lo hicieron y se vistieron con las *kutonet* (túnicas) (Lv 8:13). La repetición de los elementos es una forma de realzar la importancia del hecho. Posteriormente, cuando los israelitas regresaron del exilio babilónico, queriendo volver a instaurar el templo y sus sacerdotes, se nos dice que se donaron además de oro y plata, entre 100 y 597 túnicas (*kutonet*) para los sacerdotes (Esd 2:69 / Neh 7:70, 72).

En tercer lugar, estas conexiones entre el edén y el tabernáculo con sus sacerdotes nos llevan a analizar la función que tenían Adán y Eva en el edén. En el relato leemos que Dios coloca al hombre dentro del huerto, para que lo trabajara y lo guarde (Gn 2:15). Estos dos verbos (*abad* y *shamar*) no ocurren muchas veces juntos. No son utilizados después de Génesis, hasta que ya los israelitas están en el desierto con Moisés en el libro de Números. Es aquí donde nos encontramos con el dato importante que los mismos verbos son las instrucciones para los levitas a realizar dentro del tabernáculo. Estas son sus obligaciones: guardar (*shamar*) el espacio y los instrumentos como también trabajar/servir (*abad*) dentro del tabernáculo. Para las demás personas estos verbos están relacionados con *guardar* los mandamientos y el pacto y *servir* a Dios y no a otros dioses (ej.: Dt 16:12). Josué 22:5 resume muy bien esta conexión:

*Solamente que con diligencia **cuidéis (shamar)** de cumplir el mandamiento y la ley que Moisés siervo de Jehová os ordenó: que améis a Jehová vuestro Dios, y andéis en todos sus caminos; que **guardéis (shamar)** sus mandamientos, y le sigáis a él, y le **sirváis (abad)** de todo vuestro corazón y de toda vuestra alma*

Esta es la vocación para un pueblo llamado *reino de sacerdotes* (Éx 19:6) y en especial la función de los levitas al servicio del santuario, es decir el tabernáculo y más tarde el templo. Quizá todo esto nos parezca como una buena película de conspiración. Algo de escepticismo a lo diferente no es nada malo. Claro que podría ser que Adán simplemente tenía que cultivar y mantener un huerto. Sin embargo, todos estos paralelos nos hacen reflexionar si realmente hemos entendido bien lo que Génesis 2-3 quieren decirnos. Hay unos cuantos paralelos más fuertes todavía entre el edén y el santuario israelita.

3. La entrada hacia el oriente

Al haber sido expulsado Adán y Eva, los querubines guardianes del edén son puestos hacia el este (Gn 3:24). Lo que parece indicar que la entrada al paraíso era hacia el oriente. Asimismo, lo encontramos en la organización del campamento israelita durante el peregrinaje por el desierto: "Los que acamparán *delante* del tabernáculo *al oriente*... serán Moisés y Aarón y sus hijos, teniendo la guarda (*shamar*) del santuario en lugar de los hijos de Israel; y el extraño que se acercare, *morirá*" (Nm 3:38). Nuevamente encontramos la entrada hacia el oriente o el este. Además, el guardar la entrada era de vida o muerte. Así también el templo de Salomón fue orientado hacia el este (Ez 8:16; 11:1). Y nada cambió en el segundo templo construido por Zorobabel,[12] ni con el templo visionario que Ezequiel ve de parte de Dios, el así llamado tercer templo (Ez 43:4). Si es mucha o poca coincidencia lo puede decidir cada uno, pero es difícil de encontrar una mejor explicación a tantas conexiones.

4. Los querubines

Los elementos que encontramos en el edén, los árboles, el árbol de la vida, la fuente de agua que da vida al huerto y a los cuatro corrientes más grandes del mundo bíblico, como también los querubines que están finalmente guardando el árbol de la vida, todos son símbolos utilizados en la decoración del tabernáculo y del templo posteriormente. Estos querubines guardianes aparecen encima del arca del pacto guardando el trono de Dios que habita encima del arca, como lo explica Dios a Moisés:

---

12. Así lo describe Aristeas en *Cartas de Aristeas* §88: "pues la casa [templo] mira al este, pero la espalda de ella hacia el ocaso [oeste]".

*Allí, sobre la cubierta, **entre los dos querubines** que están **sobre el Arca** del testimonio, **me manifestaré** a ti y te iré dando normas de conducta para los israelitas (Éx 25:22, BPL)*

Estos querubines guardan el trono de Dios.[13] Querubines son seres que guardan la morada de Dios. Como en edén guardaban el acceso, aquí guardan el trono de Dios. Pero también están en la entrada del tabernáculo y no era simplemente una manera de decorar las cosas, como si fuera una corriente de arte hebrea. Dios ordena que se hagan cortinas con querubines simbolizando la guardia de la entrada a la morada de Dios (Éx 26:1, 31). Dos querubines esculpidos de aproximadamente 5 metros de altura estaban dentro del lugar santísimo del templo de Salomón, dos en las puertas de este lugar santísimo, dos en las puertas generales del templo y luego más querubines por todas las paredes (1Re 6:23, 29, 32-35). Como si fuese poco, Ezequiel, presentando el templo escatológico, explica que también estarían talladas estas figuras de querubines por las puertas y paredes (Ez 41:18-25). Los querubines no aparecen como los ángeles entregando mensajes a los humanos o ayudándolos. Su presencia marca un territorio muy sagrado, y el hecho de que en el edén cuidaron la entrada, nos indica que el huerto haya sido un santuario.

5. El manantial universal y el árbol de vida

El salmista canta que "hay *un río* cuyas corrientes alegran la *ciudad de Dios*, las *moradas santas del Altísimo*" (Sal 46:4, LBLA).[14] Este río benévolo que está presente en la morada de Dios, es comparado con las aguas turbulentas de lo profundo del mar y los temblorosos montes enojados (46:2-3). Esto suena parecido a lo que Génesis 1-3 presenta. Las profundidades y el mar amenazantes fueron limitados por Dios y quedó el manantial universal que sale del huerto que plantó Dios en edén. Lo interesante es que el salmista coloca este río benévolo

---

13. Lissa Wray Beal explica que los querubines eran figuras muy conocidas en el Antiguo Oriente Próximo y que solían guardar y proteger al monarca elegido por los dioses, pero en la Biblia el rey que protegen es Dios Yahvé, no el palacio de Salomón. *1 & 2 Kings*, AOTC 9 (Downers Grove, IL: IVP Academic, 2014), 121.

14. Mark Boda explica que el río Guijón era considerado sagrado, y que el profeta Zacarías utiliza este concepto para luego profetizar que "saldrán aguas vivas de Jerusalén" (Zac 14:8). *The Book of Zechariah*, NICOT (Grand Rapids, MI, EE.UU.: Eerdmans, 2016), 764.

en *la morada de Dios*, o sea un santuario, y lo empareja con la *ciudad de Dios*.[15] Aunque el templo y el tabernáculo no presentan este río o manantial en forma explícita, sí lo tienen en forma simbólica en un recipiente enorme de aprox. 45 000 litros de agua, que lo llamaban *mar* (1Re 7:23-26) además de otras fuentes de agua.[16] Este enorme tanque de agua llamado *mar* simbolizaba las aguas amenazantes ahora bien cuidaditas en la presencia de Dios. Pero además había fuentes de agua para el lavado. Los recipientes del *mar* restringido y de las fuentes de agua eran decorados con palmeras y flores (1Re 7:36), demostrando la fertilidad que había también en el jardín del edén. Lo mismo sucedía en el tabernáculo que tenía las fuentes (Éx 30:18), sin embargo, como era una morada móvil no podía contener componentes demasiado pesados.

Como en las otras ocasiones, aquí también podemos ver como la Biblia estira estos conceptos a lo largo de todos sus escritos. Del edén al tabernáculo, al templo de Salomón como también al templo por venir. Ezequiel describe el futuro templo en su visión así: "brotaban aguas de debajo del umbral del templo hacia el oriente, porque la fachada del templo daba hacia el oriente" (Ez 47:1, LBLA). Más tarde, estas aguas se vuelven un río que se describe de la siguiente manera:

> *Junto al **río**, en su orilla, a uno y otro lado, crecerán **toda clase de árboles** que den fruto para comer. **Sus hojas no se marchitarán, ni faltará su** fruto. Cada mes darán fruto **porque sus aguas fluyen del santuario**; su fruto será para comer y sus hojas para sanar (Ez 47:12, LBLA)*

Las fuertes connotaciones del edén salen a luz y el autor de la Apocalipsis une estas líneas de pensamiento cuando explica la nueva Jerusalén:

> *El ángel me enseñó también **un río de agua viva**, transparente como el cristal, que **manaba del trono de Dios y del Cordero**. En medio de la plaza de la ciudad, a una y otra orilla del río, **crecía un***

---

15. Es por esto que algunos biblistas argumentan que el manantial que estaba en Jerusalén, que se llamaba Guijón (1Re 1:33), era el mismo que está descrito en Gn 2:13. El problema es que en Génesis el Guijón rodea la tierra de Cus (Egipto). Ver pág. 86.

16. Wray Beal, *1 & 2 Kings*, 123–24.

árbol de vida que daba **doce cosechas**, a cosecha por mes, y **sus hojas servían de medicina** a las naciones (Ap 22:1-2, BLP)

El río que sale de la morada de Dios, del santuario, del trono de Dios, es el río de agua viva, la fuente universal de la providencia natural. No es que la Biblia quiera decir que todos los ríos estén conectados a una fuente única, sino que es justamente una conexión más de ideas y paradigmas describiendo la realidad desde una perspectiva teológica, no científica.

Teniendo, pues, acceso al agua de la vida como lo pinta Génesis 2, el huerto fructífero dio lugar al árbol de la vida. Hemos visto cómo el Apocalipsis une los conceptos del manantial de vida con el árbol de vida. El Apocalipsis presenta solo un árbol, mientras que Ezequiel tiene varios. Lo que podemos ver es que los autores no tienen problemas de aludir al acceso a la sanación para la vida continua de maneras distintas. Esto nos lleva devuelta al tabernáculo y al templo de Salomón. En los dos santuarios, el árbol de la vida era representado por un elemento fundamental: la *menorá*.

La *menorá* es el candelabro y aparece en el tabernáculo como algo enorme, hecho de unos 33 kilogramos de oro puro (Éx 25:39). El tallo del candelabro era como un tronco, y las lámparas eran una representación de flores del almendro. El almendro era el primer árbol en florecer en la primavera y, por lo tanto, un símbolo de la fecundidad y la vida. Nahum Sarna, el erudito judío añade que la *menorá* "inequívocamente resembla la imagen de un árbol".[17] Es decir, este candelabro representaba el árbol de la vida. Mientras que en el tabernáculo había solo un candelabro, en el templo de Salomón había diez. Aquí como en la diferencia entre el número de árboles en Ezequiel y Apocalipsis, el número no parece ser lo más elemental.

Debemos admitir que algunos de estos paralelos no son al cien por ciento, ni que son demasiado obvios en la Biblia, ni que la Biblia los menciona explícitamente. A pesar de ello, hemos visto que en la mayoría de los casos esto pareciera estar en la mente de los autores bíblicos. El candelabro como el agua en el santuario representaban el árbol de la vida y el manantial del paraíso del cual provenía la

17. Nahum M. Sarna, *Exodus*, JPS (Philadelphia, PA, EE.UU.: Jewish Publication Society, 1991), 165.

fertilidad de la tierra. A la vez, representaban la presencia y el cuidado de Dios mediante la luz que emitía y la limpieza que podía ofrecer el agua a través de los lavados. Pero vayamos al último paralelo entre el edén y los demás santuarios.

6. Las piedras preciosas y el árbol del conocimiento

El edén está descrito abordando la tierra de Havila, de la cual Gn 2:12 dice que "el *oro* de aquella tierra es bueno; hay allí también *bedelio* y *ónice*". Ezequiel 28, además de mencionar el edén y el monte santo de Dios, describe un personaje misterioso que estaba allí cubierto por una túnica (ver pág. 92) con piedras preciosas, enlistando en total nueve de estas piedras, entre ellas también el oro y el ónice (Ez 28:13). Cada una de estas nueve piedras forman parte del pectoral del sumo sacerdote descrito en Éx 28:18-20. Las mismas piedras son mencionadas en forma agrupada por *piedras de ónice y de engaste* en Éx 25:7.[18] Es interesante que Ezequiel haya mencionado nueve de estas doce piedras apareciendo en el edén, a pesar de la incógnita de a quién pertenecía la vestidura con estas piedras preciosas.

En la descripción del templo de Salomón, estas piedras son mencionadas en forma agrupada como *piedras de ónice y piedras de engaste*, cuando eran dadas como ofrendas para el servicio en el templo (1Cr 29:2). Aquí la conexión entre el edén, los sacerdotes del tabernáculo y el templo de Salomón se van uniendo y podemos reconocer este valor y significado sagrado que se daba a estas piedras. Más tarde, en el Apocalipsis, encontramos nuevamente doce piedras muy similares, aunque con algunas diferencias (Ap 21:19-20). Aquí las doce piedras son consideradas como los cimientos de la muralla de la nueva Jerusalén. Coincidentemente, para verla, Juan nos relata que "me llevó en el Espíritu a un *monte grande y alto*, y me mostró la *gran ciudad santa de Jerusalén*" (Ap 21:7). Todas estas conexiones

---

18. Los números como también el orden varían entre las tres listas de piedras más parecidas en la Biblia (Éx 28; Ez 28; Ap 21). Así también varían en la traducción griega del Antiguo Testamento. En el AT griego aparecen doce piedras más el oro en Éx 28, trece más el oro en Ez 28 y doce más el oro en Ap 21. De la última lista (Ap 21), cuatro no aparecen en las otras dos en el griego. Sin embargo, entre las primeras dos listas (Éx 28 y Ez 28) están las mismas piedras e incluso en el mismo orden, aunque en Ez 28 hay una piedra nueva entre las primeras seis y las últimas seis, dando un total de trece (incluso piedras de fuego). Curiosamente las tres listas inician todas con la mención de piedras preciosas y terminan con la mención del oro (ver las listas en pág. 287-288).

contempladas nos llevan a considerar al edén, el monte de Dios, el tabernáculo, el templo, la nueva Jerusalén, como una realidad relacionada de forma bastante directa.

Los autores bíblicos entienden lo paradigmático del relato del edén para entender al pueblo de Dios como sacerdotes, quienes desde un inicio eran intencionados por Dios a actuar como tales. Las piedras son elementos del santuario e indican la función que la Biblia atribuye a los sacerdotes que sirven en tal santuario. En el caso de Gn 2, Adán y Eva estaban sirviendo en el santuario de Dios, al cuidar el edén.

El árbol del conocimiento que estaba en medio del jardín ha quedado grabado en la ley del Antiguo Testamento. El conocimiento del bien y del mal que brindó el árbol a Adán y Eva se trata de un paradigma de cada decisión que tenemos que tomar entre los diferentes caminos en la vida, buenos o malos. Estas decisiones éticas se vuelven muy complejas mediante el cambio de contextos y situaciones que brinda la vida. Pero el relato paradigmático del edén sigue siendo una realidad histórica como también una guía hasta el día de hoy. El elemento más esencial dentro del arca del pacto era justamente las dos tablas de la ley. En el libro Deuteronomio, que significa segunda ley, Moisés recuenta el pacto que Dios había hecho con los israelitas: "escribiré en aquellas *tablas* las palabras que estaban en las primeras tablas que quebraste; y las pondrás en el *arca*" (Dt 10:2). Moisés concluye esta prédica con un llamado muy parecido al árbol del bien y del mal:

> Hoy te doy a elegir entre **la vida y la muerte**, *entre* **el bien y el mal**. *Hoy* **te ordeno** *que ames al* Señor *tu Dios, que* **andes en sus caminos**, *y que* **cumplas sus mandamientos, preceptos y leyes** (Dt 30:15-16, NVI)

A través de toda la Biblia, los mandamientos de Dios guían a su pueblo, son la bendición de saber su voluntad para saber cómo vivir. Los profetas predican fuertemente que Dios escribirá su ley en los corazones de su pueblo. El profeta Isaías nos explica lo que Dios tenía planeado con el conocimiento del bien y del mal: "Daré *mi ley* en su mente, y la escribiré *en su corazón*… y no enseñará más ninguno a su prójimo, … *porque perdonaré* la maldad de ellos, y no me acordaré más de su *pecado*" (Is 31:33-34). Aquí Isaías junta las tres ideas que han sido paradigmáticas desde el relato del edén: tendrán conocimiento del bien y del mal, no hará más falta un árbol para tal acceso, y todo esto será dado por Dios mismo. Además, la razón del plan es justamente la solución para el pecado, para lo cual también la historia del edén es fundamental.

El conocimiento y la función sacerdotal dentro del santuario son todos elementos que, a partir del relato del edén, están unidos. Escuchemos al profeta Oseas explicándolo: "Mi pueblo fue destruido, porque le faltó conocimiento. Por cuanto desechaste el conocimiento, yo te echaré del sacerdocio" (Os 4:6). Esto prepara el escenario para el nuevo pacto que estableció Jesús con los que le siguen. Al final del programa que la Biblia nos presenta, encontramos a Juan diciendo en Apocalipsis, que tendremos un nuevo conocimiento dado de Dios en su santuario:

> El que tiene oído, **oiga** lo que el Espíritu dice a las iglesias. Al que **venciere**, daré a comer del **maná escondido**, y le daré una **piedrecita blanca**, y en la piedrecita escrito un **nombre nuevo**, el cual **ninguno conoce** sino aquel que lo recibe (Ap 2:17)

En primer lugar, el vencer da lugar al maná que estaba *escondido* en el arca del pacto dentro del santuario de Dios (Heb 9:4, comp. Éx 16:32-34). En segundo lugar, encontramos la piedra preciosa. Finalmente, habrá un conocimiento revelado a los fieles vencedores, para que el humano pueda ser instaurado nuevamente a la posición originaria y paradigmática para toda la Biblia, el edén.

Hemos analizado una gran cantidad de semejanzas e ideas conectadas a lo largo de la Biblia. Algunos paralelos son más claros que otros, pero si juntamos lo encontrado, llegamos a la conclusión de que la Biblia misma parece interpretar al edén como un santuario de Dios, como su morada, su monte santo. En contraparte, la misma Biblia parece interpretar al humano como un sacerdote. Como solemos haber visto representaciones gráficas del templo salomónico, nuestra mente trata de imaginarse un santuario en el edén de esa manera. Pero la Biblia funciona exactamente al revés. El santuario y el sacerdote son proyecciones que nos conectan con lo original que encontramos en Gn 2-3. Ya que la Biblia, por lo visto, asume esta realidad, es completamente entendible por qué no se habla de los humanos como sacerdotes o del edén como un templo de manera explícita. Esto parece ofrecer mucho sentido para los autores bíblicos, pues compartían una historia coherente entre ellos. A continuación, se presenta una tabla que resume los paralelos mencionados:

	edén	Tabernáculo	Templo	T. Escatológico
Presencia de Dios	Gn 3:8	Lv 26:12; Dt 23:14-15; 2Sa 7:6-7	1Re 8:10-11	Ap 21:3; 22:4-5
Querubines en la entrada	Gn 3:24	Éx 25:22; 26:1, 31	1Re 6:23, 29, 32-35	Ez 41:18-25; Ap 21:12
Entrada al Este	Gn 3:24	Nm 3:38	Ez 8:16; 11:1	Ez 43:4
Árbol de vida	Gn 2:9, 22, 24	Éx 25:31-35; Lv 24:1-9	1Re 7:48-49	Ap 22:2, 14
Función de Adán (servir y guardar)	Gn 3:15	Nm 3:7-8; 8:26; 18:5-6	Jos 22:5; Neh 10:28-29 (todos)	Ez 44:2, 8; Ap 22:3
Túnicas	Gn 3:21	Éx 28:41; 29:8; 40:14; Lv 8:13	Esd 2:69; Neh 7:69-70	Is 22:21 Ap 3:18; 22:14
Fuente de agua universal	Gn 2:10	Sal 46:4 (morada) Éx 30:18 (fuente)	Sal 46:4 (ciudad); 1Re 7:23-26, 38-39 (mar y fuente)	Ez 47:1-12; Ap 22:1-3, 17
Piedras preciosas	Gn 2:11-12; Ez 28:13	Éx 25:7; 28:9, 20	1Cr 29:2	Ap 21:19-20
Árbol de conocimiento de bien y mal	Gn 2:8	Dt 4:6; 30:15-16	Is 31:33-34; Os 4:6	Ap 2:17; comp. 13:18; 17:9

Tabla 5 – Paralelos entre edén, tabernáculo, templo y templo escatológico

7. Jardines y santuarios en el AOP

La arqueología nos brinda su ayuda en confirmar que esto no está fuera del contexto del mundo bíblico y las culturas de su alrededor. Se han encontrado varias imágenes representando que en las moradas de los dioses aparecen manantiales universales que se dividen en varias corrientes. Estos manantiales transmiten que son los dioses los que brindan la productividad a la tierra para ser habitable. Una de estas pinturas al fresco se ha descubierto en el palacio de Zimri-Lim, quien fue rey de Mari (antigua Asiria), aproximadamente en 1775–1761 a.C. Esta pintura no solo contiene las deidades proveyendo los manantiales universales, sino también se encuentran algunos querubines guardando los límites del santuario. Finalmente, se puede reconocer que estos seres guardianes no solo cuidan la entrada al santuario, sino que cuidan, además, dos árboles con frutos. La similitud con el relato del edén no requiere que uno haya copiado la idea del otro, sino que se compartían ciertos conceptos al representar lo divino.

Ilustración 4 - Manantial universal saliendo de la mano de una deidad

Así también los jardines eran en varias ocasiones partes de los santuarios como los templos del Antiguo Oriente Próximo. En este mundo los jardines estaban en los palacios reales. Y ya que normalmente los reyes eran considerados los representantes de los dioses, los jardines estaban en muchas ocasiones en o anexos a los templos. Estos jardines simbolizaban la vida fructífera que brindaban los dioses y ser expulsados de estos jardines significaba desierto y muerte.[19] En Nínive se ha encontrado un relieve representando al rey Asurbanipal (comp. Esd 4:10) atravesando un hermoso jardín lleno de árboles que en realidad es como una colina. El rey sube hasta la cima donde

19. Izak Cornelius, "גן", *NIDOTTE* 1:876.

llega a un santuario, de la cima fluye una corriente de agua que se divide en varias corrientes.[20]

Ilustración 5 - El jardín de Asurbanipal

Juntando estas ideas, podemos entender mejor cómo la Biblia habla a la gente de su contexto y cómo brindó un mensaje de parte de Dios para su pueblo en aquel entonces. Dios siempre ha hablado el idioma de la gente y lo sigue haciendo, pero cuando la gente lo anota se queda como una fotografía del momento al anotarlo y pueda parecer un idioma extraño, incluso ideas y conceptos pueden parecer arcaicos, pero es el mismo Dios que sigue queriendo hablarnos. Con razón David canta:

> *Una sola cosa le pido al Señor,*
> *y es lo único que persigo:*
> *habitar en la **casa** del Señor*
> ***todos los días de mi vida**,*
> *para contemplar la hermosura del Señor*
> *y recrearme en su **templo**.*
> *Porque en el día de la aflicción*
> *él me resguardará en su **morada**;*
> *al amparo de su **tabernáculo** me protegerá,*
> *y me pondrá **en alto, sobre una roca** (Sal 27:4-5, NVI)*

EL EDÉN: UN RELATO PARADIGMÁTICO

Una de las preguntas que siempre surge a la luz del relato del edén es ¿fueron Adán y Eva personas reales? Responder esta pregunta

---

20. John H. Walton, *Genesis, Exodus, Leviticus, Numbers, Deuteronomy*, vol. 1 de ZIBBC (Grand Rapids, MI, EE.UU.: Zondervan, 2009), 29.

no es tan simple como parezca. Hemos analizado varias aristas del relato que dan para reflexionar, ¿qué es lo que realmente quiso decir este relato? Esta pregunta surge por la problemática que se presenta en las dos ideas opuestas: 1) todos los humanos son descendientes de una pareja original y, 2) para lograr la cantidad y diversidad de personas que hoy existen, necesitamos por lo menos unos 10 000 primeros humanos y no una sola pareja.[21] No quisiera que esta problemática sea entendida como ciencia contra Biblia. Más bien es una diferencia de opiniones de cómo interpretamos la Biblia y cómo interpretamos las evidencias científicas. Pero puede leer más sobre el diálogo entre la fe y la ciencia en el capítulo 8.

Por ahora trataremos de analizar lo que Gn 2-3 quiere que entendamos. Como lectores modernos de la Biblia en español, nos es difícil ver todos los detalles y las insinuaciones que están dentro del texto. Sin embargo, para el lector antiguo esto era muy común y la Biblia lo evidencia estando llena de citas directas, indirectas, de alusiones y ecos de otros textos bíblicos y no bíblicos. Alonso Schökel también ha observado que muchas de las facetas de la historia del edén parecen ser sapiencial, es decir sobre la temática de la sabiduría. Entre algunos ejemplos encontramos la serpiente como *astuta*, el árbol del *conocimiento* que Dios había prohibido, Adán tiene la sabiduría que Salomón tiene al *nombrar a los animales* (1Re 4:33), los cuatro ríos que abren el horizonte a *otras tierras*, y el tema de *la vida simple* de la familia.[22]

El relato insinúa que la astucia de la serpiente le gana a la inexperta mujer, y el sabio Adán cae por el amor a su mujer. Hay cierto parecido en la historia de Salomón, el sabio, que por el amor a las mujeres deja que su corazón se desconecte de Dios (1Re 11:2-4). Además, notamos unas cuantas secciones que podríamos tildar como proverbiales, dichos que parecen entrometidos y muestran la intención de la historia:

> ➤ *El oro de aquella tierra es bueno; hay allí también bedelio y ónice* (Gn 2:12). → Note el detalle aparentemente innecesario para la historia misma.

21. Deborah B. Haarsma y Loren D. Haarsma, *Origins: Christian Perspectives on Creation, Evolution, and Intelligent Design*, 2ª ed. (Grand Rapids, MI, EE.UU.: Faith Alive Christian Resources, 2011), 236–37.

22. Luis Alonso Schökel, "Motivos sapienciales y de la alianza en Gn 2-3", *Bib* 43.3 (1962): 302–3.

> *Esto es ahora hueso de mis huesos y carne de mi carne; esta será llamada varona, [heb: ishá] porque del varón [heb: ish] fue tomada* (Gn 2:23). → Note el triple doble: hueso/hueso, carne/carne, varona/varón.

> *Por tanto, dejará el hombre a su padre y a su madre, y se unirá a su mujer, y serán una sola carne* (Gn 2:24). → Note que es una explicación/indicación de lo que sucederá más tarde. Nuevamente, está poco relacionado con el relato mismo de los personajes, sino que parece que el relator se lo explica al lector.

> *Pondré enemistad entre ti y la mujer, y entre tu simiente y la simiente suya; esta te herirá en la cabeza, y tú le herirás en el calcañar* (Gn 3:15). → La amenaza constante de las serpientes en la vida campestre es lo más normal de la vida. Aunque más tarde, el versículo fuera expandido a Cristo y Satanás.

> *El hombre puso a su mujer el nombre de Eva [heb: viviente] porque ella sería la madre de todo ser viviente* → Este nombre es muy paradigmático, es una proyección a lo que será ella, contiene una visión mundial y no solo un nombre que suene bien. Schökel añade que: "La manera [de Adán] de imponer un nombre a su mujer es digna de un sabio diestro en proverbios y enigmas, maestro en el arte de la palabra".[23]

De la misma manera, cuando Dios explica las consecuencias a la serpiente y los humanos, se nota que podrían ser también unas explicaciones a las preguntas por la razón de las mala cosechas o de los dolores al parir. Esto no saca nada de lo inspirado del texto, pero podemos notar como están presentes los motivos sapienciales o proverbiales que brindan explicaciones a la vida actual. Todo esto, más el santuario analizado anteriormente que atraviesa toda la Biblia, nos lleva a pensar que quizá sea algo más grande que un informe de la escena del primer crimen, o la primera acción pecaminosa.

El relato de la tentación nos muestra que Dios quiere que no seamos tontos sino sabios, pero que a la vez la sabiduría tiene sus propias debilidades a ser tentadas. Schökel explica que en Gn 2-3,

---

23. Schökel, "Motivos sapienciales", 303.

Dios da su mandamiento con tres puntos importantes: 1) la dádiva: comida de todos los árboles; 2) la indicación: no comer del árbol del conocimiento del bien y del mal y; 3) la amenaza: morirán. La serpiente en su acercamiento a la mujer ignora completamente la dádiva con tantas opciones, y pinta la indicación como absurda. A la astuta presentación de un Dios absurdo, la serpiente le añade la duda sobre la amenaza que morirán al desobedecer. La mujer cae en la trampa de la astucia. De manera similar, el hombre sabio cae por su amor a su hermosísima esposa, estando complemente cegado de cualquier indicación de Dios.

Lo que Dios permite comer se describe al inicio como "todo árbol *agradable a la vista* y *bueno para comer*" (Gn 2:6). Pero al final, la mujer describe la comida prohibida de la misma manera "que el árbol era *bueno para comer*, y que era *agradable a los ojos*" (Gn 3:9). Lo prohibido había llegado a ser lo bueno y lo permitido había quedado en el olvido. El hombre, por su parte, aparece aquí totalmente cegado, estando simplemente con su mujer y comiendo también de la misma fruta prohibida, presentando ninguna resistencia. En síntesis, ni nuestra hermosura ni nuestra sabiduría nos librarán del mal, sino seguir las indicaciones de Dios.[24]

El paradigma del olvido sigue presente y diario. Asumimos que es nuestro derecho que Dios nos provea de alimento y que mantenga vigente el hábitat en el que vivimos. Esto nos lleva a dudar en las amenazas de sus indicaciones, y a la vez nos lleva a creer en las astutas presentaciones de los enemigos de Dios. Debilidades como la ceguera del amor y la ingenuidad nos pueden llevar lejos de Dios. Este es el paradigma para toda la historia de la Biblia como también para nuestras vidas. En este sentido, el relato del edén es mucho más paradigmático y explicativo que un relato histórico con detalles científicos. Aunque esto no saca nada histórico del hecho representado por el relato.

CREACIÓN EN SIETE DÍAS Y LA CREACIÓN DE LOS HUMANOS

En Gn 1 hay una secuencia narrada en siete días. Hemos visto como los autores bíblicos pensaban en hábitats o dominios y sus habitantes

---

24. Schökel, "Motivos sapienciales", 307–8.

y no en átomos o un *big bang*. He tratado de mostrar la gran cantidad de alusiones a personajes muy amenazantes, como también la
impresionante calidad literaria que existe en este relato. Varias de
las interpretaciones vistas en el cap. 1, al explicar el relato del edén,
se enfocan en ordenarlo dentro de la secuencia de la creación y con
ello en una mente científica. Esta lógica los lleva a debatir si Gn 2-3
relata en detalle la creación del hombre como ocurrió en el día 6 o
si se trata de una tradición diferente con una secuencia totalmente
diferente. Entre los dos relatos encontramos ciertas diferencias:

➢ En todo Gn 1 leemos que el actor principal es llamado Dios
(heb: *elohim*), pero a lo largo de Gn 2-3 es llamado Señor
Dios (*Yahvé elohim*), excepto cuando la serpiente habla de Él.[25]

➢ El hombre había sido creado en el día 6, pero ahora en Gn
2:5 no existe ningún humano para labrar la tierra.

➢ En el relato del edén, mientras que no había ningún arbusto
o planta todavía, ya es creado el humano (Gn 2:5-7), mientras que en Gn 1 las plantas llegan al escenario el día 4 y los
humanos recién en el día 6.

Esto ha llevado a varios eruditos a considerar la bastante conocida
hipótesis documentaria que explica casi todo el Antiguo Testamento a
través de cuatro tradiciones editoras: JEDP, J (yahvista), E (elohista),
D (deutornomista) y el P (sacerdotista). Sin entrar en los detalles
aquí, cabe admitir que podría haber sido que el autor de Génesis
había utilizado algunos relatos conocidos por sus compueblanos.
Sean o no dos relatos independientes, el libro de Génesis los presenta lado a lado incrustados en la misma narrativa. Por lo tanto,
podemos entender las diferencias de los relatos por un lado y la
continuación del libro de Génesis por el otro. Los dos relatos han
llegado juntos al libro o rollo.

Este libro antiguo de Génesis no tenía ni título, ni subtítulos, ni
numeración de capítulos, ni versículos. Todos estos elementos son

---

25. La serpiente lo llama simplemente Dios (*elohim*), y en 2 de 22 ocasiones el narra-
dor también lo llama Dios (*elohim*). Sin embargo, en uno de estos dos versículos que lo
llama Dios (Gn 3:21), ya lo había llamado Señor Dios antes. Por lo tanto, quedaría un
solo versículo en discusión y las 20 ocasiones son muy llamativas. Por otro lado, el nombre de Dios (*Yahvé*) no aparece ninguna vez en Gn 1.

ayudas editoriales que aparecen en la edad media para que nosotros los lectores podemos encontrar más rápido las diferentes secciones. En el hebreo se dividían las historias con ciertas oraciones introductorias. Ya vimos que Gn 1:1, por ejemplo, funciona como el título de la sección y que Gn 1:2 abre el panorama o el escenario (ver pág. 57). En Gn 2:4 encontramos algo similar: "Estos son los orígenes de los *cielos y de la tierra* cuando fueron creados, **el día** en que el SEÑOR Dios hizo la *tierra y los cielos*" (LBLA). Notemos el título o el inicio de un relato en forma bastante estilística. Ningún autor moderno anotaría dos veces ambas palabras centrales en la oración introductoria de una historia: cielos-tierra, tierra-cielos. Además, tienen un orden que nos llevan inmediatamente desde los cielos a la tierra y luego devuelta de la tierra al cielo. Que diga *el día* no necesariamente significa que todo fue en un día, pero sí nos indica que no había problema para el autor de Génesis en decir una vez *siete días* y luego *el día*. Esto nos lleva a pensar que los siete días y la secuencia tienen un mensaje fuertemente teológico, pero no tanto en el sentido científico moderno o puramente cronológico.[26]

Los *orígenes* de los que habla el autor bíblico aquí son literalmente las *generaciones* (heb: *toledot*), aunque la traducción *orígenes* capta bien la idea. Esta palabra también inicia casi cada una de las historias a lo largo de Génesis 1-11. En Gn 5:1 inicia la siguiente historia con la oración "Este es el libro de las *generaciones* de Adán". En este sentido, las generaciones funcionan como el pegamento entre los diferentes relatos. Pero ¿cómo el cielo y la tierra tendrán generaciones? Pareciera que aquí se presenta la pareja inicial y muchas de las culturas del mundo bíblico lo entendían así. El relato mismo habla de que para que salga el humano se necesitó barro de la tierra y el aliento de vida del cielo. No obstante, lo que nos concierna en estas generaciones es que la historia del edén trata del cielo y la tierra: una conexión entre los dos dominios, que se unen en el jardín de Dios, el monte santo, su morada. En medio de esta conexión encontramos a los humanos que deben cumplir su función en esta conexión y servir y cuidar la morada de Dios. La imagen de Dios no es una habilidad o una capacidad, sino el estatus y función sacerdotal, representándolo a Dios al seguir sus mandamientos y su justicia.

---

26. Los que quieren mantener la secuencia científica dentro de Génesis 1, aceptan esta idea, pero no quieren ver los demás elementos literarios. No podemos elegir lo que nos gusta y lo que no. Debemos respetar lo que la Biblia nos presenta.

Es justamente en esto que los humanos fallaron y llegamos a estar donde estamos, expulsados de la presencia de Dios, quedando en el desierto y la muerte.

Al quedar unidos los relatos de la creación en Gn 1 y del edén en Gn 2-3, podemos verlos como una explicación de la realidad experimentada. Obviamente, lo hace con una ciencia que debe haber hecho sentido ya para la gente que redactó y escuchó Génesis en su lanzamiento. No podemos presumir que todo lo que Dios haya dicho deba estar de acuerdo a nuestra mente culturalmente occidental y moderna. Si preguntásemos al redactor de Génesis si su libro sea ciencia empírica o historia moderna, seguramente se sentiría ofendido. La razón sería que la realidad para él incluía muchos otros factores que para nosotros hacen poco sentido. La diferencia entre nuestras nociones y las de Génesis no es una lucha cultural, sino un reconocimiento de que nuestra cultura ve la realidad de una manera y que la Biblia la ve, en muchas ocasiones, de manera bastante distinta.

El diluvio

Comían, bebían, se casaban y se daban en casamiento, hasta el día en que Noé entró en el arca, y vino el diluvio y los destruyó a todos (Lc 17:27).

El diluvio ha sido cuestión de debate por muchos años. Las opiniones difieren sobre el alcance del cataclismo. Investigaciones geológicas y físicas han mostrado lo difícil que es mantener la idea de que el diluvio haya tenido un alcance universal. Como en tantas facetas de esta discusión, aquí también existe una variedad de interpretaciones de los capítulos 6-9 de Génesis. Estos capítulos presentan la historia de Noé, su contexto, el diluvio y finalmente una historia, que parece contener elementos casi fantásticos, describiendo como una nueva generación debe llenar la tierra y lo desastroso que los humanos nuevamente son. La primera pregunta que nos guiará en la interpretación del diluvio es: ¿qué es Génesis 6-9? ¿Es un informe documental histórico? ¿Es una historia con elementos históricos, contada de manera culturalmente aceptada en aquel tiempo? ¿Es ciencia con elementos teológicos o es teología con elementos científicos? ¿Qué es lo autoritativo en el texto? Todas estas preguntas surgen al encontrarnos con una narrativa como la del diluvio.

¿QUÉ ES LO QUE ANALIZAMOS?

En primer lugar, debemos reconocer que es un texto muy antiguo. Dependiendo de cuándo uno data al redactor final de Génesis, dictará solamente la fecha más reciente de la historia. Sin embargo, esta historia no fue dictada por Dios a un ser humano para que escribiera la Biblia. Las diferentes narrativas en la Biblia son testimonios del pueblo de Dios sobre Él. El testimonio del diluvio fue contado en un contexto muy arcaico y fue en este que se formó el texto de Génesis 6-9, el texto que tenemos hoy en día en nuestras Biblias. Siendo un texto de tal antigüedad, debemos respetarlo por lo que es y no podemos imponerle nuestros entendimientos científicos o filosóficos de lo que es verdad y lo que es imaginario. En Latinoamérica, hemos vivido esta imposición de ideas modernas con un sabor bastante amargo. Muchos pueblos nativos de nuestro continente todavía sufren por la pérdida de su cultura por estas imposiciones.

Dejando a Génesis ser este texto antiguo con sus propias categorías, podemos notar que se cuenta el relato en una forma de quiasmo. Un quiasmo no es algo para comer, sino es una estructura de una historia en forma de X, donde el punto central es, pues, el punto central. Como en Génesis 1 vemos la estructura de siete eslabones de sola subida, aquí tenemos una estructura que inicia con un aumento hacia un clímax y luego un descenso hasta llegar de vuelta a la problemática inicial.[1] Es como un sube y baja. Una vez en la cúspide vuelve a bajar a su nivel inicio. A continuación, se plantea la parte central del sube-baja de esta narrativa que es la parte elemental de la historia, la idea central:[2]

7 días de espera → inicio del diluvio	(7:4-10)
40 días → cae agua (lluvia)	(11-17)
150 días → sube el agua	(18-24)
Dios se acuerda de Noé	(8:1)
150 días → baja el agua	(2-5)
40 días → se secan las aguas	(6-9)
7 días de espera → fin del diluvio	(10-12)

Notamos que el estilo tiene que ver con la manera en que se presenta esta historia. Esta manera de redactar no la solemos utilizar al redactar nuestras historias, mucho menos al redactar un evento tan importante. Esto nos debe llevar a reflexionar sobre cómo funcionan nuestras propias categorías de pensar en conceptos como atmósfera, acuíferos, mapa mundial, globo terráqueo, etc. Naturalmente chocarán con las categorías bíblicas, ya que salen de concepciones del mundo muy diferentes. Un muy buen ejemplo de estos choques sale de la pregunta si el diluvio fue universal o no.

---

1. Wenham, *Genesis 1-15*, 156; George W. Coats, *Genesis, with an Introduction to Narrative Literature*, FOTL (Grand Rapids, MI, EE.UU.: Eerdmans, 1983), 38.
2. Adaptado de Denis O. Lamoureux, *Evolutionary Creation: A Christian Approach to Evolution* (Eugene, OR, EE.UU.: Wipf and Stock, 2008), 219.

UN DILUVIO UNIVERSAL, PERO ¿DE QUÉ UNIVERSO?

Nuestras preguntas modernas acerca del diluvio universal normalmente se refieren a la inundación de todo el planeta tierra, todo su globo terráqueo, a que no haya quedado ningún monte a la vista. Si leemos así el texto, Gn 7:20 indica que el lugar más alto del globo terráqueo, que hoy entendemos que es el Monte Everest, quedó bajo siete metros (15 codos) de agua. Pero cabe preguntar qué habrán pensado o entendido Moisés o Noé mismo al escuchar que los montes quedaron a unos 15 codos bajo agua y más importante todavía es la pregunta: ¿quién midió estos 15 codos? Esta última pregunta nos lleva a entender que es la lógica de la narrativa que explica esto: si el arca medía unos 30 codos de alto (Gn 6:15), la simple lógica indica que por lo menos la mitad de un barco queda bajo agua.[3] Por lo tanto, como el arca no quedó atascada en ningún lugar, pues los 15 codos habrá sido la altura del agua, por los montes que podrían haber bloqueado el paso de la nave. Pero esto recién sucede al final, el arca se atasca en un pico de los montes de Ararat (Gn 8:4).

Lo importante es reconocer que no son mediciones modernas de profundidad, sino lógicas del relato mismo. El monte Everest en Nepal, queda a unos 4000 km distanciado de los montes de Ararat, localizados en la actual Armenia, y aquel supera a estos por una altura de más de 3500 metros. Notamos como el choque de las dos concepciones del mundo causan esta llamativa diferencia. No es el lugar de entrar en detalles científicos, pero es difícil mantener con los cálculos de hoy en día un diluvio universal. Pues es justamente este adjetivo del diluvio que nos lleva al siguiente punto: ¿qué significaba *universal* para la gente antigua y qué significa hoy? Este es el siguiente choque de razonamiento.

1. Mapa babilónico

Uno de los mapamundis más antiguos que se ha encontrado en toda la historia es el babilónico que data aprox. del año 6000 a.C. Este mapamundi contempla que Babilonia está en el centro del universo.

---

3. El barco de carga Ever Given que había quedado atascado en el Canal de Suez en marzo del 2021, tiene una profundidad de 32 metros y está diseñado de quedar unos 14-16 metros bajo agua. Se puede encontrar todas las especificaciones de este barco en una búsqueda con el nombre del barco en "ABS RECORD", *American Bureau of Shipping (ABS)*, https://www.eagle.org/portal/#/absrecord/details

Similar al concepto "usted está aquí" en el centro en los mapas digitales, que se acomodan de acuerdo con la ubicación del buscador. A continuación, una diagramación de este mapa arcaico:[4]

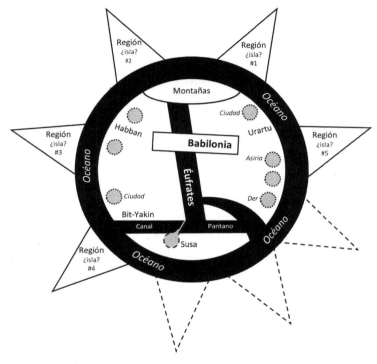

Ilustración 6 - El mapamundi más antiguo, siglo VI a.C.

Aunque no parezca el nuestro, este mapa representa el universo concebido en aquel tiempo. En el centro está Babilonia como ya mencionamos, rodeada por pequeñas ciudades. A través de Babilonia corre el río Éufrates que se divide en otros tres ríos. No es demasiado diferente a la idea que habíamos encontrado en Génesis 2, donde del edén, el centro del universo, salían cuatro ríos que fecundaban el hábitat terrestre. Al norte están las montañas, que muestran la fuente del Éufrates. Según estudios, estas montañas

4. Horowitz, *Cosmic Geography*, 20–39. Se pueden encontrar estos datos también en Wikipedia. También puede revisar la fotografía muy antigua del mapa babilónico y su descripción en Charles J. Ball, *Light from the East or the Witness of the Monuments: An Introduction to the Study of Biblical Archaeology* (London, Reino Unido: Eyre and Spottiswoode, 1899), 23, https://archive.org/details/39020024820196-lightfromtheeas/page/n77/mode/2up

estarían al sur de la actual Turquía, donde se pensaba que estaba la fuente del Éufrates y del Tigris.

El círculo ancho negro que está alrededor del mapa es el océano. Curiosamente este lugar es descrito como el mar donde están los "dioses arruinados". Esta misma frase se encuentra en la *Enuma Elish*, donde se refiere a las creaciones de las aguas llamadas *Tiamat*, nuevamente encontrando una conexión con nuestra discusión sobre Génesis 1 (págs. 21 y 41). Aquí estas aguas están limitadas por dentro y fuera del círculo, para que la tierra seca pueda ser fructífera, y la ciudad del dios Marduk, Babilonia, pudiese florecer. También se llamaban a estas aguas los torrentes amargos, indicando la amenaza que representaban para las personas. Las regiones, que en el mapa parecen las puntas de una estrella, son regiones inaccesibles para los babilónicos. Al norte, encima de las montañas está "la gran muralla, donde no se ve el sol" (región #1/2), mientras que al este está la puerta del sol, de la cual sale.[5]

Volvamos a nuestra pregunta ¿qué es *universal*? quizá ahora ya tengamos una idea diferente. Aunque no se puede comprobar lo que personas como Noé o Moisés habrán pensado, parece ser más seguro que habrán pensado en algo como este universo representado en el mapa babilónico. Este concepto de universo sigue estando representado en los mapas hasta llegar a la era medieval, cuando por fin los europeos nos encuentran a los latinoamericanos, llegando incluso a circular por completo al globo terráqueo, dando lugar a un enorme cambio de paradigma en la idea del *universo*.

El diluvio para la Biblia si es *universal*. Pero a modo de los cálculos de sus autores. Un ejemplo es que hasta el siglo XV d.C. nadie en el occidente y oriente sabía de las américas. Ni Pablo ni Pedro sabían de las américas, porque eran personas reales de su tiempo y contexto cultural, así como lo eran Moisés y Noé. Este contexto cultural también lo notamos en el relato del diluvio mismo.

ELEMENTOS CONTEXTUALES DEL RELATO DEL DILUVIO

1. Los hijos de Dios

El relato inicia con una situación horrorosa: en primer lugar, hay una idiosincrasia celestial y en segundo lugar la violencia humana

5. Horowitz, *Cosmic Geography*, 28–39.

crecía sin parar. Muchas de las diferentes interpretaciones caen en esta descripción, y presentan poco de aclaración del significado del texto para hoy en día:

> [2] *los* **hijos de Dios** *vieron que las* **hijas de los hombres** *eran hermosas, y tomaron para sí mujeres de entre todas las que les gustaban.* [3] *Entonces el Señor dijo: No contenderá mi Espíritu para siempre con el hombre, porque ciertamente* **él es carne.** *Serán, pues, sus días ciento veinte años.* [4] *Y* **había gigantes [Nefilim]** *en la tierra* **en aquellos días, y también después,** *cuando los* **hijos de Dios** *se unieron a las* **hijas de los hombres** *y ellas les dieron a luz hijos. Estos son los* **héroes de la antigüedad, hombres de renombre.**
>
> [5] *Y el Señor vio que era mucha la* **maldad de los hombres** *en la tierra…* [7] *Y el Señor dijo: Borraré de la faz de la tierra al hombre que he creado (Gn 6:2-7)*

¿Qué son estos hijos de Dios? Esta es una pregunta clave que distingue las diferentes corrientes de interpretación de la Biblia en este relato. Elvin Carballosa, ameno a la interpretación de la *prescripción científica*, por ejemplo, explica que son los *ángeles caídos*, que se juntaron con las mujeres humanas, reproduciendo los *gigantes*. Carballosa concluye sobre este pasaje que los *ángeles caídos o demonios* entraron en humanos porque querían un cuerpo. Los hijos gigantes que salieron de esta unión eran humanos muy altos y eran extremadamente violentos.[6] La Biblia la Biblia parece aceptar en otras partes que los demonios son el resultado de las partes angelicales sobrevivientes de los hijos de la unión entre seres celestiales y humanos. Los hijos de Dios no se vuelven humanos, ni las mujeres en seres celestiales y mueren en el diluvio. Pero son estos hijos que tienen esta doble naturaleza, de la cual la parte humana muere y quedan como espíritus buscando cuerpos para vivir.[7]

Las interpretaciones que permiten a este texto antiguo contener elementos supernaturales, normalmente aceptan que los hijos de Dios son seres no humanos. Pero estos hijos de Dios *no* poseen a personas, sino que se incorporan, es decir se hacen de cuerpo.

---

6. Evis L. Carballosa, *Génesis* (Grand Rapids, MI, EE.UU.: Portavoz, 2017), 130–37.

7. Archie T. Wright, *The Origin of Evil Spirits: The Reception of Genesis 6:1-4 in Early Jewish Literature*, WUNT2 198 (Tübingen, Alemania: Mohr Siebeck, 2005), 221–22.

Hay varios seres celestiales en la Biblia que tienen esta facultad.[8] De alguna manera, la ilustración moderna ha sacado todo lo sobrenatural de la Biblia. A este proceso también se lo ha llamado la *desmitologización* o *desmitación*. Esta relación entre lo científicamente comprobable y lo sobrenatural la analizaremos más adelante (ver cap. 8). Parte del problema aquí es una rebeldía celestial que también aparece ser un tema en otras partes de la Biblia (Sal 82; 1Pe 3:18-20; Jud 6-10). Esta rebeldía es parte de la estructura del Antiguo como del Nuevo Testamento. No obstante, los gigantes que salieron por la unión indebida son parte del problema, que en casi todas las explicaciones materialistas de la Biblia son completamente eliminados. Estos seres evidentemente no encajan con el entendimiento materialista moderno. Los hijos de Dios son un elemento del texto que nos explica lo antiguo que es y que tiene una visión del mundo muy diferente.

2. Los gigantes

De esta unión entre los hijos de Dios y de las hijas de los humanos, salen los *gigantes*. La Biblia traza toda una estirpe de estos *gigantes* que los llama los *Nefilim*. Un ejemplo claro es cuando los doce espías dan informe a Moisés de cómo está la tierra prometida, Canaán: "También vimos allí *gigantes [Nefilim]*, hijos de Anac, *raza* de los *gigantes [Nefilim]*, y éramos nosotros, a nuestro parecer, como langostas; y así les parecíamos a ellos" (Nm 13:33). Queda claro en el relato mismo del diluvio que estos no eran del todo humanos. Cuando son introducidos en Gn 6:1-4, nos encontramos antes del diluvio, pero cuando son descubiertos nuevamente en Canaán, ya nos encontramos a siglos, quizá milenios, del diluvio. ¿Qué sucedió? ¿Cómo se explica su existencia después del diluvio? Aquí hay diferentes opiniones. No debemos olvidar que la Biblia presenta un diluvio universal, según su entendimiento del universo. Aunque la Biblia intenta decir que todos murieron, no tiene problemas con que estos sobrevivieran. La mejor explicación

---

8. Primeramente, los ángeles en la Biblia pueden incorporarse, como en los ejemplos donde visitan a Lot y su familia en Sodoma (Gn 19:1-3). Segundo, el ángel del Señor también se incorpora, por ejemplo, cuando lucha con Isaac (Gn 32:24, 28). ¿Qué de los hijos de Dios? El mejor ejemplo lo tenemos en Jesús, quien es llamado hijo de Dios (Mt 14:33; Mr 1:1; 2Co 1:19) y aparece encarnado e incorporado (Mt 27:58; Jn 20:24-27; Col 1:22).

parece ser que estos seres no fueron del todo seres humanos, y que nunca se han encontrado toda una *raza de gigantes* entre los numerosos fósiles encontrados.

La explicación de la *prescripción científica* trata de explicar los gigantes de una manera moderna al razonar que "su estatura se debía, probablemente, a un cambio genético o a una «mutación» causada por aquella unión contranatural".[9] Obviamente, el texto de Génesis no piensa en genética o mutación en el sentido moderno. Pero al imponer nuestras categorías científicas al texto bíblico nos sentimos forzados ahora a tener que testificar la existencia de fósiles humanos de gran estatura. Esto ha llevado a una gran cantidad de leyendas de momias gigantes y otros rastros de personas gigantes. Aunque existiese alguna veracidad en algunas de estas leyendas, no se ha encontrado un grupo de esqueletos que pueda indicar toda una *raza de gigantes* como lo presenta la Biblia. Esta búsqueda desesperada por la historicidad de cada elemento contextual de la Biblia puede llevar a situaciones embarazosas para los cristianos. El texto es antiguo y fue redactado con elementos de la cosmovisión de las culturas del AOP y deberíamos dejarlo en su contexto, y ver cuál es el mensaje para nuestro contexto cultural.

3. ¿Trajo el diluvio cambios geofísicos?

Un argumento muy utilizado para las diferentes interpretaciones que quieren mantener el texto bíblico compatible a las categorías científicas es que el diluvio *universal* trajo enormes cambios geofísicos para el globo terráqueo como también para los seres vivientes. Una gran cantidad de explicaciones entran en esta tremenda transformación. Casi cualquier elemento que no cuadra es explicado por este supuesto cambio. La lluvia, por ejemplo, suele ser considerada como uno de los cambios, supuestamente introducidos por el diluvio, explicando por qué no llovía antes en el edén y luego sí.[10] Se establece toda una teoría científica sobre cómo había agua sin lluvia, basándose en que "subía de la tierra *un vapor*, el cual regaba toda

---

9. Carballosa, *Génesis*, 135–36.

10. John C. Whitcomb y Henry M. Morris, *El diluvio del Génesis: El relato bíblico y sus implicaciones científicas* (Barcelona, España: Clie, 1982), 401–20. Curiosamente, Whitcomb y Morris afirman que "por supuesto todo esto es extremadamente especulativo" (pág. 417), pero luego concluyen diciendo que "las evidencias geofísicas... nos conducen" (pág. 419).

la faz de la tierra" (Gn 2:6). El vapor viene a ser el clavo elemental del cual se cuelga el resto de la *prescripción científica*. Se elabora una compleja estructura de este vapor siendo una nube de agua evaporada que rodeaba toda la tierra.

Quizá sea un poco embarazoso, pero la palabra hebrea para vapor aquí es *'ēd* y significa, según los diccionarios académicos, una *fuente* o *manantial* ya sea de la tierra o del cielo.[11] Esto se puede ver en las traducciones más recientes como la NVI, la NTV, la DHH o también en la Reina Valera Actualizada (2015). Por la simple razón del idioma bíblico, se debe prestar atención de lo que el texto dice o lo que no dice. Otra cuestión que no entra en el esquema moderno se explica de la misma manera, ej. los gigantes: "los seres humanos antediluvianos [eran de] una estatura mucho mayor que los que vivieron después de la catástrofe del diluvio".[12] Nuevamente el cambio es explicado con el diluvio. El diluvio es utilizado muchas veces como un comodín en una baraja de naipes: cuando falta una carta, se utiliza este comodín. Interesantemente, la Biblia no dice nada sobre estos cambios posdiluvianos.

Algunos de los elementos que esta manera de interpretación no suele tomar en cuenta son, por ejemplo, estos *Nefilim* que sobreviven al cataclismo, la idea del universo de tres esferas, las calculaciones contextuales como la altura del agua a unos 15 codos por encima de los montes Ararat. Los mismos elementos sobrenaturales que habíamos encontrado en Génesis 1-3, como las aguas amenazantes, las profundidades peligrosas y el viento de Dios, que ejerce el control sobre estas potestades, también los encontramos en el relato diluviano.

En primer lugar, lo que presenta el relato bíblico no contiene ninguna coincidencia científica, Dios dice "**yo** traigo un diluvio" (Gn 6:17). Esto viene de Dios por la maldad en la tierra. Aquí ya aparece otro factor contextual que sale a la luz al leer de cerca el relato: el problema está en la tierra. El vocablo *tierra* (*aretz*) aparece en los tres capítulos del relato unas 45 veces, mientras que el cielo solo aparece unas 9 veces, de las cuales 4 veces se refiere a las aves del cielo.

11. Luis Alonso Schökel, *Diccionario bíblico hebreo-español*, 2ª ed. (Madrid, España: Trotta, 1999); Ludwig Koehler et al., *The Hebrew and Aramaic Lexicon of the Old Testament* (Leiden, Países Bajos: Brill Academic, 1999).
12. Carballosa, *Génesis*, 135–36.

Este problema lo podemos notar ya desde la salida del edén, cuando Dios maldice la tierra: "maldita será *la tierra* por tu causa" (Gn 3:17). El pecado corrompe el orden que hay en la tierra. Nuevamente Dios dice varias veces que la tierra está corrompida:

> Y se **corrompió la tierra** delante de Dios, y **estaba la tierra llena de violencia**. Y miró Dios **la tierra**, y he aquí que **estaba corrompida**; *porque toda carne había corrompido su camino sobre la tierra. Dijo, pues, Dios a Noé: He decidido el fin de todo ser, porque* **la tierra está llena de violencia** *a causa de ellos; y he aquí que yo* **los destruiré con la tierra** (Gn 6:11-13)

La tierra está en una situación poco favorable, para animales como para los humanos. Hay un problema de desorden, de violencia y de corrupción. La razón es la causa de todo: humanos, animales y aves. La tierra fue corrompida porque todos los seres vivos de la tierra habían corrompido su camino. Este desorden es una amenaza para Dios que se arrepiente de haber creado todo. Noé cumple como uno a la imagen de Dios, representando y respetando el orden instituido divinamente. Por esta razón, Dios reinicia todo el hábitat con Noé y su familia. La tierra está mejor después que antes, pues Dios dice al finalizar todo este cataclismo: "No volveré más a maldecir la tierra por causa del hombre" (Gn 8:21). Es decir, doble maldición es demasiado, una sola maldición es suficiente.

Los problemas que permanecen son la mala intención del humano desde su juventud como también el problema en el cielo. El problema celestial es parte del resto de la Biblia que quedará resuelto recién con la venida de Cristo y la terminación del encarcelamiento o destrucción de los seres celestiales que están en rebeldía contra Dios (ej. 1Co 15:24). El diluvio se limita al problema terrenal. Lastimosamente, el agua no puede eliminar el mal sobrenatural que queda en el mundo. Este detalle es difícil de explicar si la Biblia fuese un libro de ciencia moderna o un libro simbólico de buenos mensajes. Esta es una parte de la esperanza que tenemos como cristianos y que 1 Pedro 3:15 nos indica estar "preparados para presentar defensa con mansedumbre y reverencia ante todo el que os demande razón de la esperanza que hay en vosotros".

El comodín de los cambios geofísicos también es utilizado para explicar el rápido declive de los largos años de vida de las personas antediluvianas. ¿Por qué Matusalén vivió 969 años, pero Abraham solo 175 años? Esta pregunta resume el dilema. Hay diferentes explicaciones, pero la Biblia no menciona en ninguna parte que hubo cambios geofísicos como, por ejemplo, desde un súper oxígeno antes del diluvio a un aire pésimo después del diluvio. Ninguna de estas cosas son el problema para la Biblia, sino son nuestros intentos de explicarlo a través de las categorías modernas.

El cambio de edades de las personas antes y después del diluvio, suele ser explicado mediante el siguiente pasaje: "Entonces el SEÑOR dijo: no contenderá *mi Espíritu* para siempre con el hombre, porque ciertamente él es carne. Serán, pues, sus días *ciento veinte años*" (Gn 6:3, LBLA). Aquí encontramos un lindo ejemplo de cómo nuestra manera de pensar subraya la segunda oración. Solemos entender que sus días serán 120 años, mientras que suprimimos la primera parte que no podemos captar del todo, nuevamente por utilizar categorías de otro contexto.

El versículo contrasta dos medidas de tiempo: 120 años con *por siempre*. En ninguna parte dice el texto que los individuos humanos vivían por siempre, como si Dios tuviera que intervenir otra vez para determinar su mortalidad. Un ejemplo de esta interpretación lo encontramos en la traducción de la NVI: "Mi espíritu no permanecerá en el ser humano para siempre". Dios ya había determinado la mortalidad humana al restringir el acceso al árbol de la vida (Gn 3:22). El otro contraste está en el Espíritu (*ruaj*) o viento de Dios y la carne del humano. Este contraste es terrenal y celestial, y no tiene que ver con el soplo de vida (*nefesh*), mediante el cual Dios había dado vida al ser humano. El Espíritu de Dios no es el soplo de vida. Al contrario, este contraste entre lo espiritual y lo carnal quiere explicar el desorden entre las dos esferas, la unión entre lo celestial y lo terrenal, es decir los hijos de Dios y las hijas de los humanos.

Por lo tanto, no debemos entender este pasaje de manera individualista, como si cada uno no pueda vivir más que 120 años. Aquí Génesis trata de expresar que la humanidad como una, no vivirá más que 120 años. Al término de este periodo, Dios decide que su Espíritu deje de *contender* y vengan las potestades acuáticas caóticas reseteando el orden creado y volviendo a empezar.[13] Sin embargo, es necesario admitir que los números en la Biblia y las

---

13. Victor P. Hamilton, *The Book of Genesis, Chapters 1-17*, NICOT (Grand Rapids, MI, EE.UU.: Eerdmans, 1990), 265–69.

edades son un tema bastante complicado y lo trataremos más adelante (ver pág. 128).

4. Una historia contextual

Una vez descubierto todos estos elementos contextuales del mundo bíblico, podemos ver que el autor de Génesis se sentiría algo confuso, quizá incluso ofendido, al escuchar nuestra explicación científica basada en un sistema de vapor y del mover de las placas tectónicas. No que esté en contra de la ciencia, sino que para él sería demasiado limitada esta explicación materialista. El cambio que trajo el diluvio fue resetear el gobierno terrenal para que nuevamente se inicie de manera correcta. Esto significa que los cambios no son geofísicos, sino más bien de orden entre cielo y tierra. Siguiendo los pasos de los primeros humanos creados a la imagen de Dios y puestos en el santuario del edén, Noé ofrece un sacrificio a Dios en gratitud y participación del pacto entre el *guardar* mutuo: Dios *guardará* a los habitantes y estos *guardarán* sus mandamientos y caminos.

Al adentrarnos más a este mundo bíblico, nos encontramos con un término que no es el más cotidiano al hablar de embarcaciones fluviales. Nuestras Biblias no mencionan un barco sino un arca, excepto la NTV. En contraste a esta idea de un barco, la DHH de estudio, publicada en 1994, tiene una nota al pie para arca y dice que "no evoca la imagen de una embarcación corriente, sino la de una construcción cubierta con un techo". La TLA incluso lo traduce como "casa flotante".

La palabra arca intenta traducir la palabra hebrea *tebat*. *Tebat* viene del egipcio y puede significar caja o sarcófago. Esta es la razón por la cual la Biblia habla del arca y no simplemente de un barco. La conexión entre el barco y el sarcófago viene por el concepto egipcio de que los muertos viajaban al mundo de los dioses en un barco. Schökel indica la conexión de *tebat* con el árabe donde es llamado *tabut*, significando sarcófago y de la cual vendría la palabra española *ataúd*.[14] Teniendo esto en mente, es muy curioso que la canasta que la madre de Moisés preparó para su hijo es la misma palabra *tebat*. Surge la duda de si la madre tenía esperanza de vida

---

14. Schökel, *Diccionario*, 791.

para su hijo, o lo entregaba simplemente a las manos de Dios, para que los egipcios no lo matasen. Podríamos decir que la confianza de Noé parece ser algo parecido. Lo que él construye no era una embarcación, sino una fortaleza para enfrentar un cataclismo y la muerte segura.

En definitiva, debemos enfatizar que Dios da rienda suelta a todas las aguas amenazantes, los abismos quedan desatados y las fuerzas caóticas que habíamos encontrado limitadas en Génesis 1, ahora rugen con todas sus potestades feroces. Los poderes supra- e infraterrenales se juntan en la ejecución del juicio de este Dios: "en ese mismo día se rompieron todas las fuentes del *gran abismo*, y las *compuertas del cielo* fueron abiertas" (Gn 7:11, LBLA). Las dos esferas que rodean el hábitat para los humanos, animales y aves, se abalanzaron sobre este dominio hasta acabar con él por completo. Excepto Noé y su familia.

Para calmar a estas potestades, el texto bíblico nos explica coincidentemente que "Dios hizo pasar *un viento sobre la tierra* y decrecieron las aguas. Y se cerraron las *fuentes del abismo* y las *compuertas del cielo*" (Gn 8:1-2, LBLA). Dios es el que afloja los límites, pero es nuevamente el *viento* de Dios que estaba en la creación moviéndose sobre las aguas, que aquí pasa sobre la tierra. Así como en Génesis 1, las aguas son limitadas por este mismo *viento*, al parecer siendo contenidas en sus esferas separadas: supra- e infraterrenal. De esta manera es esta limitación de los poderes caóticos que habilitan el hábitat terrenal nuevamente. Sin lugar a duda, la lectura contextual cambia la escena y el significado de la narrativa. ¿Pero es este el único relato sobre un diluvio? ¿Cuál es su significado en comparación con otros relatos diluvianos?

¿UNA HISTORIA COMPARTIDA?

Es conocido que hay varios pueblos en todo el mundo que comparten una historia de un diluvio. Bernhard Lang ha diseñado un mapa de estas historias en el cual se cuentan unas 242 historias diluvianas, repartidas por todo el mundo. De todas estas existen unas 19 que terminan con el elemento del arcoíris. La distribución de sus localidades, que depende de los enfoques arqueológicos y antropológicos, es la siguiente: de África se presentan 17 (2 terminan con un arcoíris), de Oceanía 33 (2), de Asia 45 (5), de Europa 10 (2), de

América Central y del Norte 107 (4) y de América del Sur 30 (4).[15] Algunos relatan un diluvio universal y otros uno regional.

Lo común en todas estas historias es que algunos personajes se salvan y, en ocasiones, la población mundial viene a ser la descendencia de estos personajes rescatados. En ocasiones los sobrevivientes son buenos y en otras son malos, a veces son bendecidos por sus dioses, y en otras ocasiones se salen con la suya con astucia ante el enojo de los dioses. Aunque exista una enrome cantidad de historias diluvianas, no significa para nada que todas coincidían con la misma historia. Es más, lo que significa la gran cantidad es que los diluvios son sucesos naturales más comunes de lo pensado, por lo menos para estos 242 pueblos diferentes.

Aunque a primera instancia pareciera que esto sea un fuerte argumento a favor de un diluvio universal, no es así. Bien podría ser, pero muy bien podría ser que los diferentes pueblos tuvieron sus propias experiencias históricas de diluvios regionales que las relataron de la misma manera. Lo complicado es que desde cada una de las perspectivas todo el mundo había muerto y solo ellos habrían sobrevivido. Por lo tanto, estas experiencias compartidas no son determinantes en el debate sobre un diluvio universal. No obstante, la historia del diluvio no solamente tiene parecidos en otros continentes. Se han encontrado historias del diluvio también en las culturas vecinas de los israelitas. De hecho, hay tres historias muy similares que se llaman el *Génesis de Eridú*, *Atrahasis* y la *Epopeya de Gilgamesh*. Lo que sigue será un pequeño resumen de cada relato con el fin de que las similitudes como también las diferencias nos resaltarán.

1. Génesis de Eridú

La más antigua es la llamada *Génesis de Eridú*, de los sumerios, que data aproximadamente de 1600 a.C. En este relato las diosas Nintur e Inanna, decidieron terminar con los humanos por el molestoso ruido que hacían. Enki, la diosa de las aguas dulces de los ríos, le avisa secretamente a uno de los humanos de esta decisión aniquiladora de los dioses. El héroe de esta historia se llama Ziusudra quien era rey,

---

15. Bernhard Lang, "Non-Semitic Deluge Stories and the Book of Genesis a Bibliographical and Critical Survey", *Anthropos*.80 (1985): 605–16.

sacerdote y un vidente, dando a entender la gran sabiduría que tenía este Ziusudra. Llega la tormenta y dura siete días, un detalle que se repite en la historia. El texto que tenemos hoy en día es algo fragmentario, pero volvemos a encontrar a Ziusudra en un *gran barco* por el cual se salva. Una vez que el agua nuevamente baja, Ziusudra ofrece a los dioses un sacrificio de los animales que había salvado en el barco. Los dioses aceptan gratamente el sacrificio y le otorgan una vida eterna como la de los dioses.[16] El nombre Ziusudra significa en sumerio *vida de días prologados*.[17]

2. Atrahasis

Atrahasis es un relato babilónico antiguo que narra a los dioses mayores, llamados Anunna, con Enlil como el líder del consejo de estos dioses, habiendo decidido que los dioses menores, los Iguigui, debían trabajar en la tierra para los dioses mayores. Disgustados, estos se rebelan y crean a los humanos para que trabajasen para los dioses. Sin embargo, los humanos, por su procreación muy rápida, causan demasiado ruido y aquí también los dioses se molestan por ello. Por esta razón, los dioses tratan de controlar la natalidad humana y deciden finalmente mandar un diluvio para exterminar los humanos. Aquí es también la diosa Enki quien avisa al humano sobreviviente enviándole un sueño a Atrahasis. En este le explica el plan malévolo de los dioses y le instruye a construir un barco. Atrahasis, el héroe por medio de su suprema sabiduría (su nombre significa *Gran sabio*),[18] construye el barco y convence a los animales (aves, ganado y bestias) y a toda su familia a subir a bordo. El barco debía ser como una canasta gigante, de forma cilíndrica, bien techada. Todos a bordo se salvan. Una vez acabado el diluvio, Atrahasis prepara un sacrificio y los dioses le otorgan una vida de categoría especial: un poco menor que ellos, pero por encima de los humanos.[19]

---

16. COS 1.158, en William W. Hallo, ed., *The Context of Scripture: Canonical Compositions from the Biblical World* (Leiden, Países Bajos: Brill, 2003), 513–15.

17. Jean Bottéro, *La Epopeya de Gilgamesh*, 3ª ed. (Madrid, España: Ediciones AKAL, 2007), 62 n.15.

18. Bottéro, *La Epopeya de Gilgamesh*, 62 n.15.

19. COS 1.130, en Hallo, *Context of Scripture*, 450–52.

3. La Epopeya de Gilgamesh

La Epopeya de Gilgamesh presenta al personaje central, Gilgamesh, hablando con el "lejano" Utanapishti, sobre como este había obtenido un lugar en la asamblea de los dioses. El nombre Utanapishti, muy similar a Ziusudra, significa *he encontrado mi vida sin fin*, indicando el final de su relato a Gilgamesh, donde Utanapishti recibe vida eterna como los dioses.[20] Este relato va muy de acuerdo con los dos anteriores. Aquí también encontramos a los dioses mayores enojados con los humanos, aunque no por el ruido molestoso, sino por su multiplicación en demasía. La diosa Enki se rebela contra la conspiración divina de aniquilar la humanidad y deja saber el plan secreto a Utanapishti. Si este destruye su casa, encontrará material para construir su nave. En este caso será un cubo de medidas idénticas, colocando siete pisos por dentro. Utanapishti introdujo al barco a toda su familia y a muchos animales silvestres y domésticos. Hubo tempestad por siete días, y luego el barco se estancó en el monte Nisir, donde se quedaron hasta que después de siete días el agua bajó. Utanapishti exploró el estado del agua con tres pájaros, de los cuales el último no regresó. Brindó un banquete a los dioses que les encantó el olor fragante. Finalmente, Enlil, el dios superior, le otorga a Utanapishti y a su mujer el estado de ser como los dioses, aunque deben quedarse en la tierra mesopotámica.[21]

Los tres relatos comparten varias similitudes y diferencias. ¿Qué nos dice esto? Estos paralelos parecen indicarnos que había ciertas maneras compartidas de contar esta y otras historias. A continuación, presentamos una tabla que compara resumidamente las historias mencionadas:[22]

---

20. Bottéro, *La Epopeya de Gilgamesh*, 62 n.15.

21. COS 1.132, según la traducción de Bottéro, *La Epopeya de Gilgamesh*, 181–94. Véase también la traducción del inglés de libre acceso por Santiago Romero Bourdieu: https://artisantiago.wixsite.com/gilgamesh/gilgamesh/tablilla-xi.

22. La tabla fue compilada por Lamoureux, *Evolutionary Creation*, 221. Además se añadieron datos de Irving Finkel, *The Ark Before Noah: Decoding the Story of the Flood* (London, Reino Unido: Hodder And Stoughton, 2014); John H. Walton y Tremper Longman, *The Lost World of the Flood: Mythology, Theology and the Deluge Debate* (Downers Grove, IL, EE.UU.: InterVarsity, 2018).

	Génesis de Eridú	Atrahasis	Epopeya de Gilgamesh	Diluvio bíblico
Plan de destrucción				
Razón	ruido	ruido/ violencia	sobrepoblación	violencia
Advierten al héroe	✓	✓	✓	✓
Héroe diluviano				
Nombre	Ziusudra	Atrahasis	Utanapishti	Noé
Construye un arca	✓	✓	✓	✓
Edad	36 000 a.	600 a. +		600 a.
Arca				
Materiales (ej. brea)		✓	✓	✓
Divisiones		✓	✓	✓
Techo		✓	✓	✓
Dimensiones	*Fragmentos del texto faltantes*		120x120x120	300x50x30
Forma		Cilindro	Cubo	Rectángulo
Área		14 400 c²	14 400 c²	15 000 c²
Duración de constr.		7 días	7 días	
Sobrevivencia				
Familia		✓	✓	✓
Animales	*Fragmentos del texto faltantes*	✓	✓	✓
Aves		✓	✓	✓
Bestias y ganado		✓	✓	✓
Puros e impuros		✓		✓
Diluvio creciente				
Puerta de arca cerrada		✓	✓	✓
Extinción de vida terrenal	✓	✓	✓	✓
Duración	7 días	7 días	7 días	40+150 días
Regreso del agua				
Arca en un monte			Nisir	Ararat
Aves para examinar aguas			✓	✓
Paloma y cuervo	*Fragmentos del texto faltantes*	*Fragmentos del texto faltantes*	✓	✓
Duración			7 días	7 + 7 días
Aguas regresan y tierra se seca			✓	✓
Duración			7 días	40+150+7+7
Después del diluvio				
Sacrificio a Dios/es	✓	✓	✓	✓
Dios/es lo huelen		✓	✓	✓
Dios/es lamentan diluvio		✓	✓	✓
Oferta divina al sobreviviente	vida eterna	vida como dioses	vida eterna	pacto eterno

Tabla 6 – Tabla comparativa de historias del diluvio del AOP

En lo que nos ayudan estos relatos de los pueblos vecinos es a ver como había, al parecer, un evento tradicionalmente compartido, pero con mensajes teológicos muy diferentes. En primer lugar, comparten los elementos de la decisión divina del juicio a la humanidad. Luego, las edades de los héroes de los relatos tienen el máximo común divisor 600 en común, los 36 000 años de Zuisudra son el resultado de 600x60, pero más sobre esto se explica en la pág. 131. Además, tienen mucho en común en la nave a construir, en especial un área muy similar, los tres rondan entre 14 000 y 15 000 cubos cuadrados. También comparten la salvación de la familia y los animales, el periodo de siete días, el sacrificio al término del cataclismo, y la eternidad a partir de ese momento. Por otro lado, las diferencias también son tremendas. El propósito de los humanos en la tierra es muy diferente, de ser esclavos en los textos vecinos a representar a Dios en Génesis. Pero también la deidad tiene totalmente otro carácter. En el relato bíblico no hay aburrimiento o molestia por el ruido, sino una corrupción y rebeldía celestial y terrestre. Mientras que en otros textos los dioses casi mueren de hambre por no recibir sacrificios, el Dios de la Biblia no requiere alimento para subsistir.

LAS EDADES Y LAS GENEALOGÍAS

Hasta ahora no hemos analizado cómo las edades y las genealogías hacen sentido en toda esta argumentación, que por seguro nos puede hacer sentir un poco inseguros. Nos estamos moviendo en aguas extrañas, sí, a otro mundo. Esto no es ciencia moderna, ni historia moderna, sino un documento muy antiguo que debemos respetar por lo que es, para así poder entender lo que quiere decir.

Desde la restricción del acceso al edén a los humanos hasta el diluvio, tenemos 2 capítulos en la Biblia (Gn 4-5) que parecen no decirnos mucho, pues son genealogías interminables. Nos preguntamos, por ejemplo, ¿a quién le interesa cómo se llamó el tercer hijo de Caín? El redactor hubiera podido acortar estos capítulos explicando lo que quería decir sin enlistar todos estos nombres y años. Por otro lado, estos años han sido parte y base de mucha discusión sobre la edad de la tierra. En la siguiente sección se analiza la razón porqué estos años no necesariamente tratan de demostrar la edad de la tierra. Por seguro que han sido utilizados para este cálculo a lo largo de la historia. Pero los números en la Biblia no son pura matemática aritmética y nos quieren indicar un significado mucho más elevado que el puro valor numérico. Los siguientes puntos tratarán de explicarlo a más profundidad.

1. Números que no caben

Lo primero que encontramos en desacuerdo con lo que hoy en día se puede contar son las especies existentes y el espacio que ofrece el arca según las medidas bíblicas. Un cálculo muy conservativo nos indica que actualmente existen aproximadamente unas 4000 especies de mamíferos, 6000 especies de reptiles y 9000 especies de aves, siendo un total de 19 000 especies. Un cálculo simple establecería el número requerido de animales en el arca a no menos de 38 000 animales (19 000 x 2 [pareja]).[23] Esto sería sin contar las siete parejas de los animales puros. Los 38 000 animales equivaldrían aproximadamente a la mitad de todos los animales de uno de los zoológicos más grandes del mundo como el de Berlín; aunque el zoológico solamente alberga unas 1300-1500 especies.[24] Obviamente resultan preguntas de cómo podría albergar un arca todos estos animales. El zoológico en Berlín tiene 33 hectáreas, mientras que los tres pisos del arca juntos llegarían a casi una hectárea. Aquí no se argumenta de la imposibilidad de lo que dice la Biblia, sino de que esto no es nuestra ciencia ni nuestra manera de pensar.

Otros números son las edades de los humanos antediluvianos al tener hijos. Curiosamente, hay exactamente 10 generaciones de Adán a Noé, cuando llega el diluvio, y luego hay nuevamente 10 generaciones de Set a Abraham, cuando este es llamado por Dios. Si las edades muy avanzadas que alcanzaron los antediluvianos tienen su razón en un oxígeno especial, o unas condiciones fisiológicas muy favorables, no se explica el porqué de las edades avanzadas al tener sus primeros hijos. El promedio de vida de los antediluvianos es de 858 años, mientras que la edad promedio al momento del primer hijo es de 156 años (ver tabla de edades pág. 285). Cuando Abraham y Sara escuchan a Dios prometiéndoles un hijo a sus 100 años, los dos se ríen por lo absurdo que les suena esto (Gn 17:17;

---

23. Lamoureux, *Evolutionary Creation*, 460.
24. https://zoo-berlin.de/en/your-visit/faq

18:12). ¿Será que también se habrían reído de las edades en las que los antecesores tuvieron sus primeros hijos? Si se toma de manera absolutamente numérica los años en Génesis, entonces Sem, hijo de Noé y el ta-ta-ta... tatarabuelo (10 generaciones) de Abraham, estaría viviendo todavía después de que Abraham hubiera muerto unos 35 años antes. Sem también tuvo su primer hijo a los 100 años. ¿Por qué de repente habría de causar gracia, si tener el primer hijo a los 100 años es lo más normal en Génesis? No podemos olvidarnos que, según Gn 5:32, Noé tenía 500 al engendrar sus hijos. Esta es la edad más avanzada en tener hijos en toda la Biblia, y es todavía antes del cataclismo que según algunos habría empeorado las condiciones fisiológicas para la vida.

El tercer punto difícil son las medidas del arca. El relato de Génesis nos indica que el arca tenía 300 codos de largo, 50 codos de ancho y 30 codos de altura (Gn 6:15). Esto sería según los cálculos modernos aproximadamente 135 m de largo, 22,5 m de ancho y 13,5 m de altura.[25] Nunca en toda la historia se ha construido un barco tan grande para la navegación. El barco de madera más grande es considerado el Wyoming, construido en 1909, midiendo unos 140 m, aunque solo 15 m de ancho. Sin embargo, el Wyoming además de no contar con tres pisos, contiene unos 90 tirantes diagonales de hierro para no romperse hacia los laterales.[26] Claro que algunas reconstrucciones modernas se han logrado.[27] Sin embargo, la dificultad de reproducir el arca, los costos que este proyecto como tal exige y los equipamientos y maquinarias que son necesarios para lograrlo hacen del texto algo casi legendario. La pregunta de difícil solución sigue vigente: ¿cómo lo habrá logrado Noé?

25. Dependiendo de cómo se calcule la longitud del codo. Normalmente rige el codo egipcio de 450 mm, mientras que algunos sostienen que el codo israelita es de 444.5 mm. Ver R. B. Y. Scott, "The Hebrew Cubit", *JBL* 77.3 (1958): 214.

26. Walton y Longman, *The Lost World of the Flood*, 40.

27. A mi conocimiento, existen tres replicas a tamaño real: 1) el *Ark van Noach* en Países Bajos terminado de construir en 2007 (https://www.arkvannoach.com/informatie/over-de-ark/), 2) el *Noah´s Ark* en Hong Kong, terminado en 2009 (https://www.noahsark.com.hk/eng/park-attractions.jsp), 3) el *Ark Encounter* en Kentucky, EE.UU., terminado en 2016 (https://arkencounter.com/). Todas parecen embarcaciones y solo una puede navegar en el agua. Las tres utilizan muchos elementos de hierro, y el de Hong Kong es hecho de fibra de vidrio. Las potentes máquinas con varios equipos de planificación parecen indicar lo complicado que habría sido para Noé de realizar el trabajo con las herramientas que él tenía, aunque no se niega la veracidad de la historia de Génesis.

Quizá el siguiente detalle nos puede ayudar a entender mejor el contexto de las medidas. Los números en el relato son redondos en su contexto y por tal razón se los suele dejar en codos. Pero para nuestro entendimiento esta estética se quiebra por la conversión a metro u otra unidad de medida. Se pueden ver como los tres números fácilmente salen uno del otro: 300 codos (largo) 300/6=50 (ancho), 300/10=30 (alto), 30/10=3 (pisos). Además, notamos el surgir de estos divisores 6 y 10 que llegan a tener una gran importancia en entender mejor los números del Antiguo Oriente Próximo. A continuación, un poco más de esta clase de matemáticas.

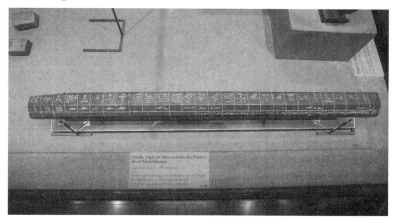

Ilustración 7 - Codo egipcio, 18ª dinastía del Antiguo
Egipto (1336-1327 a.C.)

2. Matemática contextual

Ya se había dicho, pero cabe recordar que los números en la Biblia son algo especial y más que simple aritmética. Los dos divisores 6 y 10 que recién hemos visto en acción, delatan el sistema sexagesimal (en base a 60) de la matemática en el Antiguo Oriente Próximo. Este sistema difiere de nuestro sistema decimal (en base a 10). Para nosotros escribir tres números seguidos indican que van creciendo su valor exponencialmente por 10. Por ejemplo: 1=1, pero 23 = 2x10 + 3x1. O sea, cuando hay dos números juntos, naturalmente el primero lo multiplicamos por diez. En el sistema sexagesimal ocurre lo siguiente: 11 = 1x60 + 1x1, y en realidad no es 11, sino 61. No debemos confundirnos y pensar que los 30 codos del arca ahora serían 360 codos, eso sería incorrecto. Lo importante aquí es que todos estos números están basados en el sistema sexagesimal, y siguen diferentes lógicas en su propio contexto.

Partiendo de esta realidad, el segundo punto a analizar son los números de las edades. Estos números presentan una clara lógica desde el sistema sexagesimal. Tomemos por ejemplo las edades de Noé: él tiene 500 años al nacer su primer hijo y luego vive unos 450 años más. La siguiente fórmula matemática funciona para las 10 personas desde Adán a Noé:[28]

$500(\text{años})/5 = \mathbf{100}, \qquad 500\text{x}12 =$

Aunque quizá no se acuerde bien de las últimas clases de matemáticas que tuvo, esto demuestra cómo los números tienen sus bases lógicas en el sistema sexagesimal. Todos estos números son divisores elaborados de 60. Las únicas excepciones como por ejemplo las edades de Matusalén (187 y 782 años), son números que tienen una adición del número 7:

$187(\text{años})\text{-}7 = 180, \quad 180/5 = \mathbf{36}, \quad 180\text{x}12 = \underline{2160} \text{ y} \quad \underline{2160} = \mathbf{36}\text{x}60;$
$782(\text{años})\text{-}7 = 775, \quad 775/5 = \mathbf{155}, \quad 775\text{x}12 = \underline{9300} \text{ y} \quad \underline{9300} = \mathbf{155}\text{x}60;$

Esto se puede comprobar en la lista de edades proveída en la pág. 285. El punto no es mostrar nada mágico con los números, sino la cercana relación con el sistema sexagesimal y cómo se puede determinar esto. Este sistema todavía rige en nuestros días. Nuestras divisiones de 12 o 24 horas por día, 60 minutos por hora y 60 segundos por minuto son un ejemplo vivo de este sistema. Lo mismo podemos ver al calcular los grados de una circunferencia. El círculo, como el universo (en el mapa babilónico, pág. 112) es dividido en 6 partes o compuertas de los cuatro vientos y salidas y puestas del sol.[29] Cada una de estas 6 partes parecen haber sido divididos en 60 unidades nuevamente, dando unos 360 grados en total, los cuales seguimos dividiendo de 60 minutos cada uno de los grados y cada minuto en 60 segundos.

28. Lamoureux, *Evolutionary Creation*, 211, 235.
29. Comparar Horowitz, *Cosmic Geography*, 200–201.

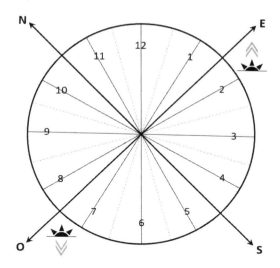

Ilustración 8 - Circunferencia del universo del
Antiguo Oriente Próximo

3. Edades contextuales

La misma forma de cálculos encontramos en un escrito sumerio
de los babilonios, que tiene una lista de descendencia de sus reyes.
En esta lista encontramos también un linaje que es quebrado por
un diluvio, similar al relato en Génesis. Otra similitud son las muy
avanzadas edades que encontramos. La lista puede resumirse de la
siguiente manera:[30]

Ciudad	Rey	Años de reinado
Eridu	Alulim	28.800
	Alalngar	36.000
Badtibira	En-men-lu-ana	43.200
	En-men-gal-ana	28.800
	Dumuzid	36.000
Larak	En-sipa-zi-anna	28.800
Sippar	En-men-dur-ana	21.000
Shuruppak	Ubara-Tutu	18.600
	Total:	241.200

Tabla 7 – Lista de reyes sumerios con sus años de reinado

30. Roland K. Harrison, "Reinvestigating the Antediluvian Sumerian King List",
JETS 36 (1993): 5.

La lista asusta con sus números estratosféricos. El rabino Umberto Cassuto ha estudiado la numerología mesopotámica, y explica de una manera muy enriquecedora estos reinados extendidos por milenios. Según Cassuto, las unidades temporales babilónicas se calculaban en base al sistema sexagesimal, y se llamaban así:

- *šuš*   = **60** años,
- *ner*   = 600 años (**60**x10),
- *šar*   = 3600 años (**60**x60),
- *šuššar*   = 216 000 años (**60**x3 600).[31]

La lista de los reinados sumerios tiene un detalle después del octavo rey que indica: "después el diluvio barrió la tierra".[32] El primer ciclo de reinados hasta el diluvio duró un total de 241 200 años. Esto equivale interesantemente a 1 *šuššar* y 7 *šar* (216 000+3 600x7). El número 7 y el sistema sexagesimal son los elementos que unen los contextos numéricos babilónicos con el de la Biblia.

En Génesis las edades antediluvianas son todas múltiples de 5, es decir terminan en 0 o 5. Un vistazo a las edades nos indica que hay cinco cifras que no son múltiples de 5. La razón de este quiebre del patrón es que tienen añadido 7 años, como hemos visto en el ejemplo de Matusalén. El cinco es parte del sistema sexagesimal, ya que *5 años* equivalen a *60 meses*. La Biblia indica que el reinicio de los humanos en el hábitat terrestre sucedió unos 1657 años desde el inicio de la vez anterior con Adán. Cassuto explica que 600 000 días equivalen a 1643 años redondeados y que añadiendo unos 7 años más se llega exactamente a los 1657 años. Vemos que la simetría de estos elementos es de mucha importancia, aunque para nuestros ojos modernos quedan totalmente camuflados.

La última complicación con las edades en Génesis tiene que ver con el datar la edad de la Tierra a través de la sumatoria de los años. Este concepto nos ha llegado por diferentes tradiciones en las que también nos ha llegado la Biblia como la tenemos. En estos números,

31. Umberto Cassuto, *A Commentary on the Book of Genesis: From Adam to Noah*, trad. Israel Abrahams (Jerusalem, Israel: Magnes, Universidad Hebrea, 1961), 1:258.

32. Lista de reyes sumerios, 39. Traducción ETSCL de la universidad de Oxford, texto t.2.1.1; http://etcsl.orinst.ox.ac.uk/cgi-bin/etcsl.cgi?text=t.2.1.1# (accedido el 17 de enero 2020).

el texto hebreo masorético (el de nuestras Biblias) difiere grandemente con el texto hebreo de los samaritanos o de la Biblia griega (LXX). El apóstol Pablo, por ejemplo, se caracteriza por haber utilizado casi en la totalidad de sus citas a la Biblia griega en vez de la hebrea. Esto llevaría a la iglesia más cerca de la LXX que del texto hebreo. Y esto trae otra complicación a la hora de utilizar las edades para el cálculo de la edad de la tierra. ¿Qué edades deberíamos seguir?

El libro de Jubileos, terminado al inicio del siglo II a.C., es un libro apócrifo que era parte de la Biblia de los primeros cristianos en la LXX, y también contiene mucha información sobre duraciones de diversos periodos, como ya lo dice el título: los jubileos.[33] Al juntar estas informaciones de diversas duraciones, necesariamente debemos añadir también la muy buena información del historiador Flavio Josefo que contiene varias fechas, aunque algo contradictorias. A continuación, un resumen de estas fuentes con sus años en comparación:[34]

Texto	Año del diluvio	Año del Éxodo	Templo de Salomón
Masorético	1656	2666	3146
Samaritano	1307	2752	-
LXX	2242	3817	4257
Libro de Jubileos	1308	2410	-
Flavio Josefo	1556/ 1662/ 2656	2451/ 2510	2102/ 3043

Tabla 8 – Resumen de años en las diferentes fuentes bíblicas

Lo más resaltante es que ningún número coincide con otro. No nos queda otra que preguntarnos: ¿será que Pablo pensó que el diluvio llegó en el año 1656 o 2242? ¿Será que las iglesias del apóstol Pablo creían que el templo de Salomón se construyó más que 1000 años más tarde de lo que nuestras Biblias indican? Estas diferencias, lastimosamente, no explican las diversas maneras de calcular la edad de la humanidad, o del planeta tierra. Sin embargo, lo que sí nos

---

33. James L. Kugel, *A Walk Through Jubilees: Studies in the Book of Jubilees and the World of Its Creation*, SupJSJ (Leiden, Países Bajos: Brill, 2012), 4–5.
34. Johnson, *The Purpose of the Biblical Genealogies*, 262–65.

dejan ver, es que estos números no fueron lo más importante para el pueblo de Dios en el sentido histórico crítico, y parece que ni les preocupó demasiado que haya una diferencia de 1000 años entre las diferentes tradiciones. Lo importante parece estar más en las simetrías internas de cada uno de los escritos y otras razones teológicas de estos cálculos.

4. La función de las genealogías

Las genealogías que encontramos uniendo la creación con el diluvio no cumplen la misma función como las tenemos hoy en día, para ver en qué año ocurrió tal evento. Aunque no nos atraen mucho las genealogías, Adré Lefèvre explica que en tiempos bíblicos "la genealogía era una obra de arte".[35] Además añade que "somos nosotros los que cometemos un error, cuando exigimos al genealogista una precisión material que no pretende dar y que fue para él de importancia muy secundaria". ¿Cuál era entonces la función central de las genealogías?

En primer lugar, su función es dar una idea de cómo llegamos adonde estamos.[36] Dependiendo de quién redactó Génesis, la idea era darle a entender a sus lectores una explicación de dónde han venido. Las tribus o las naciones necesitan su explicación del por qué son como son y por qué algunas tribus hacen buena música mientras que otras saben más de construcciones. Otra función de las genealogías era demostrar la legitimidad de las vocaciones o pertenencia a clanes específicos.[37] Es decir, así sabían a qué fueron llamados, cuál era su propósito, ya que estaban unidos por la descendencia a estos orígenes. Noé, por ejemplo, era de los buenos, y pertenecía a la genealogía de Set y no a la de Caín. Los primeros lectores de Génesis eran descendientes de Abraham, los cuáles también eran de los buenos, según el relato bíblico.

La tercera función de las genealogías era la retórica. Es decir, las pequeñas historias en Génesis son breves y muy dispersas. Entre la historia de Caín y Abel, tenemos medio milenio de silencio. De repente tenemos un versículo sobre Enoc caminando con Dios. Luego

---

35. André Lefèvre, "Note d'exégèse Sur Les Généologies Des Qehatites", *RSR* 37 (1950): 291.
36. Johnson, *The Purpose of the Biblical Genealogies*, 13.
37. Johnson, *The Purpose of the Biblical Genealogies*, 79.

pasa otro medio milenio de silencio hasta encontrarnos con un Noé de 500 años de edad. La función de las genealogías es unir como una cadena a estas perlas de tradición que había llegado al compositor de Génesis.[38] En síntesis, si se tiene mucha información de tres épocas distintas, pero digamos nada de los entretiempos, la mejor manera era unir Adán con Noé (1500 años después) con Abraham (otros 500 años más tarde). La narrativa hebrea funciona de una manera artesanal (recuerde el quiasmo del diluvio, pág. 110). Las genealogías unen las historias como perlas en un collar. Sin embargo, no se tienen demasiadas perlas, por lo que quedan espacios entre ellas. El arte de las genealogías es llenar este espacio uniendo las historias de manera que pueda encajar con la lógica de los relatos y, sobre todo, con el mensaje teológico de la redacción. Si apreciamos ahora el collar solo por los detalles de la unión entre las perlas, no sería justo con la esencia del collar que son las perlas mismas. Permítame ofrecer algunos ejemplos de esta artesanía narrativa.

5. Arte narrativo y simetrías

El arte narrativo con sus simetrías se puede observar en la genealogía. El listado antediluviana, desde Adán hasta Noé, consta exactamente de 10 personas. Con el diluvio se reinician los habitantes del hábitat creado entre las aguas. Posteriormente, tenemos otra genealogía que va desde Sem hasta Abraham, que son nuevamente 10 personas. Noé termina la primera y Abraham la segunda. ¿Tienen Noé y Abraham algo más en común? Ciertamente. Los dos fueron elegidos por Dios para iniciar una nueva estirpe. Los dos tendrían una descendencia en multitudes. Entre todos los vivientes Noé y Abraham fueron elegidos por Dios para hacer algo diferente con ellos. Los dos linajes son los que contienen la salvación: los hijos de Noé fueron salvos del diluvio y los descendientes de Abraham llegan a ser el pueblo elegido por Dios a ser salvos de los otros dioses de las naciones.

Por otro lado, no todos los descendientes de Noé continuaron en la salvación. Cam desobedeció en relación con la desnudez de su padre y Canaán su primogénito no fue contado más entre los buenos. De la misma manera, no todos los hijos de Abraham siguieron en el

---

38. Johnson, *The Purpose of the Biblical Genealogies*, 19.

linaje escogido. Ismael no fue considerado heredero legítimo, y es este argumento que Pablo utiliza también para admitir a los gentiles cristianos como descendencia de Abraham y descartar a algunos judíos de ella (Gá 3:7; Ro 9:7-8).

Justo en el medio entre Adán y Abraham se encuentra el juicio divino por la maldad en la tierra. Noé es el elegido para seguir adelante con el plan de Dios en medio de la barrida del resto de la humanidad. Abraham entra en escena en una situación muy similar: después del evento de la torre de Babel, "los dispersó el Señor sobre la faz de toda la tierra" (Gn 11:9). Al terminar este relato encontramos las generaciones de Sem que acaba con Abraham. Es una hermosa simetría que encontramos a través de Génesis 1-12.

Otra artesanía detallada es la comparación entre el linaje de Caín y el linaje de Set. En el linaje de Caín (Gn 4:16-24) encontramos un personaje muy especial en el *séptimo* lugar. Este se llama Lamec y entona una pequeña canción o un poema, el primero en toda la Biblia, jactándose de su venganza de muerte a un hombre que le haya herido: "Si *siete* veces será vengado Caín, Lamec en verdad *setenta* veces *siete* lo será" (Gn 4:24). Lamec supera a su ancestro que le sirvió de ejemplo. Este es un linaje maligno, mientras que en el otro emerge Set (Gn 4:25).

El linaje de Set inicia con Adán y termina con Noé (Gn 5:1-32). Y este también tiene un personaje curioso que coincidentemente también es el *séptimo* en la lista. Pero esta vez es un ejemplo positivo. Se trata de Enoc. Génesis nos ofrece dos versículos que nos resumen la vida que tuvo Enoc: "Y *caminó Enoc con Dios*, después que engendró a Matusalén, trescientos años… *Caminó, pues, Enoc con Dios*, y desapareció, porque le llevó Dios" (Gn 5:22, 24). Todo lo que sabemos de Enoc está contenido en la descripción de haber caminado con Dios. Esta descripción solo aparece nuevamente con Noé, cuando se nos señala que viene de la buena descendencia de este ejemplar *séptimo* descendiente, llamado Enoc.

De que lo séptimo tiene algo en especial, encontramos incluso hasta el libro del Éxodo. En el relato de las 10 plagas antes del éxodo de Egipto, la sexta plaga hiere a los magos que están del lado del faraón que tienen que salir de la escena. De esta manera, el faraón queda solo ante Moisés y Aarón para la séptima plaga. Esta plaga es el granizo que Dios dejó caer sobre los egipcios, pero no sobre los israelitas y el faraón confiesa: "Esta vez he pecado; el Señor es el justo, y yo y mi pueblo somos los impíos" (Éx 9:27). Ya había quedado determinado quién ganó la batalla. A partir de aquí es simplemente el corazón duro que requiere tres plagas más, hasta que llegue la décima con un juicio muy grande: la muerte de todo primogénito. Como aquí, así también en las genealogías: el séptimo es especial (Enoc y Lamec), pero el décimo es el elegido por Dios para dar la definitiva (Noé y Abraham).

Un tercer ejemplo de la narrativa artística lo podemos encontrar en las fórmulas de cada descendiente de Adán; "Vivió A *tantos* años, y engendró a B. Y vivió A, después que engendró a B, *tantos* años, y engendró hijos e hijas. Y fueron todos los días de A *tantos* años; y murió". Siete de 10 reciben esta fórmula resumiendo su vida. Las únicas tres excepciones las encontramos en Adán, Enoc y Noé. A estos tres se resume de una manera distinguida. Adán fue creado por Dios a la imagen de Dios y engendró a su propio hijo "a su imagen". Enoc caminó con Dios y Dios se lo llevó, pareciendo indicar que no haya muerto. Finalmente, Noé es introducido por su padre Lamec que dice: "Este nos dará descanso de nuestra labor y del trabajo de nuestras manos, por causa de la tierra que el Señor ha maldecido" (Gn 5:29, LBLA). Es una hermosa redacción que llevará a todos a alertarse cuando se rompe el listado normal con las fórmulas comunes, llamando la atención a los personajes especiales. El efecto es parecido al que se produce al llamar la lista en la clase, donde todos dicen estar presente, hasta que una persona no contesta al ser llamada y es esta quien llama la atención por el cambio que produce en el ritmo de la lista.

Un último ejemplo cabe para cerrar el argumento de la artesanía narrativa hebrea.[39] Este se observa en los nombres de los personajes y son muy sugestivos, especialmente los nombres de los tres personajes centrales: Adán, Noé y Abraham. Adán significa *humano* o *humanidad*, el modelo de la imagen de Dios que este transfiere por la reproducción a su hijo Set. Noé significa *descanso* o *consuelo*, y es el que traerá *consuelo* o *descanso* del trabajo duro. Sin embargo, no solo

---

39. Para más información sobre el arte narrativo de la Biblia puede consultar Robert Alter, *The Art of Biblical Narrative* (New York, NY, EE.UU.: Basic Books, 1981); Robert Alter, *The Art of Bible Translation* (Princeton, NJ, EE.UU.: Princeton University Press, 2019); Shimon Bar-Efrat, *El arte de la narrativa en la Biblia* (Madrid, España: Ediciones Cristiandad, 2003).

trajo *descanso* del trabajo, sino que trajo *descanso* a Dios que nuevamente pudo *descansar* de la maldad que estaba sucediendo en la tierra. Finalmente, Abram que significa *padre exaltado*, recibe el nuevo nombre Abraham, que significa *padre de multitud* (Gn 17:5). No en vano estos personajes en las situaciones donde se encuentran en la narrativa llevan estos nombres. Aunque no quisiera decir que estos detalles eliminan toda historicidad de los personajes. Pero sí se debe admitir que el arte narrativo queda contemplada y aceptada como el programa principal que lleva adelante el relato que encontramos en Génesis. Y es a través de esta lógica que podemos llegar más cerca de lo que el autor quiso expresar en la Biblia.

CONCLUSIÓN

Habiendo analizado el relato del diluvio, podemos concluir lo siguiente: en primer lugar, lo que analizamos es un texto arcaico que contiene una manera de ver el mundo como lo veían varios milenios atrás. El diluvio es presentado de forma universal, pero lo que significa "universal" es otra cosa de lo que hoy significa. El mapa babilónico nos mostró lo regional que era el concepto universal de aquel entonces.

En segundo lugar, pudimos notar que el texto también contiene elementos contextuales como las ideas sobrenaturales de los hijos de Dios juntándose con las mujeres humanas. Estas uniones dieron lugar a unos gigantes que aparecieron antes y después del diluvio y que fueron acabados en los tiempos de David. La idea de los enormes cambios geofísicos introducidos por la prescripción científica no tiene cavidad en la narrativa bíblica que quiere demostrar un cataclismo como un juicio divino.

Tercero, la historia del diluvio tiene sus paralelos en su propio contexto. Esto demuestra que no es una historia única y que varias culturas han tenido experiencias similares. La Biblia presenta una lógica similar con las tres historias presentadas, la *Génesis de Eridú*, *Atrahasis* y la *Epopeya de Guilgamesh*. Sin embargo, también demuestra fuertes diferencias teológicas. Esto nos dice que la historia del diluvio y su mensaje teológico está incrustada en la cultura de su entorno.

Finalmente, las edades y las genealogías en Génesis no intentan demostrar la edad de la humanidad o de la tierra. Funcionan más bien como una cadena que une las historias separadas por centenarios, uniéndolas como perlas en un collar. Los números de la Biblia son especiales y no son puramente entidades aritméticas. Nuevamente, los números son entidades expresadas en un contexto que quiere explicar de dónde han venido los personajes más conocidos como Abraham, Noé y Adán, en contraste con Caín y las demás naciones.

En síntesis, podemos decir que Génesis presenta una narrativa con elementos históricos relatados en maneras culturales de su propio contexto, debiendo la máxima importancia al mensaje teológico sobre Dios y los humanos. Además, la narrativa presenta un lenguaje a veces hiperbólico, a veces ordenado de forma simétrica y otros elementos estilísticos y estéticos. De este modo el texto bíblico puede resaltar su mensaje y darle su importancia debida.

5

Creación y destrucción en el Antiguo Testamento

Aunque pase por el valle de sombra de muerte, no temeré mal alguno, porque tú estás conmigo; tu vara y tu cayado me infunden aliento (Sal 23:4)

La Biblia está llena de descripciones de la creación, de destrucciones de la creación y de nuevas creaciones. Sin embargo, en muy pocas discusiones actuales sobre la creación, se escucha a otros textos bíblicos más allá de Génesis 1-3. Esto tiene varias razones, siendo unas de ellas el poco conocimiento sobre otros textos y la gran influencia de interpretaciones de científicos, normalmente no licenciados en estudios bíblicos. La intención de este capítulo es apelar por un mejor conocimiento de textos bíblicos obviados en esta discusión. A continuación, analizaremos algunos de estos textos sobre la creación, destrucción y nueva creación, para ver qué ayuda nos pueden brindar estas partes de la Biblia sobre nuestra discusión acerca la creación en Génesis.

GÉNESIS 6-9

El primer texto que encontramos en la Biblia sobre una destrucción total y una re-creación es muy conocido. Sin embargo, muchas veces no es tomado en serio por lo que nos trata de decir sobre la creación y la destrucción de la tierra. Génesis 6-9 relata el diluvio y escuchamos a Dios hablar sobre su plan de destrucción. Lo hace al inicio y al final y utiliza palabras muy similares en las dos ocasiones:

> *Entonces Dios dijo a Noé: he decidido poner fin a toda carne, porque la tierra está llena de violencia por causa de ellos; y he aquí, **voy a destruirlos juntamente con la tierra** (Gn 6:13, LBLA)*

Luego, después del diluvio, Dios vuelve a decir:

*Yo establezco mi pacto con vosotros, y nunca más volverá a ser exterminada toda carne por las aguas del diluvio, **ni habrá más diluvio para destruir la tierra** (Gn 9:11, LBLA)*

Claramente podemos notar como el plan destructor no contendía solamente contra humanos, sino también contra la tierra (*aretz*). No debemos olvidar que nuestro concepto de globo terráqueo no existía en la mente de los autores y lectores antiguos. Por lo tanto, no se refiere a la destrucción del planeta en sí, sino más bien del hábitat creado para los habitantes. Dios nos explica que para él este diluvio fue literalmente una destrucción de la tierra, aunque sabemos que el planeta no explotó ni dejó de existir. Pero el hábitat fue destruido. Esta observación es significativa para nuestra búsqueda de qué habrá entendido la persona responsable por el libro de Génesis. Menos que en un planeta, habrá pensado en el colapso del espacio que Dios había brindado para la vida humana.

Además de la destrucción de la tierra, el relato de Génesis transmite un claro simbolismo de una nueva creación. Al salir Noé del arca, "miró, y he aquí que la faz de la tierra estaba seca" (Gn 8:13). Un buen lector de la Biblia recordará cómo Dios había llamado lo aparecido al limitar las aguas: "y llamó Dios a lo seco Tierra" (Gn 1:10). Por otra parte, se mencionan de nuevo a todos los habitantes de este hábitat: "Todos los *animales*, y todo *reptil* y toda *ave*, todo lo que se mueve sobre la tierra *según sus especies*" (Gn 8:19). Los humanos completan esta lista y a todos los nombrados Dios encomienda de vuelta que "fructifiquen y multiplíquense" (Gn 8:17, ver Gn 1:22 y 28). Luego, como una bendición final, Dios vuelve a asegurar las estaciones (Gn 8:22) para que pueda volver el ciclo normal de la vida que Dios había instaurado con las lumbreras, al decir que "sirvan de señales para las estaciones, para días y años" (Gn 1:14).

Las conclusiones pueden ser diferentes: algunos dirán que no es la misma creación como desde el inicio, mientras que otros dirán pues que sí. Si es la misma creación que se mantuvo o si es una nueva, ya dependerá de una presuposición nuestra de que si Génesis 1 se refiere o no a una creación *ex nihilo*; es decir de la nada (acerca del *ex nihilo*, ver pág. 57).[1] En otras palabras, si para nuestra mente Gn 1

---

1. Concuerdo con Walton en que Génesis no trata de asegurar una creación ex nihilo, sino más bien una creación de funcionalidades, en *Mundo Perdido de Génesis*, 38. Por otro

presenta ciencia moderna, pensaremos que Dios no ha vuelto a crear el planeta. Pero si esto no estuvo en Gn 1, entonces pareciera ser que Dios vuelve a hacer lo que realizó al inicio. Independientemente a esta pregunta, el libro de Génesis claramente utiliza las mismas descripciones de la primera también para la nueva creación. Esto es porque las funciones de los habitantes fueron restablecidas y todo ha vuelto al orden de Dios.

LOS SALMOS

Los hermosos Salmos en la Biblia han inspirado y guiado a la iglesia por milenios. Marvin E. Tate dice acerca de ellos lo siguiente: "Todos los que leemos y estudiamos los salmos estamos en deuda con una larga, larga lista de eruditos, cuyo trabajo es nuestra herencia".[2] No es fácil entender qué quisieron decir estas canciones con su vasta imaginería y su poesía. Sin embargo, varios de los salmos hablan de lo que Dios ha creado y cómo lo ha hecho. El mejor ejemplo es el salmo 104, que a lo largo de sus 35 versículos habla del viento y espíritu de Dios, de los cielos, la tierra, aguas, animales, aves, peces, plantas, humanos, lumbreras e incluso de los monstruos marinos. El salmo termina con una hermosa alabanza a Dios por su grandeza y su gloria que ha quedado presentada mediante esta hermosa creación. Por otro lado, también tenemos salmos que hablan de una posible destrucción de lo creado. A continuación, analizaremos tres salmos que retratan la existencia del cielo y tierra totalmente dependiente de Dios.

1. Salmo 18 en paralelo con 2 Samuel 22

El primer salmo en consideración es un salmo atribuido a David que aparece también de manera casi idéntica en 2 Samuel 22. El salmo nos explica que se refiere al contexto histórico de David siendo salvado "de la mano de todos sus enemigos y de la mano de Saúl" (Sal 18:1). Pues ya nos preguntamos: ¿qué tiene que ver esto con la creación? Lo que conecta al salmo con la creación son los muchos elementos que ya hemos reconocidos en los capítulos anteriores. El

---

lado, aunque Carballosa admite que el verbo *bará* no define una creación de la nada, él concluye que el mensaje teológico de Génesis contiene esta idea, en *Génesis*, 25–26, 624.

2. Peter C. Craigie y Marvin E. Tate, *Psalms 1-50*, 2ª ed., WBC (Nashville, TN, EE.UU.: Thomas Nelson, 2004), 13.

salmista explica su situación inicial como estar rodeado por "ligaduras de muerte" que las explica como "torrentes de perversidad" (Sal 18:4). El salmista nos habla en imágenes, y estas imágenes se basan en algo que compartía el salmista con su contexto sociocultural. El primer elemento llamativo es que las ligaduras de muerte las conecta con el agua de los torrentes.[3] ¿De qué aguas está hablando el salmista? Los libros 1-2 Samuel no nos hablan de ninguna gran sequía o gran lluvia que podría ser referenciada aquí. Las imágenes explican la experiencia del salmista, pero lo que nos interesa aquí es lo que está detrás de las imágenes y por qué el salmista utiliza estas imágenes y no otras.

La frase "torrentes de perversidad" literalmente dice en el hebreo "torrentes de Belial" (*wenahaley belial*). Este pasaje presenta a Belial como algo personificado. Además, está en paralelo con las "ligaduras de Muerte (*Mot*)". Interesantemente, *Mot* y *Belial* eran dos fuerzas enemigas del Dios en el mundo que el salmista compartía en su contexto sociocultural. Aunque en varias ocasiones Mot (muerte) y Belial (iniquidad) no son personificadas, aquí sí los encontramos como enemigos que lanzaban todos sus tentáculos para terminar con David, el ungido de Dios. Recordemos que el salmo aparece en 2 Samuel 22, como parte final y conclusión de la fascinante narrativa de 1-2 Samuel. Más tarde, en tiempos después del exilio y en el Nuevo Testamento, Belial aparece siempre como un nombre del máximo enemigo de Dios. En este sentido aparece como el diablo (2Co 6:15) y como la muerte, el último enemigo a vencer (1Co 15:26).[4] A partir de aquí, no es muy difícil ver las conexiones que el Nuevo Testamento hace con Belial y muerte contra el Cristo de Dios, que significa el *ungido*.

El Salmo 18 sigue diciendo que David invocó al Señor y este le escuchó en su templo (18:6). Recordemos que en tiempos de David no fue construido el templo en Jerusalén, razón que nos lleva a concluir que muy probablemente se refiere al templo celestial. Dios responde desde su morada celestial y se manifiesta de una manera que quizá no le reconoceríamos en nuestras iglesias:

---

3. Tremper Longman y Daniel G. Reid, *God Is a Warrior* (Grand Rapids, MI, EE.UU.: Zondervan, 1995), 76.

4. S. David Sperling, "Belial", en *Dictionary of Deities and Demons in the Bible*, ed. Karel Van der Toorn, Bob Becking y Pieter W. Van der Horst, 2ª ed. (Leiden, Países Bajos: Brill, 1999), 169–71.

> La **tierra fue conmovida y tembló**; se **conmovieron los cimientos** de los montes, y se estremecieron, porque se indignó él. *Humo subió de su nariz, y de su boca fuego consumidor; carbones fueron por él encendidos... Envió sus* **saetas**, *y los dispersó; lanzó* **relámpagos**, *y los destruyó. Entonces* **aparecieron los abismos** *de las aguas, y quedaron al* **descubierto los cimientos del mundo**, *a tu reprensión, oh* SEÑOR, **por el soplo (ruaj)** *del aliento de tu nariz* (Sal 18:7-8; 14-15)

Aquí aparece un lenguaje muy similar al que encontramos en Génesis 1. La tierra, los cimientos, los abismos y como olvidarnos del soplo o viento (*ruaj*) de Dios (ver pág. 75). El poeta utiliza colores grises y rojos y elementos fugaces e infaustos para describir la intervención divina. La manifestación de este Dios hace correr no solo a los soldados enemigos, sino que hasta los abismos de las aguas se corren para dejar desnudos los cimientos del mundo. Nuevamente es el viento de Dios quien reprende y limita las fuerzas que pueden amenazar la existencia de los habitantes de la tierra.

Lo que comparte el salmista con su contexto sociocultural, nos aclara la siguiente comparación entre el salmo y unos textos de Ugarit (ahora Siria) muy cercanos a los mismos elementos, pero de la religión cananea: los ciclos de Baal (ver pág. 62).[5]

Salmo 18	Ciclos de Baal
1. El salmista está atrapado en las *ligaduras de la muerte (Mot)* y los *tormentos de Belial (Yam)*, vs.5-6	1. Mot y Yam [*mar en hebr.*], dioses de muerte y caos, ascienden (KTU 2.iii y 5.i).[6]
2. El Señor viene a librarlo en una teofanía caracterizada por tormenta y terremoto: vs.7-15	2. Baal demuestra su carácter como el dios de la tormenta (KTU 4.vii).
3. El Señor reprende mar (Yam) y tierra (inframundo, reino de Mot) y con esto libera a su siervo: vs.16-20	3. Baal vence a Yam y Mot, y así establece el orden (KTU 2.iv y 6.vi).

Tabla 9 – Comparación entre Salmo 18 y Ciclos de Baal

5. La siguiente lista es citada de Craigie y Tate, *Psalms 1-50*, 173.
6. Nick Wyatt traduce en una nota al pie las palabras de Mot: "Mi hambre es el hambre de un monstruo en la profundidad, el deseo de un tiburón en el mar", en *Religious Texts from Ugarit*, 2ª ed., Biblical Seminar 53 (London, Reino Unido: Sheffield Academic, 2002), 116 n.11.

¿Qué nos indica todo esto? ¿Por qué es importante? Lo que se nos indica es que aquí el actuar de Dios en la liberación de su ungido y elegido es experimentado y plasmado en imágenes socioculturales del salmista. Las imágenes corresponden a una lucha de entidades que trascienden nuestro entendimiento materialista. Estas fuerzas también tienen arte y parte en lo que 1-2 Samuel trata de narrar. El auxilio de Dios viene con un poder que supera por lejos a estas fuerzas caóticas y amenazantes. Los conceptos en la Biblia son compartidos con otras culturas de la región y los redactores de la Biblia no tuvieron ningún problema en utilizarlos. El Salmo 18 presenta una clara conexión con Gn 1, ya que este intervenir que parece más un cataclismo, es para el bien de los que están del lado de Dios. La importancia está en que este salmo argumenta a favor de la lectura de Génesis 1 de una manera no científica, sino mucho más con elementos fuera de nuestro mundo materialista.

2. Salmo 29

La palabra diluvio (*mabul*) solamente es utilizada 13 veces en todo el Antiguo Testamento. Todas aparecen en el relato del diluvio (Gn 6-11), excepto una. Esta excepción aparece en el salmo 29. El salmo es un himno que inicia con un mandamiento a alabar al Señor. Luego sigue con una alabanza a la voz del Señor y culmina describiendo al Señor siendo alabado en su templo.[7] Para entender el funcionamiento del salmo es necesario aclarar tres puntos: 1) a quién va dirigido, 2) el poder de la voz de Dios y, 3) la razón de la mención del diluvio.

La indicación de alabar a Dios se presenta así:

> ¡**Hijos de Dios**, aclamad al SEÑOR,
> aclamad su gloria y su poder!
> ¡Aclamad el nombre glorioso del SEÑOR!
> (Sal 29:1-2a, BLP)

De una recordamos la rebeldía de los hijos de Dios, que habíamos encontrado en Gn 6:1-4. El salmo se dirige directamente a estos seres y ordena que deben aclamar al Dios Yahvé. Es curioso que estos dos elementos, los hijos de Dios y el diluvio aparecen juntos en un mismo salmo. Lo que el salmo ordena a estos hijos de Dios es

---

7. Craigie y Tate, *Psalms 1-50*, 243.

justamente lo contrario que había sucedido en Génesis 6. Solo hay dos alternativas: rebelarse o aclamar el nombre de Dios y "postrarse delante de él en su santuario majestuoso" (Sal 29:2b, NVI). Si estos hijos de Dios quieren rendirse, pues esta es la condición.

El Dios guerrero se prepara para encarar en una lucha contra estos seres. El arma más poderosa de Dios es su misma voz. Ante ella salen los truenos, se rompen los cedros, se levanta el fuego, tiembla el desierto y los bosques se quedan avergonzadamente desnudos (vs.3-9). Un detalle, aparte de la conexión entre los hijos de Dios y el diluvio, nos debe llamar la atención: "La voz del Señor domina las aguas… domina las aguas caudalosas" (29:3). Estas aguas ya las habíamos visto refrenadas en la creación de Gn 1, como también en el diluvio en Gn 6-9. Aquí son mencionadas en conjunto con seres celestiales que al parecer se rebelan contra el Señor. La palabra del Señor había realizado las obras descritas en Gn 1, y ahora nuevamente domina los poderes amenazantes.

Una vez que la lucha ha sido ganada, y los contrarios habiendo quedado avergonzadamente desnudos y temblando, el salmista sigue entonando la victoria y el dominio de Dios:

> El Señor *se sentó como Rey* cuando el *diluvio*;
> sí, *como Rey se sienta el* Señor *para siempre*.
> El Señor dará *fuerza a su pueblo*;
> el Señor bendecirá a *su pueblo con paz* (Sal 29:10-11, LBLA)

Quizá el diluvio nos parece hoy en día más un problema que una victoria. A veces lo entendemos como un problema moral, que un Dios amoroso destruya tantas personas. Otras veces lo entendemos como un problema más filosófico, que Dios se pueda arrepentir de haber hecho algo. Para la Biblia no es un problema, sino una victoria. Para el salmista el diluvio, la destrucción de toda la tierra, fue un acto de victoria de Dios. En el diluvio, la mayor amenaza contra el humano es la que se da cuando Dios "se sentó como Rey". ¿Cómo puede ser la Biblia tan diferente a nuestro entendimiento? Inclusive la voz del Señor aquí no es ningún susurro de paz, sino que es poderosa y tremenda. La voz del Señor es mucho más poderosa de lo que podemos imaginar.

Lo más resaltante de este salmo es que al conectar los elementos sobrenaturales al diluvio, proclama a Dios como el rey victorioso contra los poderes amenazantes de su pueblo y su paz. Son las mismas amenazas que fueron limitadas en la creación, especialmente las aguas y los monstruos marinos. Si estas acciones destructoras pueden enaltecer a Dios, cuánto más las acciones creadoras o restauradoras. En cierto sentido, nos deja entender que este salmista hubiera entendido la creación en Gn 1 como un relato no científico, sino mucho más como una proclamación de victoria extraordinaria del Dios altísimo y todopoderoso.

3. Salmo 46

El temor a la destrucción de nuestro hábitat de vida ha existido ya hace mucho tiempo. Por lo menos desde el diluvio se puede reconocer este temor en la Biblia. Hoy lo podemos ver desde las tantas teorías en los medios de comunicación, hasta los viajes al planeta Marte o la búsqueda de un planeta similar al nuestro. El salmo 46, que está atribuido a los hijos de Coré, está preparado para el "director de coro". Es decir, que el coro lo cantará a la gente. En el salmo podemos reconocer un temor a la destrucción similar en la gente que lo escuchará. Pero en lugar de unirse en el temor, el salmo desea infundir confianza a sus lectores o a los que escucharán el coro. Leamos la parte más importante a nuestra discusión:

> Por tanto, no temeremos, aunque **la tierra sea removida**,
> y se **traspasen los montes al corazón del mar**;
> aunque bramen y se turben sus aguas,
> y tiemblen los montes a causa de su braveza…
> bramaron las **naciones**, titubearon los **reinos**;
> dio Él su voz, se derritió la tierra
> (Salmo 46:2-3, 6)

El salmista dice que la tierra podría sea removida. Esto es lenguaje de destrucción. Así también expresa el posible hundimiento de los montes o su traspaso al fondo del mar. Más tarde, el salmista habla de que "se derritió la tierra" a la voz del Señor (v.6). Aunque nuestra mente nos pueda llevar a la idea de una explosión de un planeta por un sobrecalentamiento, esto no es lo que el salmo quiere expresar. En primer lugar, la tierra y los montes reaccionan a problemas acuáticos o a la voz de Dios. Lo que sí quiere expresar el salmista es que tierra y mar, montes y naciones están a la merced de Dios.

Además, las amenazas están descritas de manera personificada. El mar (*Yam*) se pone bravo, y tiemblan los montes. No necesariamente se refiere a tsunamis o terremotos.[8] Esto lo vemos cuando el salmista explica que el temblor viene por la braveza del mar. Como ya habíamos visto que el concepto de los montes en el Antiguo Oriente Próximo es entendido como lugares de los dioses (ver pág. 84), podemos entender la personificación de ellos. El salmista entiende la destrucción más como un obrar de las fuerzas caóticas que del Señor, excepto cuando Dios se levanta y hace de las suyas. Sin embargo, es justo en ese momento que la calma vuelve y el orden es restablecido. Pero ¿qué de la tierra que se derrite?

El salmista escribe "dio Él su voz, se derritió la tierra". Lo poderosos de la voz de Dios ya lo hemos visto en el salmo anterior. Si aquí se debe leer el salmo de la manera más literalista (aunque esto significa leerlo a través de nuestros ojos), se debería también leerlo en el pasado, ya que la tierra ya se ha derretido. Sin embargo, esto hace poco sentido, porque no se refiere a un tiempo antiguo de calentamiento global por el impacto de algún cometa. Incluso si permitiésemos esta lectura muy improbable, parece mucho más factible que el salmista fuera un hombre viviendo en su tiempo y su cultura. Esto implica que estaría entendiendo el mundo a través de su propia manera de pensar, una manera que se acerca mucho más a las culturas del Antiguo Oriente Próximo hace más de 2000 años, que a nuestra mente moderna.

La misma pregunta sobre el derretir de la tierra ya se había hecho el teólogo Meir Weiss en el año 1961.[9] Él explica que las partes del salmo solo tienen sentido en el todo. En específico, Weiss explica que el versículo 3, donde aparece la braveza del mar, está en contraste con el versículo 4 que dice: "Hay **un río** cuyas **corrientes** alegran la **ciudad de Dios**, las **moradas santas del Altísimo**" (LBLA). Lo curioso aquí es que vemos como el contraste parece estar entre las fuerzas caóticas del mar y un río que tiene corrientes y alegra la morada de Dios. Las similitudes a nuestro análisis de Génesis 1-2 no son coincidencia. Recordemos que "salía de edén un río" (Gn 2:10) y que el edén era el monte santo de Dios, su morada (ver pág. 84). La

8. Craigie y Tate, *Psalms 1-50*, 344.
9. Meir Weiss, "Wege der neuen Dichtungswissenschaft in ihrer Anwendung auf die Psalmforschung: Methodologische Bemerkungen, dargelegt am Beispiel von Psalm XLVI", *Bib* 42.3 (1961): 285.

misma conexión hizo Weiss en su momento, como también aparentemente el autor de Apocalipsis:

> Y me mostró **un río de agua de vida**, *resplandeciente como cristal,*
> *que* **salía del trono de Dios** *y del Cordero,* **en medio de la calle**
> **de la ciudad** *(Ap 22:1-2a)*

En síntesis, el salmo 46 nos ayuda a entender que las fuerzas caóticas son contrastadas con la vida segura y fértil proveída por Dios. La destrucción de nuevo está ligada a la braveza de las entidades del caos y también al juicio de Dios. Lo significativo a nuestra discusión sobre la creación es que podemos ver que Dios al limitar las fuerzas y dominarlas nos ha dado una vida segura y alegría divina. El salmo concluye, por lo tanto, afianzándonos en medio de nuestro temor: "Estad quietos, y sabed que yo soy Dios; exaltado seré entre las naciones, **exaltado seré en la tierra**" (Sal 46:10).

LOS PROFETAS MAYORES

Aunque quizá algunas veces los libros proféticos parecen un bosque lleno de oráculos fuera de nuestro orden sistemático, no son una jungla salvaje de frases excéntricas. John Oswalt nos aclara el panorama al explicar la composición de estos libros: "no vienen a nosotros como una mezcolanza de ideas, agrupadas al azar. Más bien, están relacionados de tal manera que forman una declaración coherente y convincente".[10] En este sentido el contexto de los oráculos es muy importante para entender los versículos que nos resaltan individualmente. En varios de los oráculos que nos brinda el libro de Isaías, se describe el accionar de Dios en palabras de destrucción total de la tierra. En esta sección analizaremos primero el capítulo 13 y luego el llamado pequeño apocalipsis de Isaías en los capítulos 24-27.

1. Isaías 13

El capítulo 13 del libro de Isaías, es una profecía contra la Babilonia en tiempos del profeta. Lo que aquí nos interesa son sus referencias

---

10. John N. Oswalt, *The Book of Isaiah, Chapters 1–39,* NICOT (Grand Rapids, MI, EE.UU.: Eerdmans, 1986), 298.

a la destrucción mundial. La primera de estas descripciones la encontramos en el versículo 5: "Vienen de una tierra lejana, de los más lejanos horizontes, el Señor y los instrumentos de su indignación, para **destruir toda la tierra**" (Is 13:5). La intención aquí pareciera ser un castigo universal, aunque se refiere específicamente a Babilonia (Is 13:1, 19). Además, el oráculo del Señor sigue diciendo: "He aquí, el día del Señor viene, cruel, con furia y ardiente ira, para **convertir en desolación la tierra** y **exterminar de ella a sus pecadores**" (13:9). El día del Señor, en muchas ocasiones, se refiere a algo futuro lejano, pero también puede referirse a un accionar dramático del Señor en una inmediatez. La desolación de la tierra y el exterminio de los pecadores son parte de este actuar dramático que aquí Dios está prometiendo. Notemos que sigue el lenguaje universal.

Más adelante encontramos las siguientes palabras: "Haré **al mortal más escaso que el oro** puro, y a **la humanidad** más que el oro de Ofir" (13:12). Aquí no es solamente la tierra, ni solo los pecadores; ahora ya es toda la humanidad que quedará exageradamente escasa. Lentamente los diferentes elementos de nuestra existencia están siendo involucrados parte por parte hasta llegar a una descripción más completa. Ya un versículo más tarde leemos: "haré **estremecer los cielos**, y la **tierra será removida** de su lugar" (13:13). Esto no es un cambio de órbita del planeta tierra. ¿Cómo lo sabemos? Pues era un mensaje de Dios a personas en otro continente, hace más de 2700 años, teniendo una cosmología muy diferente (ver pág. 80). Además, las dos palabras que describen el suceder a los cielos y la tierra son palabras que se refieren a temblar o ser sacudidos, como en un terremoto.[11] Para la cosmovisión de la Biblia, nuestra existencia solo es posible mientras que los cielos y la tierra estén firmes. Tampoco se está refiriendo a las placas tectónicas, como un paralelo moderno. La simple razón es que no tendríamos la contraparte de los cielos en términos actuales. ¿Sería la atmósfera los cielos? ¿Cómo se estremecería la atmósfera? Sin embargo, para el mundo bíblico la firmeza de todas estas partes es esenciales para la existencia de la creación de Dios, en especial las dos caras de la moneda del mundo conceptual de la cultura antigua: los cielos y la tierra.

Lo importante aquí es reconocer que la destrucción completa tiene que ver con muchos de los elementos también mencionados en la

---

11. Las palabras son רגז (ragats) y רעש (ra'ash). Schökel, *Diccionario*, 687, 714.

creación de Gn 1. El accionar de Dios, como en Gn 1 tiene incidencia universal, aunque el énfasis no sea materialista. También aquí en Isaías 13, Dios incide en todas las esferas existentes. Estas palabras tienen una tremenda implicancia, sin lugar a duda, pero son más bien un lenguaje de amenaza existencial hacia el receptor del oráculo, es decir, a la gente que recibió el anuncio del profeta Isaías. A pesar de que nos pareciera describir un planeta explotando o saliendo de su órbita, leemos unos versículos más tarde a lo que realmente se refiere: "He aquí, incitaré contra ellos a *los medos*" (13:17). La amenaza existencial es el obrar de Dios, pero el instrumento en este caso es el ejército de los medos que más tarde se juntaron con los persas, conjunto que se conoce más como los medo-persas que dieron fin al imperio babilonio. De esto habló Dios aquí en Is 13 al hablar de destruir toda la tierra, removerla, aniquilar los pecadores, dejando escasa la humanidad y estremecer los cielos.

Un importante detalle más es el esperado cumplimiento de Is 13:20 donde Dios proclama que *"nunca más será poblada* ni habitada de generación en generación; no pondrá tienda allí el árabe". Quizá esto se refiere a algo más allá de lo puramente literal. En el 2014, el Banco Mundial ha realizado un estudio de pobreza en Iraq, el lugar de la antigua Babilonia, bajo el mando de Tara Vishwanath. El distrito llamado Babilonia está en la gobernación llamada Al-Hilla. La población de esta gobernación curiosamente fue medida aproximadamente en 540 000 personas y cuenta con los porcentajes más bajos de pobreza en todo Iraq.[12] Esto no es desmentir la palabra de Dios, de ninguna manera. Pero sí deberíamos volvernos a preguntar si hemos entendido bien lo que las Escrituras tratan de comunicar.

2. Isaías 24-27

El a veces llamado *pequeño apocalipsis de Isaías*, los capítulos 24-27 de Isaías, contiene una introducción amenazante que dice "el Señor *arrasa la tierra, la devasta*" (Is 24:1a).[13] Realmente es un tono calamitoso y este es acentuado aún: "La tierra será *totalmente arrasada* y

---

12. Tara Vishwanath et al., *Where Are Iraq's Poor: Mapping Poverty in Iraq*, Hoja de debate (Iraq: Banco Mundial, Junio 2015), 39, http://documents.worldbank.org/curated/en/ 889801468189231974/pdf/97644-WP-P148989-Box391477B-PUBLIC-Iraq-Poverty-Map-6-23-15-web.pdf.

13. Ulrich Berges y Willem A. M. Beuken, *Das Buch Jesaja: Eine Einführung* (Göttingen, Alemania: Vandenhoeck & Ruprecht, 2016), 81–82.

completamente saqueada" (Is 24:3). Pero aquí el problema no es la tierra, sino los habitantes. Podemos notar que nuevamente habitantes y hábitat están siendo pintados como interactuando a favor o en contra el uno del otro. El arrasar y saquear la tierra, va en contra de los habitantes, como explica la segunda parte del versículo: "[Dios] *dispersa sus habitantes"* (Is 24:1b). Aquí el profeta explica que "la tierra es profanada por sus *habitantes*" y que "son tenidos por culpables *los que habitan* en ella. Por eso, son consumidos los *habitantes* de la tierra" (24:5-6). Esta descripción es muy similar a la del diluvio, donde el hábitat tierra fue destruido para limpiar lo profano de entre los habitantes.

¿Por qué es importante en esto? Pues, aquí sale muy bien a la luz Sacar negrita y cursiva los habitantes y el hábitat son relacionados muy de cerca y que el lenguaje universal utilizado no se refiere directamente al globo terráqueo. La Biblia parece referirse con estas descripciones a los que habitan en los espacios creados por Dios. Este actuar destructivo de Dios ha sido pintado como una destrucción material en mucha literatura, como si fuese el culpable el hábitat o nuestro planeta. Pero el profeta aclara que tiene que ver con lo que está *sobre* la tierra. Los pocos salvados serán los del pueblo de Dios y serán llevados de vuelta a su presencia.

Fijémonos en un detalle más que delata algo de la cosmología del profeta: "el Señor trillará desde la *corriente del Éufrates* hasta el *torrente de Egipto*" (Is 27:12). Estas dos corrientes mundiales son similares al edén de donde salían los cuatro torrentes mundiales. Una vez que el pueblo haya sido llevado por estos torrentes malignos, el Señor mismo los traerá de vuelta y serán "recogidos uno a uno, oh hijos de Israel", para que finalmente "vendrán y adorarán al Señor *en el monte santo en Jerusalén*" (27:12-13) justo adonde habíamos localizado al edén como el santuario de Dios (ver pág. 86).[14] El mismo profeta Isaías parece identificar este santuario. No es por nada que la visión inicial del profeta, Is 6, explica la otra cara de la

---

14. La conexión entre la ciudad regional Jerusalén, ya sea la capital del reino de David o el lugar donde estuvieron construidos los templos judíos, y la morada de Dios debe analizarse en otra ocasión. Como habíamos visto en Ez 28, el edén es comparado con el monte santo de Dios, como también lo es Sión. No estoy argumentando en favor de considerar la región del estado israelí actual como región más santa que otras regiones. Si ha sido entendido así en tiempos bíblicos, debe enfatizarse que Jesús ha situado la morada de Dios en medio de su iglesia (ver por ej. Mt 18:20; Jn 4:20-26; 1Pe 2:5). Un buen estudio ofrece Nicholas Perrin, *Jesus the Temple* (London, Reino Unido: SPCK, 2011).

moneda. El profeta Isaías se encuentra con el "Señor sentado sobre un *trono alto y sublime"*, mientras que "la orla de su manto llenaba *el templo"* (Is 6:1). El monte santo, el trono alto y el templo son conceptos que hablan de lo mismo, la morada de Dios, en contraste con lo mal habitado que ha quedado nuestro hábitat. Es justamente de lo que Gn 2-3 había hablado, la separación de la presencia de Dios en medio de nuestro hábitat.

Este pequeño apocalipsis también describe el accionar de Dios en un lenguaje universal. Pero con ello lo conecta a las dos ideas centrales de Gn 1-3. Primero, la creación universal de cielo y tierra, sobre la que Dios descansa una vez establecido su orden. En segundo lugar, la separación de la presencia de Dios por la desobediencia en el edén.

La conexión queda incluso más firme cuando encontramos en el mismo capítulo los personajes ya tratados en los capítulos sobre Gn 1-2. En particular, se trata de un personaje recurrente en la Biblia y en las demás culturas del AOP, el dragón o monstruo marino, el *tanin* (ver pág. 63), un enemigo cósmico de Dios.[15] Citaré de nuevo al texto para que quede más en evidencia las conexiones entre Gn 1-2 e Is 24-27:

> *En aquel día el Señor castigará*
> *a Leviatán, la serpiente huidiza,*
> *a Leviatán, la serpiente tortuosa.*
> *Con su espada violenta, grande y poderosa,*
> *matará al Dragón que está en el mar*
> *(Is 27:1)*

Sí, Dios está hablando en contra de las enemistades mucho más poderosas que nuestras bombas nucleares. En este pasaje, el profeta utiliza un lenguaje que dirige el accionar de Dios como ha sido dirigida en la misma creación. Por la culpa de los humanos, fuerzas enemigas han sido liberadas y son a estas que los profetas y el pueblo de Dios están sintiendo, pero ahora Dios las retendrá. Como en Génesis, así también en Isaías, el dominio cósmico pertenece a Dios el Señor y Él es el único que puede contra toda amenaza de nuestra existencia.

---

15. Oswalt, *Isaiah 1–39*, 490.

3. Jeremías 4

En el capítulo 4 del libro de Jeremías encontramos que Dios dirige un mensaje a su pueblo, cuando este se encontraba en una situación de gran pecado. A pesar de ello, parecía no molestarle al pueblo. Ante esta escena, Dios se pone furioso, tanto que podríamos decir que solo Noé sabía hasta dónde podía llegar Dios con su enfado. La furia de Dios en tal exasperación es escasa a lo largo de la Biblia, pero cuando aparece está bien presente. Aquí el profeta Jeremías recibe una visión que rotundamente se refiere al texto de Génesis 1, pero de manera completamente inversa:

> *Miré a la **tierra**, y he aquí que estaba **asolada y vacía** (toju vaboju); y a los **cielos**, y no había en ellos **luz**. Miré a los montes, y he aquí que temblaban, y todos los collados fueron destruidos. Miré, y no había **hombre**, y todas las **aves** del cielo se habían ido. Miré, y he aquí el **campo fértil era un desierto**, y todas sus ciudades eran asoladas delante de Jehová, delante del ardor de su ira (Jer 4:23-26)*

Todo lo que Dios había preparado en Génesis 1 y dado su visto bueno, el profeta Jeremías lo ve destruido. Notemos la desaparición de todos los elementos creados por Dios para la existencia de los seres vivientes. En primer lugar, el profeta percibe un estado primordial de la tierra: "asolada y vacía (*toju vaboju*)". Esta descripción es la misma que encontramos en Gn 1:2, el estado caótico al cual Dios ordena en hábitats y los hace plenamente funcional (ver pág. 60). Luego, Dios había creado la luz, pero esta desaparece. La visión de Jeremías presenta los dos mundos en juego: los cielos y la tierra; en los cielos no hay luz y en la tierra reina el caos. Además, Jeremías repite cuatro veces que *miró*. Pero ahora cada vez que mira, algo está destruido. Estas repeticiones del profeta intentan llevarnos de vuelta a las siete repeticiones de lo que Dios vio bueno en Génesis 1 (vs. 4, 10, 12, 18, 21, 25).[16]

Las plantas habían desaparecido, y el campo que daba la fertilidad a la vegetación también había desvanecido. Aquí no hay ninguna fuente de agua que brinda vida. Las aves de los cielos ya no

---

16. Jack R. Lundbom, *Jeremiah 1-20*, AB (New York, NY, EE.UU.: Doubleday, 1999), 385; Michael Fishbane, "Jeremiah IV 23-26 and Job III 3-13: A Recovered Use of the Creation Pattern", *VT* 21.2 (1971): 151–53.

están, dejando también este hábitat sin habitantes. De la misma manera los humanos que fueron el clímax de la creación, ahora ya no hay ni uno. Ni los montes y los collados se mantienen firmes. Esta es una imagen que se relaciona con los pilares del mundo, y estos están temblando y en cualquier momento se vienen abajo. Esto es un colapso total.

La visión del profeta es terrorífica. Es horrible lo que se presenta al profeta, y no es simplemente una imagen de *National Geographic* de un planeta en estado de formación. Nuestros conceptos y los de la Biblia son muy diferentes. Abraham Heschel lo describe de una manera muy acertada: "No tenemos lenguaje en común con el profeta... El profeta... emplea notas una octava demasiado alta para nuestros oídos".[17] Aunque Heschel lo aplica a la moralidad esperada por el profeta, aquí es pertinente que probablemente ningún lector de este libro haya tenido la experiencia como el pueblo de Dios en aquel juicio divino. Para el profeta esto es más terrible que los tsunamis, huracanes o pandemias que azotan a la humanidad hasta hoy en día. La imagen es una de las más aterradoras de toda la Biblia: "Ningún otro profeta contemporáneo [a Jeremías] habló de una destrucción venidera en tan poderosos términos".[18]

En contraste con el diluvio de Gn 6-9, aquí no aparece en ningún momento la palabra agua, mar o profundidades. Aunque el motivo del juicio es similar en las dos ocasiones, es decir la inmoralidad humana, en tiempos de Jeremías la amenaza no eran las aguas, sino los ejércitos enemigos. En especial, el ejército babilónico. Sin embargo, en ambos juicios, las fuerzas caóticas son liberadas de sus limitaciones y la protección divina desaparece. El juicio en tiempos de Jeremía lo llevan a cabo Dios y el ejército babilónico en conjunto (Jer 4:4; 20:4), como también lo habían hecho en equipo las aguas y Dios en el diluvio.

Quizá nos parezca algo exagerado el lenguaje de la destrucción completa de la tierra, si solo se refiere a una región muy específica, Judea. La pregunta obvia es si es una hipérbole, o sea una exageración de la acción misma, pero justamente en lo percibido desde el redactor. Este texto nos explica que se utiliza un lenguaje para explicar

---

17. Abraham J. Heschel, *The Prophets*, edición Perennial Classic, publicado originalmente en 1962. (New York, NY, EE.UU.: HarperCollins, 2001), 10–12.

18. J. A. Thompson, *A Book of Jeremiah*, NICOT (Grand Rapids, MI, EE.UU.: Eerdmans, 1980), 230.

algo que quizá es percibido de una manera que no necesariamente ha de tener los mismos efectos universales. No se debe olvidar que los profetas utilizaron muchos elementos retóricos para persuadir a su gente. Esta visión descoloca al profeta al impartirle este efecto de shock. Veamos cómo se había quedado el profeta después de esta y unas cuantas visiones más. En Jer 20:18, Jeremías pregunta: "¿Por qué salí del vientre para ver pena y aflicción, y que acaben en vergüenza mis días?".[19]

Por otro lado, la región destruida no necesariamente representa solamente el territorio, sino a personas dentro de este. La visión del profeta explica que las ciudades estarán *vacías* (4:29) y el capítulo termina con una escena como de película, pero más triste y dramática: "Oí un grito … era el grito de la hija de Sión que se ahogaba, y extendía sus manos, diciendo: ¡Ay ahora de mí, porque desfallezco ante los asesinos!" (Jer 4:31). Lo que aquí es atacado y finiquitado es gente, es el pueblo de Dios. No se trata del territorio destruido, sino de la gente que es asesinada y llevada.

Pero ¿por qué se conecta la destrucción de Sión o Jerusalén con la destrucción de la creación? Dos elementos unen a Jerusalén y el pueblo de Dios a lo que ya habíamos encontrado en Génesis. Por un lado, Jerusalén es considerado el monte santo, que se conectaba con la idea del santuario de Dios y el edén. Además, el pueblo Israel debía cumplir la misma función sacerdotal que habíamos encontrado con Adán en el paraíso (ver pág. 92). Estos dos puntos de contacto son la razón por la que el profeta describe esta destrucción como si el mundo dejara de existir y fuera lo contrario de ser creado.

En síntesis, Jeremías 4 nos ofrece una ventana al mundo de la Biblia, donde se habla con exageración y significados añadidos a conceptos mencionados. El ejemplo aquí es la destrucción de toda la tierra, significando el mismo caos que la destrucción del pueblo de Dios. Para Jeremías había ocurrido un reinicio. Además, estas descripciones nos ayudan a comprender las conexiones que el profeta entendía entre el santuario y Jerusalén y entre Adán con su encargo sacerdotal como también Israel debía hacerlo (Éx 19:6).

---

19. Jack R. Lundbom, *Jeremiah: A Study in Ancient Hebrew Rhetoric*, 2ª ed. (Winona Lake, IN, EE.UU.: Eisenbrauns, 1997), 73, 147–54.

LOS PROFETAS MENORES

Como si todo esto fuera poco, los profetas menores no se quedan atrás con los oráculos de destrucción. Dos ejemplos bastarán para ayudarnos en esta discusión de creación y destrucción. El primero es del libro de Amós y el segundo de Joel.

1. Amós 9

El libro del profeta Amós nos presenta una serie de oráculos contra diferentes naciones y reinos. Se trata de lugares que giran alrededor de Canaán, la tierra que el pueblo de Dios habitaba en aquel entonces. Después de haberse referido contra varios pueblos, los últimos 2 capítulos del libro de Amós se concentran en contra de Israel. Lo que nos interesa en específico es un himno de dos versículos en el capítulo 9. El libro de Amós contiene tres himnos doxológicos, es decir que alaban la grandeza de Dios (Amós 4:13; 5:8-9; 9:5-6). Estos son los así llamados "himnos de Amós".[20] Los tres himnos proclaman a Dios con su nombre Yahvé, como Dios de los ejércitos y mencionan las cosas que son formadas por él: los montes, el viento (4:13), las Pléyades y el Orión (5:8), así también su palacio en el cielo y su bóveda sobre la tierra (9:6). Adentrémonos entonces al himno del capítulo 9:

> El Señor, DIOS [YAHVÉ] de los *ejércitos:*
> *el que* **toca la tierra, y esta se derrite,**
> *y se lamentan todos* **los que en ella habitan,**
> **sube** *toda ella como el Nilo*
> *y* **mengua** *como el Nilo de Egipto;*
> *el que* **edifica en los cielos sus altos aposentos,**
> *y* **sobre la tierra ha establecido su bóveda;**
> *el que* **llama a las aguas del mar**
> *y las derrama sobre la faz de la tierra:*
> *el* SEÑOR *[YAHVÉ]* **es su nombre** *(Amós 9:5-6, LBLA)*

Este himno, como también los otros dos, nos ofrece una descripción de la creación como también las amenazas contra los que habitan en

20. Stefan Paas, *Creation and Judgement: Creation Texts in Some Eighth Century Prophets*, OTS (Leiden, Países Bajos: Brill, 2003), 185; Göran Eidevall, *Amos: A New Translation with Introduction and Commentary* (New Haven, CT, EE.UU.: Yale University Press, 2017), 8.

la tierra. Los habitantes de la tierra, dependen del contacto divino, un roce que puede derretir, desmoronar (NVI) o estremecer (BLP) la tierra. El contacto divino aquí puede salir como bendición o maldición. Nadie está seguro ante su actuar. Que la tierra sea fructífera o que pueda ser habitable depende totalmente de Dios. Egipto por su lado depende de la crecida o el menguar del Nilo. Pero la segunda parte de este himno nos aclara que es Dios el que llama a las aguas. No son solo las aguas del Nilo, sino también las del mar. Que Dios llame a las aguas funciona de la misma manera como su accionar con la tierra: pueden ser para fructificar el hábitat de los humanos, o también para derramarlas sobre la faz de la tierra.[21] Por un lado las aguas derramadas sobre la faz de la tierra nos recuerda como Dios abrió y cerró "las compuertas del cielo" en Gn 7:11 y 8:2. Por el otro, la fertilidad que ocasionaba el Nilo en Egipto nos lleva a reconsiderar el alimento que José pudo administrar en Egipto cuando "de toda la tierra venían a Egipto para comprar de José, porque *por toda la tierra* había crecido el hambre" (Gn 41:57).

Los tres himnos de Amós presentan a Dios como el arquitecto del cosmos, muy similar a la idea de Génesis. El que construye, forma y establece, es Dios. Sin embargo, es justamente el mismo Dios quien tiene el poder de destruir lo construido. Lo curioso aquí es que las imágenes acuáticas, las aguas inferiores y las superiores, como en la separación de las aguas en la creación, también nos explican otra imagen ya conocida: "aunque se oculten de mis ojos en el *fondo del mar*, allí ordenaré a *la serpiente* que los muerda" (Amós 9:3). Algunos no ven nada más que animales acuáticos peligrosos debajo de los océanos.[22] Sin embargo, ya en Amós 9:2 encontramos lugares y entes que no son del todo terrenales: "aunque caven hasta el Seol, de allí los tomará mi mano; y aunque suban al cielo, de allí los haré bajar". La suma de todos estos elementos como el Seol, el cielo, la serpiente en las profundidades, junto con el toque amenazante de Dios que puede derretir la tierra, y las aguas que están al llamado

---

21. Eidevall, *Amos*, 231–32.

22. Eidevall, *Amos*, 230. Eidevall se basa en que la serpiente aquí le obedece a Dios y no es considerado un enemigo. Pero de la misma manera se podría argumentar que Dios utiliza la muerte como castigo. En esto la muerte le obedece a Dios, pero más tarde la muerte se vuelve el último enemigo a vencer. Por otra parte, James R. Linville arguye que en Amós 9, esferas celestiales y terrenales se mezclan y hasta lo más "terrenal", el monte Carmel, aquí representa un monte de conexión entre las dos esferas, cielo y tierra; en *Amos and the Cosmic Imagination*, 2ª ed. (New York, NY, EE.UU.: Routledge, 2018), 163–64.

de Dios, nos deja pensar de una manera diferente.[23] Muy probablemente, Amós tuvo otras entidades en mente que unos súper buzos o excavadores. Realmente cabe preguntarse, ¿quién se ocultaría en el fondo del mar, en el Seol o subiría al cielo?

Para Amós, Dios está en control de todo. No hay lugar de protección en el momento de que se decida correr de él o incluso volverse su enemigo. Ni otras fuerzas a las que podríamos aliarnos nos podrán ayudar. Como en el diluvio, así las fuerzas caóticas están a disposición de Dios a favor o en contra nuestro. Amós aclara al pueblo de Israel que Dios sigue siendo el mismo arquitecto que ha vencido y ordenado las fuerzas caóticas que pueden amenazar la existencia humana. De esta manera debemos entender también el temor de Dios. Más vale temerle al quien tiene todo bajo su poder, que a los que se presentan como poderosos. Esta es la aplicación de Jesús también cuando nos indica que "no temáis a los que matan el cuerpo, mas el alma no pueden matar; temed más bien a aquel que puede destruir el alma y el cuerpo en el infierno" (Mt 10:28).

El libro de Amós nos ayuda a entender que Dios como arquitecto de todo hábitat ya sea para cuerpos celestes, peces o humanos, él tiene todo poder para deshacer estos hábitats si se lo propone. Es importante que notemos que no se trata de un mensaje directo a nuestro mundo moderno. El derretir de la tierra aquí no contiene la idea de la explosión de un planeta. Seguramente ni nos hubieran ocurrido los escondites propuestos aquí por el profeta. Además, podemos notar un detalle muy curioso, cuando el hipotético caso llegue a suceder, para el profeta se quedan habitantes lamentando la destrucción (Amós 9:5). Si fuese algo como el acercamiento del globo terráqueo al sol, seguro que no quedaría nadie para lamentarse. Por supuesto, excepto si lleguemos a colonizar el planeta Marte antes de esta situación. Pero nos puede quedar claro que esta opción no está en la mente del profeta ni de los israelitas que recibieron este mensaje para que se arrepienten y sigan confiando en Dios.

Como último punto, el profeta Amós nos habla de unos *altos aposentos* de Dios en el cielo y de su *bóveda* en la tierra. Estas dos palabras son de difícil traducción. Pero lo que parece estar claro es que esto tiene que ver con partes de un templo, sean sus aposentos

---

23. Compare John H. Walton, ed., *The Minor Prophets, Job, Psalms, Proverbs, Ecclesiastes, Song of Songs*, vol. 5 de ZIBBC (Grand Rapids, MI, EE.UU.: Zondervan, 2009), 83.

(LBLA), sus cámaras (RV60), su trono (BLP) o su excelso palacio (NVI), todos apuntan a lo que el templo terrenal representaba: una casa para Dios.[24] A lo largo de todo el libro de Amós, más de diez casas diferentes serán destruidas (ej.: Amós 1:4; 3:15; 6:1; 7:9; 9:9). Además, siete veces se menciona a *Betel* (casa de Dios) y unas tres veces a *Gilgal*, ambos son lugares donde se ofrecían sacrificios de manera no deseada por Dios (Amós 4:4). Lo que nos dice todo esto es que el libro de Amós presenta una lucha de poder de casas y palacios. Como en el jardín del edén, santuario y morada de Dios (ver pág. 91), aquí nuevamente el lugar sagrado no fue honrado y los israelitas tuvieron que ir al cautiverio. Así ya lo había alertado el profeta Amós: "ciertamente Israel saldrá en cautiverio de su tierra" (Amós 7:11, 17).

El lenguaje de destrucción es la amenaza a los habitantes de estas esferas, ya sean terrestres o celestiales. Amós nos confirma que la Biblia entiende la creación y su destrucción mucho más de un ordenar y gobernar que desde un punto de vista filosófico de la inexistencia de la materia a una existencia de ella. El lenguaje de que personas que vivían en la presencia del Señor fueron expulsados de un lugar sagrado nos ayuda a conectar lo que el profeta Amós haya entendido por Dios y su creación. La obediencia o la lealtad a otros dioses es temerlos más a ellos que al Dios Yahvé. Y es justamente el mismo paradigma que ya habíamos visto en el edén donde la falta de lealtad ha llevado a los humanos a perder la presencia de Dios.

Tan seguro y confiado pudo estar el profeta por la simple razón que su Dios es el *Dios de los ejércitos*. Es decir, el Dios de Amós es Dios de los ejércitos celestiales (comp. 1 Re 22:19; Is 24:21). Así también lo concluye Alonso Ropero:

Probablemente, este nombre [Dios de los ejércitos] le indicaría a un judío que Dios era un ser que tenía a sus órdenes muchas agencias espirituales y materiales, y que el universo visible y el mundo de

---

24. Stefan Paas agrega un interesante detalle a la discusión: la conexión del Nilo (9:6) y las dos palabras de difícil traducción (aposentos/bóveda) nos ayudan a entenderlo desde un festival egipcio: el festival de Sed que celebraba el gobierno continuo del faraón por más de 30 años. Aquí la palabra para "bóveda" es "columna" y el "aposento" es una plataforma sobre la que está el trono de Dios. En este sentido, el texto simbolizaría a "Yahvé entronado entre el cielo y la tierra, una unidad que Él construyó y mantiene". En otras palabras, el gobierno que sigue y debe ser celebrado es de Dios y no de ningún otro. *Creation and Judgement*, 294–95.

la mente fueron no solamente creados, sino también organizados y estructurados [por Él].[25]

2. Joel

El libro del profeta de Joel presenta los elementos destructivos de una manera diferente. Es esta situación el cataclismo viene por la sequía, la oscuridad y el fuego consumidor. El profeta se dirige a "todos los moradores de la tierra" (Joel 1:2), pero se refiere a los habitantes de la tierra israelita. Le avisa a su audiencia de una destrucción masiva, en términos bastante universales. Con todo esto, el profeta llama al pueblo a arrepentirse antes de que Dios los juzgue. Este juicio está descrito en maneras muy trágicas con lo pintoresco que es el libro del profeta Joel. Contiene colores muy vívidos, pero a la vez muy crueles. Sin embargo, ante todo lo desastroso que sea este juicio, el profeta nos clarifica que "vendrá como destrucción del Todopoderoso". Esto implica claramente que Dios está detrás de estos eventos.

A parte de las langostas que llenan la tierra como una plaga, podríamos resumir el juicio con tres elementos: sequía, fuego y oscuridad. La sequía lleva a la escasez de alimento y agua que son necesarios para la vida.[26] En esta circunstancia "todos los árboles del campo se secan" y con ello también se seca la alegría humana (Joel 1:12). La sequía es profunda y aguantadora. Toda idea positiva se seca junto a las plantaciones. El juicio tiene la tierra por delante "como el huerto del *edén*", pero lo que deja es "un *desierto* desolado" (Joel 2:3). Esta transformación es una imagen que un agricultor o campesino conoce solamente de las más temerosas pesadillas. Pareciera ser que Dios le habló al profeta en una de estas pesadillas. A pesar de lo desastroso que se pinta, el libro de Joel no echa a perder la hermosura de la poesía hebrea para afirmar la visión asolada. El versículo en Joel 1:10 contiene un hermoso par de aliteraciones, donde el sonido de las palabras se repite a fin de expresar la certeza del hecho, y podría sonar en español como: "Pastizales pisados, terrenos desterrados" o "campos capitulados, fincas finiquitadas".[27]

25. Alfonso Ropero, "Jehová de los ejércitos", en *Gran Diccionario enciclopédico de la Biblia*, ed. Alfonso Ropero (Barcelona, España: Clie, 2017), 1306–7.

26. Flavio Florentín, *El mensaje de los Profetas Menores para este tiempo* (Asunción, Paraguay: Instituto Bíblico Asunción, 2018), 48.

27. Traducción del autor. El hebreo de Joel 1:10 es: *"shuddad sade 'abelah 'adama".*

Como todo trabajador de campo conoce y teme la sequía, también sabe a qué suele llevar tal situación: al fuego. Este es el segundo elemento que encontramos en el juicio de Dios a su pueblo. Pero este fuego no ocurre por la desatención de alguien que ocasiona una chispa en un campo seco. El fuego es del *ejército de Dios*. Este ejército es como nunca se ha visto uno. Es un ejército imbatible, parecen mejor entrenados que un equipo del SWAT, como lo tienen las películas. Hasta le podrían hacer frente al flexible esquivador de balas de la película *Matrix*, o al ejército de 300 soldados de Sparta:

> *Como valientes corren, como soldados escalan la muralla;*
> *cada uno marcha por su camino, y no se desvían de sus sendas.*
> *No se aprietan uno contra otro, cada cual marcha por su calzada;*
> *y cuando irrumpen por las defensas, no rompen las filas.*
> *Se lanzan sobre la ciudad, corren por la muralla,*
> *suben a las casas, entran por las ventanas como ladrones (Joel 2:7-9)*

Estos no son personas normales. Ni son un ejército histórico o terrenal lo que debemos entender aquí. Como también nos había sugerido Amós, el profeta Joel nos hace entender que este ejército no se compone por humanos:

> *Ante ellos tiembla la tierra, se estremecen los cielos,*
> *el sol y la luna se oscurecen, y las estrellas pierden su resplandor.*
> *El Señor da su voz delante de su ejército, porque es inmenso su campamento*
> *(Joel 2:10-11)*

Si leemos este versículo de manera puramente científica, llegaríamos a la conclusión que la energía de las estrellas se terminará, con ellas el sol que según nuestra comprensión es otra estrella. La luz reflejada del sol por la luna obviamente desaparecería también. No parece haber existido un ejército humano que pudo o podrá asustar los cielos. ¿Cómo se podría logar algo así? Científicamente sabemos que cada estrella tiene una cantidad limitada de lo que podríamos llamar combustible. La vida del sol podría llegar a unos 10 mil millones de años. Sin embargo, el problema no es encontrar un equivalente natural de todas estas descripciones del profeta Joel. Más bien debemos preguntarnos qué suceso quiere describir el profeta cuando el ejército de Dios viene a juzgar a su pueblo. El profeta Joel no describe eventos astrofísicos, sino haciendo uso de conceptos cosmológicos, describe una aparición de Dios para un juicio.

El juicio será tan poderoso que las fuerzas del cielo darán lugar a los enviados por Dios para colocarse en el centro del escenario de lo creado y ordenado. En la Biblia, estos cuerpos celestiales son pensados tener una naturaleza diferente hasta que podrían ser adorados por algunos. En Deuteronomio 17:3, Dios avisa a pena de muerte que si alguien haya: "ido y servido a *dioses* ajenos, y se hubiere inclinado a ellos, ya sea al *sol*, o a la *luna*, o a todo el *ejército del cielo*, lo cual yo he prohibido". Estos son los que gobiernan el hábitat celestial, y Dios se pone furioso cuando su orden y gobierno en cielo y tierra se altera.

El libro de Joel también expande un poco la temática del monte de Dios. Ya habíamos visto que el profeta compara la tierra aquí con el jardín del edén. Entendiendo el templo de Dios como su morada nos explica la conexión entre el edén y el monte de Dios (ver cap. 3). Así como el profeta Ezequiel nos mostró esta conexión, aquí el profeta Joel la utiliza nuevamente. Después de este juicio de sequía, fuego y oscuridad, la restauración llegará y será como una mezcla de tierra prometida y un nuevo edén:

> *Y sucederá que en aquel día*
> *los montes **destilarán vino dulce**,*
> *las colinas **manarán leche**,*
> *y por todos los arroyos de Judá correrán las aguas;*
> ***brotará un manantial de la casa del*** Señor
> *y regará el valle de Sitim*
> (Joel 3:18, LBLA)

Los montes darán su vino dulce y no uvas amargas, como para Noé cuando Dios rehízo la creación después de la destrucción. Leche manará como en la tierra prometida por Dios (Éx 3:8), un nuevo comienzo para el pueblo de Dios. Finalmente, el manantial brotará dentro de la morada de Dios y regará el valle de Sitim, que está al este del río Jordán. Todas estas referencias que van más allá de lo natural y literal nos indican que aquí el profeta se refiere a imágenes de un nuevo paraíso, una nueva tierra prometida, un nuevo edén en el cual la obediencia y lealtad a Dios son dadas y que la presencia de Dios en su morada, brindará lo necesario para una vida bendecida y fructuosa.

En síntesis, podríamos decir que el profeta Joel en primer lugar no habla de una catástrofe como la terminación de combustible de las estrellas del universo. De manera muy pintoresca el profeta avisa al pueblo de un juicio calamitoso que vendrá con un ejército invencible, ante el cual las potestades celestiales darán lugar al centro del escenario cósmico para que esto se haga realidad. Los trazos proféticos con sus colores sobrenaturales siguen hasta la manera en que la destrucción de la tierra y su restauración son reveladas. El lenguaje que el profeta utiliza nos lleva a pensar en conceptos que la Biblia ha utilizado desde un inicio y que brindan una fuerte conexión entre el edén, el monte santo de Dios y la tierra prometida. La morada de Dios será restablecida, y la fertilidad de la tierra volverá a venir del mismo creador de cielo y tierra. La presencia de Dios estará en medio de su gente, como lo dice en el libro mismo de Joel: "Entonces sabrán que yo estoy en medio de Israel, que yo soy el SEÑOR su Dios, y no hay otro fuera de mí. ¡Nunca más será avergonzado mi pueblo!" (Joel 2:27).

CONCLUSIÓN

Al habernos metido en el análisis de algunos textos de destrucción de la creación pudimos rescatar algunos preceptos latentes que los escritores de la Biblia entendían y en los cuales se basaban. No se trata para nada de ciencia moderna como el acercamiento de un cometa o un calentamiento global. La primera destrucción de toda la tierra por el diluvio, dio lugar a una nueva humanidad. Todo este trajín es descrito en términos de una nueva creación y un nuevo comienzo, de una manera muy similar a la encontrada en Gn 1.

Los salmos por su lado nos ayudan a entender el lenguaje universal de cuando se habla del pueblo de Dios o de su accionar a favor de su pueblo en contra de las fuerzas sobrenaturales como Génesis 1 nos explica la creación cuando Dios ordena las potencias que llegan a amenazar a la humanidad. Dios lucha contra los torrentes de Belial y Mot para salvar a su ungido de estas garras amenazantes. En esta lucha, Dios enfrenta los enemigos como los hijos de Dios de Gn 6:4 y exige a estos a alabar a Dios como el que dominó las aguas y sentándose de nuevo en su trono después del diluvio. Cuando se restablece el orden de Dios, un manantial sale en el centro de su ciudad Jerusalén, aludiendo al jardín de edén, para la fertilidad de toda la tierra.

Los profetas mayores como los menores nos han dejado su legajo de que el accionar de Dios al limpiar los habitantes, esto es descrito como una destrucción de todo el planeta tierra. Cuando los hábitats son sacudidos la amenaza no es planetaria, sino que es directamente hacia los habitantes que no cumplen con su rol encomendado. Cielo y tierra son hábitats que contienen seres que deben obedecer a Dios. Esta desobediencia en el edén los había sacado de ese santuario y así también la desobediencia en el cielo hace que estos se estremecen y las estrellas desobedientes, aquí los seres divinos, serán echados de aquel santuario. El Señor de los ejércitos crea los hábitats cielo y tierra, y Él establece el orden a mantenerse.

6

Creación y destrucción en el Nuevo Testamento

El cielo y la tierra pasarán, pero mis palabras no pasarán (Mt 24:35)

Como en el Antiguo, así también en el Nuevo Testamento encontramos varios pasajes cataclísmicos. En este capítulo nos centraremos en el Nuevo Testamento cuyos pasajes quizá nos sean más conocidos. Analizaremos algunos ejemplos de estos textos que nos podrían ayudar a entender mejor el concepto que los autores bíblicos tenían en mente al referirse no solo a la destrucción, sino a la creación misma. Al leer estos textos con una mente moderna quizá nos parece raro que pasará al leer sobre estrellas que caen del cielo (Mt 24:29; Mr 13:24-25; Lc 21:25-26), que cielo y tierra pasarán (Mt 24:35; Mr 13:31; Lc 21:33) o serán removidos (Heb 12:26-28), y mucho más sobre que los elementos serán quemados por fuego (2Pe 3:10-12) o que el cielo será enrollado como un manuscrito (Ap 6:12-14).[1] Hay mucho más de lo que la Biblia quiere transmitir que una posible colisión de nuestro planeta con un asteroide. Con el fin de entender mejor lo que tienen en mente al hablar de la creación y una nueva creación, echaremos un vistazo a lo que tratan de decir los autores del Nuevo Testamento a través de estas expresiones.

ESTRELLAS CAYENDO DEL CIELO

Jesús mismo, el hijo de Dios, afirma en los tres evangelios sinópticos que las estrellas serán signos sobre lo que sucederá. Mientras que Mateo y Marcos citan directamente a Isaías 34:4, Lucas lo presenta más bien parafraseado. En los primeros dos Jesús dice: "el *sol* se oscurecerá, la *luna* no dará su luz, las *estrellas caerán* del

---

1. La lista de pasajes bíblicos fue adaptada de J. Richard Middleton, *A New Heaven and a New Earth: Reclaiming Biblical Eschatology* (Grand Rapids, MI, EE.UU.: Baker Academic, 2014), 180–81.

cielo y las *potencias de los cielos* serán sacudidas". El hecho que no podamos ver al sol o a la luna podrían explicar días nublosos, pero esta idea no responde las siguientes preguntas que surgen con esta descripción tan curiosa de las estrellas: ¿hacia dónde caerían las estrellas del universo? ¿realmente pueden caer? ¿dónde es abajo y dónde es arriba? Rápidamente nos damos cuenta de que Jesús no quiso dar una clase de astronomía. Analicemos lo que Jesús trata de decir aquí.

La cita de Isaías llamativamente no viene de nuestro Antiguo Testamento hebreo. ¿Cómo lo sabemos? Pues en el hebreo no son las estrellas las que caen, sino otra cosa. No obstante, los evangelios citan del AT griego, la LXX. Comparemos los dos versículos en las dos versiones para poder entender mejor lo que sucede. Primero va el pasaje del hebreo y luego del griego:

> *Y todo el **ejército** de los cielos se disolverá, y se enrollarán los cielos como un libro; y **caerá todo su ejército**, como se cae la hoja de la parra, y como se cae la de la higuera*
> (Is 34:4, RV60)

> *Y derretiránse todas las **virtudes** de los cielos; y arrollado será, como libro, el cielo; **y todas las estrellas caerán**, como hojas de vid; y, como caen hojas, de higuera*
> (Is 34:4, LXX)

Mientras que en el texto hebreo no son las estrellas las que caen, en el griego sí lo son. Recordemos, esto es Jesús hablando. Lo que podemos ver ya a primeras es que las *estrellas* en el texto griego están en paralelo con el *ejército del cielo* del texto hebreo. Notablemente, como ocurre aquí, el Nuevo Testamento tiene una fuerte tendencia de citar del texto griego. De igual manera, este ejército del cielo está muy presente en los evangelios, y son llamados "las potencias del cielo" o los poderes (gr. *dynameis*). Es justamente esta misma palabra que aparece en el salmo 33:6, donde leemos que "Por la palabra del SEÑOR fueron hechos los cielos, y todo *el ejército* de ellos por el aliento de su boca". Las potencias o ejércitos del cielo pueden referirse a muchas cosas. Por lo que nos interesa, las estrellas que aquí son referidas no son cuerpos astronómicos en el sentido moderno: un esferoide luminoso por la fusión termonuclear de helio e hidrógeno en su núcleo.

Por su lado, Jesús solía referirse a sí mismo como el "Hijo de Hombre", que muy probablemente lo había sacado del libro de Daniel (7:13-14). Es justo en el capítulo siguiente donde leemos que un cuerno del macho cabrío de la visión "se engrandeció hasta el *ejército del cielo*; y parte del *ejército* y de *las estrellas* echó por tierra, y las pisoteó" (Da 8:10). No podemos entrar en los detalles de qué es este cuerno, o qué son estos ejércitos del cielo. Lo que sí es importante determinar, y este es el punto aquí, es que Jesús al afirmar que las estrellas caerán del cielo, no se refiere solo a luces en el cielo que podemos ver de noche, sino a potencias y poderes.

Volviendo al pasaje de Is 34:4 que Jesús cita, podemos ver que Jesús se refirió a un evento mayor que solo a un cataclismo planetario. Los capítulos 34-35 de Isaías, de donde sale este versículo, presentan un poema que se ha denominado: una pesadilla y un sueño.[2] Este poema trata de una devastación de tierra y cielo en el capítulo 34, para introducir la restauración de estos en el capítulo 35. Jesús habla de este mismo programa de restauración al referirse a que las estrellas caerán del cielo. En otras palabras, para que llegue la restauración deberá llegar la devastación. Los mismos evangelios muestran a Jesús ya iniciando esta restauración. Podríamos decir que la estuvo inaugurando y que la división entre la devastación y la restauración no es del todo claro. Esta fluctuación confusa entre las dos situaciones vemos también cuando hasta Juan el bautista manda sus discípulos preguntar a Jesús si fuera él quien habría de venir. Jesús responde citando justamente con otra parte de Isaías 35.

> *Los ciegos ven, los cojos andan, los leprosos son limpiados, los sordos oyen, los muertos son resucitados, y a los pobres es anunciado el evangelio*
> (Mt 11:5; comp. Is 35:5)

Como Isaías no se refirió a una destrucción del planeta tierra o que todos los astros en el universo salgan de sus órbitas gravitatorias, así tampoco Jesús en estos pasajes se estaba refiriendo a tal suceso.

---

2. Peter D. Miscall, *Isaiah 34-35: A Nightmare/A Dream*, JSOTSS 281 (Sheffield, Reino Unido: Sheffield Academic, 1999).

Incluso para Jesús la restauración ya había iniciado, cosa que sus milagros a lo largo de los evangelios también quieren enfatizar.

¿Por qué no puede ser simplemente *lo que dice la Biblia*, que las estrellas sean estrellas y que van a caer? Esta es una pregunta muy importante. Creo que es pertinente responder brevemente la cuestión. Como traté de mostrar, *es la misma Biblia la que dice* que *no* debemos entender todo su contenido con la mentalidad de nuestra propia cultura, sino ver qué es lo que ella misma *trata de decir* con *lo que dice*. En segundo lugar, Jesús mismo tenía una fuerte reputación en decir cosas que no significan lo primero que nos viene a la mente. Un ejemplo claro son sus muchas parábolas o el uso de sus metáforas como la levadura de los fariseos y de Herodes (Mt 16:6; Mr 8:15; Lc 12:21). Otro ejemplo es su manera de hablar del templo en el evangelio de Juan, cuando desafía a sus oponentes: "Destruid este templo, y en tres días lo levantaré" (Juan 2:19). Sus oponentes no le entendieron y es justo lo que el autor del evangelio nos aclara, "mas él hablaba del templo de su cuerpo" (Juan 2:21). A la pregunta inicial quisiera responder pues, que la misma Biblia es la que nos lleva a investigar lo que ella *quiere decir* con *lo que dice*.

CIELO Y TIERRA PASARÁN

Los tres evangelios sinópticos también nos relatan un discurso que Jesús dio sobre el monte de los olivos inmediatamente al salir del templo majestuoso en Jerusalén. Este discurso es algo difícil de interpretar, porque responde a preguntas complejas de sus discípulos. Estos le preguntan a Jesús *cuándo* sucederá lo que Jesús acaba de decir acerca del templo de Jerusalén: "No quedará piedra sobre piedra que no sea derribada" (Mr 13:2). El discurso de Jesús responde a dos sucesos indicando el *qué*: la destrucción del templo (13:2) y la venida del Hijo del Hombre (13:26). La confusión aparece cuando Jesús dice que "De cierto os digo, que *no pasará esta generación* hasta que todo esto acontezca" (Mr 13:30). Para los evangelios y para Jesús, esta generación son los contemporáneos de él y sus discípulos.[3] Además, con esta afirmación se refiere a la destrucción del templo que sucedió en el año 70 d.C.

---

3. Craig A. Evans, *Mark 8:27–16:20*, WBC (Nashville, TN, EE.UU.: Thomas Nelson, 2001), 335.

Hasta aquí todo bien. Sin embargo, la siguiente frase de Jesús dice: "El cielo y la tierra pasarán, pero mis palabras no pasarán" (Mr 13:31). Es aquí donde se dividen las opiniones. Una manera de interpretar es que Jesús no añade ninguna información nueva a lo que estuvo diciendo, sino que solamente subraya lo certero que es su palabra.[4] Es decir, la palabra de Jesús sobre la destrucción del templo queda más firme que cielo y tierra. Esto significa que Jesús no trata de predecir alguna destrucción. La segunda manera de interpretar esto, es que Jesús sí añade información extra a lo que se dijo. Esta segunda interpretación lleva a por lo menos dos posibilidades: a) que se refiere a la destrucción del universo o, b) que Jesús junta el cielo y tierra por referirse a la conexión de cielo y tierra que se daba en el templo.

La destrucción del universo material a uno inmaterial, como interpretación de la palabra de Jesús, es más bien una idea que nos ha llegado por la filosofía platónica.[5] Jesús utiliza el paralelismo de cielo y tierra aquí, no queriendo referirse a todas las galaxias o planetas por existir, sino aludiendo a las dos esferas habitables que ya encontramos en Génesis 1. No debemos olvidarnos de que Jesús no había conocido a Galileo ni Copérnico. El reconocido biblista Xabier Pikaza explica la conexión existente entre cielo-tierra y el templo en Jerusalén de la siguiente manera:

> Pues bien, esa ruina del templo (orden viejo) de Jerusalén ha de inscribirse y se inscribe dentro de la perspectiva más extensa del fin del mundo antiguo.[6]

En otras palabras, la destrucción del templo es parte del pasar del cielo y tierra actual de la generación en tiempos de Jesús. Ya hemos visto como los evangelios se basan mucho sobre conceptos que hemos encontrado en Daniel y que ahí los elementos del cosmos se referían a reinos y potestades.

Llamativamente, en este mismo discurso sobre la destrucción del templo, los tres evangelios también citan a Jesús usando una frase clave del libro de Daniel: "cuando veáis *la abominación de la*

---

4. R. T. France, *The Gospel of Mark: A Commentary on the Greek Text*, NIGTC (Grand Rapids, MI, EE.UU.: Eerdmans, 2002), 540.
5. Middleton, *A New Heaven and a New Earth*, 283–312.
6. Xabier Pikaza, *Comentario al evangelio de Marcos* (Barcelona, España: Clie, 2012), 588.

desolación, de que se habló por medio del *profeta Daniel*, colocada en el *lugar santo* (el que lea, que entienda)" (Mt 24:15). ¿A qué se refiere Jesús? Pues en Daniel 11:13 tenemos el versículo más extenso: "levantarán *tropas*, profanarán el *santuario*-fortaleza, abolirán el sacrificio perpetuo y establecerán la *abominación de la desolación*". Mientras que Mateo explica que Jesús cita al profeta Daniel, Lucas agrega incluso estas tropas: "cuando veáis a Jerusalén *rodeada de ejércitos*, sabed entonces que su *desolación está cerca*" (Lc 21:20).

¿De qué estaba hablando Jesús? ¿Cómo puede ser tan complicada la Biblia? Lo complicado no es la Biblia, sino el cruzar la enorme diferencia entre nuestro mundo actual y el de la Biblia. Jesús está hablando de una nueva era y esta ya está iniciando. El viejo paralelismo de cielo y tierra que se encontraba en el templo será restaurado y con ello se restaurará o se transformará la manera en que cielo y tierra se puedan conectar.

Es aquí donde recordamos al edén como morada de Dios de la que los desobedientes fueron echados. Luego, los obedientes llegan a la tierra prometida para construir el templo, Salomón el primero y más tarde el reconstruido por Zorobabel y embellecido por Herodes el Grande. Estas conexiones son afirmadas en que los juicios a los desobedientes cada vez simbolizan la desconexión con estas moradas. Del edén tuvieron que salir y no fue encontrado más, el templo salomónico fue destruido como también el segundo. Lo que esto nos aclara es que ahora podemos ver lo que Jesús trata de mostrar a sus discípulos: la morada de Dios cambió nuevamente, hay una desconexión con los desobedientes y un nuevo reino ha iniciado. Al conectar el pasar de cielo y tierra con la destrucción del templo, Jesús no se refiere a un cataclismo astronómico, sino de una desconexión y transformación de la manera en que cielo y tierra se pueden volver a encontrar.

¿CIELO Y TIERRA SERÁN REMOVIDOS?

En comparación con el discurso de Jesús tratado arriba, la carta a los hebreos nos llama la atención sobre un punto muy similar. Aquí el autor habla de que Cristo ahora es el sumo sacerdote y explica: "Porque cuando se cambia el sacerdocio, necesariamente ocurre también un cambio de la ley" (Heb 7:12). Aquí también podemos notar cómo el Nuevo Testamento trata de hablarnos de esta nueva realidad en Cristo y su reino.

Hebreos sigue hablando de esta nueva realidad, y el autor afirma que en el monte Sinaí Dios hizo *temblar la tierra* con su voz, refiriéndose a la ley que Moisés había recibido en ese monte durante el Éxodo. Pero ahora, en esta nueva realidad, dice la carta, Dios no solo hará *temblar la tierra*, sino también *el cielo* (Heb 12:26). El concepto es el mismo: se prepara una nueva manera de acceder a este Dios, una nueva conexión entre cielo y tierra. Esta manera no puede ser demasiado simple, "porque nuestro Dios es fuego consumidor" (Heb 12:29).[7] Esta nueva condición de acceder a este Dios tiene que ver con el templo, el sacerdote y la ley. No se trata de una lluvia de cometas.

En el versículo 27 encontramos la siguiente expresión sobre este suceso: "una vez más, indica la *remoción de las cosas movibles*, como las *cosas creadas*, a fin de que permanezcan las *cosas que son inconmovibles*". A primera vista parece lo más lógico entender que aquí se elimina la creación, o sea el universo, quedando solamente lo espiritual. Sin embargo, esta primera vista ignora unos cuantos puntos muy importantes para los cristianos. Si lo creado es removido, pues queda Dios. Pero esto no es lo que quiere decir Hebreos. Además, se debe revisar las diferentes traducciones de la palabra *remoción* (gr. *metathesis*). Los diccionarios proponen una cantidad de otras opciones para traducir esta palabra para este versículo, menos *remoción*: "trasposición, cambio, traslado, modificación, transformación de algo (Heb 7:12; 12:27); arrobamiento (Heb 11:5)".[8] La NVI y la BLP traducen Heb 12:27 de tal modo que las cosas son *transformadas*. Esta última es una traducción totalmente válida, y más acertada que *remoción*.

Otra cuestión importante a considerar es que se comparan a las cosas inconmovibles con las movibles. El versículo 28 nos indica que lo inconmovible es un reino. Mediante esto podemos darnos cuenta de que las cosas movibles, no son de este reino. Quizá sean de otro reino, o quizá han de ser dejados de lado porque no tienen arte ni

---

7. Philip Church, *Hebrews and the Temple: Attitudes to the Temple in Second Temple Judaism and in Hebrews* (Leiden, Países Bajos: Brill, 2017), 352–55.

8. Immaculada Delgado Jara, *Diccionario Griego-Español Del Nuevo Testamento*, 2ª ed. (Navarra, España: Verbo Divino, 2014). Puede compararse también Amador Ángel García Santos, *Diccionario del griego bíblico: Setenta y Nuevo Testamento* (Navarra, España: Verbo Divino, 2016), 560; Frederick W. Danker y Walter Bauer, *A Greek-English Lexicon of the New Testament and Other Early Christian Literature*, trad. F. Wilbur Gingrich y William F. Arndt, 3ª ed. (Chicago, IL, EE.UU.: University of Chicago, 2000), 638.

parte de este reino. Lo que divide lo movible de lo inmovible es el temblor por la voz del Señor. El temblor en la tierra se refiere al monte Sinaí y a las cosas creadas.

Ahora bien, ¿cómo se explica el temblor en el cielo, si el cosmos completo ya queda eliminado por ser creado y no ser espiritual? El autor de Hebreos trata de comparar Sinaí y la ley con Jesús: mientras que la institución de Israel como pueblo sacerdotal para Dios ha sido un temblor entre las naciones en la tierra, el temblor en el cielo es un efecto que hará caer las potestades como ya hemos visto a Jesús decirlo. En síntesis, sea como sea que se traduzca el versículo de la remoción de las cosas movibles, se trata de un cambio de realidad que Dios ha introducido con Jesús. Jesús es esta nueva manera de conectar el cielo y la tierra.

PERO LOS ELEMENTOS SERÁN QUEMADOS

En 2 Pedro 3:10-12 encontramos un texto que nos lleva inmediatamente a pensar que habrá un fuego que quemará todo el planeta. Para estar seguros de lo que hablamos, es conveniente leer los tres versículos antes de analizarlos:

> *Pero el día del Señor vendrá como ladrón en la noche; en el cual **los cielos pasarán** con grande estruendo, y los **elementos ardiendo serán deshechos**, y la **tierra** y las obras que en ella hay serán **quemadas**. ⁹ Puesto que todas estas cosas han de ser deshechas, ¡cómo no debéis vosotros andar en santa y piadosa manera de vivir, esperando y apresurándoos para la venida del día de Dios, en el cual **los cielos, encendiéndose, serán deshechos, y los elementos, siendo quemados, se fundirán!***
> *(2 Pedro 3:10-12)*

Aquí se nos presentan unos cuantos conceptos que ya habíamos visto en los profetas del Antiguo Testamento: 1) el día del Señor; 2) la oscuridad (noche);[10] 3) el fuego destructor; 4) cielo-tierra; 5) el

---

9. En varios manuscritos dice en vez de que la tierra y las obras "*serán quemadas*", que la tierra y las obras "serán encontradas" (ej. Biblia del Peregrino; notas en LBLA, NVI, NTV) o "no serán encontradas" (textos griegos de UBS⁵ y NA²⁸). Esto presenta una situación compleja. Sin embargo, el sentido no cambia que serán juzgados la tierra y las obras (DHH y NTV).

10. La frase "en la noche", no se encuentra en los manuscritos más antiguos, compare cualquier otra traducción en español. Todas, excepto la Reina Valera, omiten la frase "en la noche" en 2Pe 3:10.

llamado a una vida santa y piadosa. El apóstol Pedro ha redactado este pasaje con una hermosa estructura, iniciando con lo celestial llegando a lo terrenal para finalmente volver nuevamente a lo celestial. Note que los cielos aparecen al inicio y al final de este pasaje, mientras que la tierra y nuestras vidas en ella quedan en el centro. Pedro nos llama a estar preparados, llevando una vida de acuerdo con la voluntad del Señor. Este llamado de fidelidad a Dios está basado en la destrucción: "Puesto que todas estas cosas serán deshechas… debéis andar vosotros en santa y piadosa manera". La pregunta del millón es ¿qué son *todas estas cosas* que serán destruidas?

Una respuesta inicial podría ser: pues el cielo y la tierra, es decir el universo. Todo. Pero una observación más detallada nos muestra que esto no es tan sencillo. Pedro sí habla de cielo y tierra, pero a cada uno le añade algo particular. Los cielos van unidos a los elementos, la tierra a las obras. Se podría pensar que los elementos se refieren a la tierra, pero la estructura nos avisa que esto no es lo que Pedro trató de comunicar. Los elementos son mencionados al inicio y al final asimismo como los cielos. En cambio, la tierra, las obras en ella y nuestras vidas quedan en el centro. Si esto es así, podemos entender a qué se refiere el juicio en el día del Señor y por qué Pedro estaba apelando tan fuerte a la vida santa. Lo que se juzga de lo terrenal son las obras y la injustica de las personas. ¿Cómo podemos evidenciar esto? El versículo siguiente nos explica que el resultado de este juicio divino conducirá a los "cielos nuevos y tierra nueva, en los cuales *mora la justicia*" (2Pe 3:13). Lo más probable aquí es que Pedro trató de aclarar el juicio contra cielo y tierra, explicando sus referencias respectivas: cielos=elementos y tierra=obras. Esto nos lleva entonces a la segunda gran pregunta: ¿qué son estos elementos?

La palabra *elementos* es una traducción de la palabra griega *stoichea*. Esta palabra, en los círculos de la filosofía de los estoicos, indicaba los cuatro elementos por los que todo existe según ellos: fuego, agua, aire y tierra.[11] De ahí que muchos han entendido que estos

11. El historiador griego del siglo III d.C., Diógenes Laercio, explica los elementos diciendo que Zenón, el filósofo estoico (340-265 a.C.), decía que la materia está constituida por los primeros elementos: fuego, agua, aire y tierra. Sin embargo, también cita a Zenón explicando que "en el principio, extendiéndose Dios mismo, convirtió toda la sustancia en agua por medio del aire… y así, elemento es aquel de quien proceden primero las cosas que nacen, y en quien se resuelven cuando acaban"; en *Los Diez Libros de Diógenes Laercio: Sobre Las Vidas, Opiniones y Sentencias de Los Filósofos Más Ilustres*, trad. José Ortiz y Sanz (Madrid, España: Imprenta Real, 1792), 2:142 (§94-95).

elementos se refieren a la materia de la que se compone nuestro mundo. Sin embargo, hay argumentos en contra de tener aquí un concepto estoico. En primer lugar, los estoicos enseñaban que no existe un Dios fuera del mundo, lo que es totalmente contrario al Dios que juzgará el mundo que encontramos en 2 Pedro. El apóstol Pedro está mucho más en la línea de los profetas del antiguo Testamento que de los estoicos, con la lista de los cinco conceptos listados más arriba.[12] La imagen del fuego destructor junto al juicio divino, por ejemplo, está fuertemente presente en los profetas (ej. Is 34:9-10; 66:15-16; Nah 1:6; Sof 1:18).

En segundo lugar, el argumento más contundente es que 2 Pedro se refiere aquí a la muy conocida historia de juicio de Sodoma y Gomorra.[13] ¿Cómo lo sabemos? Un claro paralelo aparece entre el capítulo 2 y el capítulo 3 de esta carta. La siguiente tabla resume estos paralelos:

Capítulo 2		Capítulo 3	
2:4	Ángeles *reservados* para juicio	3:10	¿Juicio para ángeles? *(cielos y elementos quemados)*
2:5	Diluvio: juicio del mundo antiguo	3:5-6	Diluvio: juicio del mundo antiguo
2:6	Fuego como en Sodoma y Gomorra, para el mundo actual	3:10-12	Fuego para el mundo actual (como Sodoma y Gomorra)

Tabla 10 – Paralelo entre capítulos 2 y 3 de 1 Pedro

Por un lado, en el capítulo 2, Pedro inicia su argumento sobre el juicio de los ángeles "reservados para juicio" (2:4), pero no lo explica. Como Dios no los perdonó a estos ángeles, tampoco perdonó a los humanos durante el diluvio, que fue la destrucción del mundo anterior (2:5). Finalmente, Pedro hace referencia a la historia de Sodoma y Gomorra, y cómo fueron juzgados quedando en cenizas (2:6). Para él este juicio de Sodoma y Gomorra es un "ejemplo a los que habían de vivir impíamente" (2:6). Los tres elementos del capítulo 2, por lo tanto, son *diluvio, fuego y ángeles*.

12. D. A. Carson y Douglas J. Moo, *Una introducción al Nuevo Testamento*, trad. Dorcas Gonzáles Bataller y Pedro L. Gómez Flores, (Barcelona: Editorial Clie, 2009), 590.
13. Este argumento se basa en Ryan P. Juza, "Echoes of Sodom and Gomorrah on the Day of the Lord: Intertextuality and Tradition in 2 Peter 3: 7–13", *BBR*.24 (2014): 227–45.

Por otro lado, en el capítulo 3, encontramos los mismos elementos: *diluvio, fuego y cielos-elementos*. Pedro vuelve a su argumento del juicio por el diluvio hablando del mundo anterior que quedó inundado por el agua (3:5-6). También vuelve a hablar del fuego consumidor que fue también el agente justiciero en la historia de Sodoma y Gomorra (3:10-12). Finalmente, queda por resolver la razón del énfasis en el quemar y el deshacer los cielos y los elementos. Los paralelos del diluvio y el fuego en los dos capítulos están claritos, pero nos plantea la pregunta ¿por qué no está el paralelo de los ángeles? La respuesta más probable es que los cielos y los elementos se refieren exactamente al tercer paralelo, a los seres celestiales que se rebelaron contra el reino de Dios. Esto es a los ángeles desobedientes, reservados para juicio.

En síntesis, lo que podemos ver en el quemar de los elementos, es el juicio de entidades celestiales como también el juicio de las obras de personas en la tierra. Pedro arguye por la eliminación de injustos para que more la justicia en el nuevo cielo y la nueva tierra. Acerca del cómo se llevará a cabo, vimos que será al ejemplo del juicio de Sodoma y Gomorra, donde los justos se salvaron, pero no quedó ningún injusto. Habrá transformación, pero no hay rastro alguno aquí de que el planeta tierra explote o sea consumido por el calor de un sol creciente o estrellas desorbitantes. Para Pedro existió una tierra antes del diluvio, una después del diluvio y una después del día del Señor. Aquí la creación del nuevo cielo y tierra es más bien una transformación de la creación actual. Un reordenar del caos que la desobediencia había ocasionado en el cielo y en la tierra.

EL CIELO ENROLLADO COMO UN MANUSCRITO

Finalmente llegamos al Apocalipsis de Juan, que está en su salsa al utilizar esta clase de imágenes. Este libro bíblico está escrito en un estilo que utiliza muchas imágenes para describir realidades celestiales y terrenales. En dos ocasiones el vidente Juan ve lo que a primera vista nos pinta una imagen de destrucción total. Esta idea está impregnada incluso en nuestro uso de la palabra de un final apocalíptico, indicando una devastación total.

Las dos imágenes que conciernen a nuestro tema las encontramos en Ap 6:12-14, donde leemos que el cielo es enrollado como manuscrito, y la siguiente en Ap 20:11 donde el cielo y la tierra huyen queriendo esconderse. Ante estas descripciones pintorescas, Robert

Mounce advierte: "No es necesario esperar que estos acontecimientos cataclísmicos se produzcan de un modo totalmente literal".[14] Esto no es decir que todo es simplemente un juego de simbología, pero el apocalipsis tiene sus propias maneras de comunicar lo que quiere decir. El mismo libro nos alienta a entender algo más allá que las propias palabras leídas, cuando dice: "Aquí hay *sabiduría*. El que tiene entendimiento, cuente el número de la bestia, pues es número de hombre. Y su número es seiscientos sesenta y seis" (Ap 13:18). Aquí el mismo autor nos invita a usar toda la sabiduría y entendimiento para entender lo que él trata de decirnos que no es un simple número mágico. Sino que alberga algo más allá del número que nos quiere indicar.

Echemos, pues, un vistazo a la primera de las dos descripciones destructivas:

> Miré cuando abrió el **sexto sello**, y he aquí hubo un gran **terremoto**; y el sol se puso **negro** como tela de cilicio, y la luna se volvió toda como **sangre**; y las **estrellas** del cielo **cayeron** sobre la tierra, como la higuera deja caer sus higos cuando es sacudida por un fuerte viento. Y el **cielo se desvaneció como un pergamino que se enrolla**; y todo monte y toda isla se removió de su lugar (Ap 6:12-14)

Aquí encontramos una serie de imágenes que ya habíamos visto. En realidad, todas estas imágenes son sacadas del Antiguo Testamento y ya las hemos analizado como formas de describir el juicio de Dios.[15] Todos estos elementos vienen con la llegada del día del Señor y se refieren al juicio. Las estrellas cayendo del cielo se refieren al juicio de seres celestiales. La imagen del cielo que se enrolla como un pergamino (gr. *biblion*) transmite la idea que podríamos expresar hoy en día como que un capítulo llega a su fin. Un pergamino abierto, como el cielo, contiene un escrito y predica sus propias verdades. Pero aquí el pergamino/cielo es juzgado, y deben deshacerse sus verdades visibles en el cielo como son las estrellas. En otras

14. Robert H. Mounce, *Comentario al Libro del Apocalipsis*, trad. Pedro L. Gómez Flores (Barcelona, España: Clie, 2007), 221–22.

15. Gregory Beale identifica estos pasajes proféticos como sigue: Is 13:10-13; 24:1-6, 19-23; 34:4; Ez 32:6-8; Joel 2:10, 30-31; 3:15-16; y Hab 3:6-11 (también secundariamente Amós 8:8-9; Jer 4:23-28; y Sal 68:7-8); en *The Book of Revelation*, NICNT (Grand Rapids, MI, EE.UU.: Eerdmans, 2013), 396.

palabras, se describe es un juicio a los seres celestiales que determinaban las cosas según su propio parecer. El caos reinante terminará.

Es importante notar que esta descripción del pergamino (*biblion*) es parte del sexto sello de los siete que mantienen cerrado a otro libro (*biblion*) (Ap 5:2). Las verdades de este segundo libro son las que serán realizadas a partir de la victoria del cordero, que es nuestro Señor Jesucristo (Ap 5:5-9). Juan las vio y nos las predicó. Dios ordenará el caos, refrenará las potestades que amenazan la existencia humana.

La otra descripción devastadora que encontramos en Ap 20:11 apoya esta interpretación. En esta Juan afirma lo siguiente: "Y vi un gran trono blanco y al que estaba sentado en él, de delante del cual *huyeron la tierra y el cielo*, y ningún lugar se encontró para ellos". Aquí en este trono blanco o brillante está Dios. Tierra y cielo huyen de Dios. Si no fueran imágenes de los que habitan en estos hábitats, nos preguntaríamos de qué se avergüenzan estas creaciones si Dios había dicho "que era bueno" (Gn 1:10). La otra pregunta que se plantea es ¿a qué lugar podrían huir, si ellos abarcan el cosmos? Nuevamente, la Biblia quiere salir de las cuatro paredes de nuestra mente atomista y materialista.

Aquí se describe en paralelo que seres celestiales y habitantes terrestres que vivieron en contra de la voluntad de Dios serán juzgados. Pero los hábitats, serán más bien transformados que destruidos. Como ya habíamos visto como la nueva Jerusalén refleja casi idénticamente al edén (ver pág. 91), nos lleva también a considerar una restauración, más que una explosión del planeta. Así como el juicio por agua en el diluvio no había eliminado el planeta o el universo, así tampoco lo hará el juicio por fuego. Pero con certeza que se juzgarán los habitantes del cielo y tierra.

Al pensar sobre lo que esperamos y añoramos a la venida de Jesús, sea un suceso o un lugar, la palabra *paraíso* seguramente viene a la mente. Jesús mismos utiliza esta palabra para describir dónde estará con el criminal que estaba colgado a su lado en su cruz (Lc 23:43). El mismo *paraíso* de Dios aparece en Apocalipsis 2:7, donde el paraíso es considerado el lugar o la realidad dónde estarán los vencedores del mal, teniendo acceso de nuevo del árbol de la vida. Dos teólogos, el jamaiquino Richard Middleton y el chileno Tomás García-Huidobro, explican que la escatología bíblica cristiana es explicada de la misma manera que la creación edénica.[16] Esto es decir que estaremos devuelta en aquella realidad, en aquel paraíso.

Al menos algunos de los primeros cristianos creían en una transformación del cosmos a una realidad como la experimentada en el edén. La Epístola de Bernabé (70-130 d.C.) es un ejemplo. Esta epístola es un documento que los padres de la iglesia atribuyeron a Bernabé, el compañero de ministerio de Pablo.[17] Aquí encontramos una expresión que quizá nos pueda ayudar en reflexionar más sobre como la Biblia había sido entendida por muchos siglos:

> *Mira, hago las últimas cosas como las primeras*
> *(Ep. Ber. 6:13a)*

CONCLUSIÓN

En este capítulo se intentaron aclarar dos conceptos sobre lo que la imagen de una destrucción total contempla en la Biblia: (1) Dios no quiere destruir este mundo, sino juzgarlo y destruir lo que se opone a él. Esto pueden ser personas, naciones o ejércitos celestiales que se rebelan contra los comandos divinos. (2) La idea de la destrucción del mundo es expresada como la destrucción del templo y así también la destrucción del templo es descrita como la destrucción mundial.

El paralelo entre mundo y templo es lo que ya habíamos visto sobre el edén como santuario y la función de Adán de guardar y mantenerlo. En consecuencia, podemos decir que Génesis es más bien una institución del orden creado que una creación materialista que se centra en la pregunta de si había partículas o no antes que Dios hubiera anunciado la primera palabra. La comparación del mundo con el templo nos lleva a reconsiderar nuestras ideas sobre nuestro planeta y nuestro cosmos. En especial, cuando el juicio de devastación total no será tanto para el planeta, sino para sus habitantes que somos nosotros.

Si como en el diluvio Dios había creado una nueva tierra sin devastar la composición de nuestro planeta, lo más probable es que la

---

16. Middleton, *A New Heaven and a New Earth*; Tomás García-Huidobro Rivas, *El regreso al Jardín del edén como símbolo de salvación: Análisis de textos judíos, cristianos y gnósticos* (Navarra, España: Verbo Divino, 2017), 141–49.

17. Ropero, *Obras escogidas de los Padres apostólicos*, 67–71.

idea de crear un nuevo cielo y una nueva tierra, más que una guerra de galaxias, se llevará a cabo entre la fuerza divina y la rebeldía angélica. La creación de estas nuevas realidades tiene las mismas ideas que la primera creación, donde el orden de Dios da lugar a un hábitat donde él puede morar con nosotros y su justicia pueda ser vivida en su plenitud.

Génesis y el problema de la evolución

Porque tú formaste mis entrañas;
Tú me tejiste en el vientre de mi madre (Sal 139:13)

El punto en el cual Génesis y la teoría de evolución interceptan, quizá sea el lugar donde más se siente hoy en día la dificultad de la interpretación bíblica. Pareciera ser que nuestra interpretación de Génesis dependiera de cómo juzgamos la teoría de la evolución. Si la evolución nos parece ser una amenaza, nuestra tendencia será inclinarnos más hacia la prescripción científica. Esto es entender a los primeros capítulos de la Biblia indicándonos cómo debe interpretarse el mundo material sobre el que vivimos, una clase de ciencias naturales. Para saltar al problema mismo, quisiera repetir la frase del ingeniero Henry M. Morris, quien es la figura más conocida en defensa de la prescripción científica:

> *No hay alternativa. Si la Biblia es la Palabra de Dios —y lo es— y si Jesucristo es el infalible y omnisciente creador —y lo es— entonces debe ser creído firmemente que el mundo con todas sus cosas fuesen creados en seis días naturales y que los largos períodos de la historia evolutiva nunca sucedieron.*[1]

Habiendo analizado mucho más a profundidad el libro de Génesis, cabe preguntarse ahora si podría tratarse más bien de un temor ante la evolución que de una buena base bíblica y la supuesta amenaza a la autoridad bíblica. En otras palabras, ¿de quién es la autoridad de la Biblia, del intérprete o de ella misma? Si la Biblia es palabra de Dios, deberíamos tratar de interpretar lo que Dios intentó comunicar a través de ella. Para Morris, no es la autoridad de la Biblia, sino la interpretación de Génesis 1, acerca de los seis días, quien determina que él pueda creer que la Biblia sea Palabra de Dios y que

---

1. Morris, *Scientific Creationism*, 250–51.

Jesucristo sea el creador. Esto puede ser bastante peligroso, y creo que los cristianos lo hemos sentido en muchas ocasiones también así. Pero echemos un vistazo a dónde nos puede llevar esta propuesta de Morris.

Si cualquiera de los largos periodos de la historia evolutiva sucedieron, para él la Biblia deja de ser palabra de Dios y Jesucristo deja de ser el creador. De entrada, Morris tiene en contra suyo a una vasta mayoría de las observaciones del mundo natural, que tienden a indicar algo por lo menos parecido a unos periodos más largos. Notemos que en realidad el problema se ha movido de una interpretación de la Biblia a una guerra entre la evolución y Jesucristo como creador. En pocas palabras, se parte de la premisa que Jesús está en contra de la evolución. Lo que queda por definir es dónde estamos parados. Esta es una dicotomía tramposa, una división poco útil porque nos lleva a una situación que ya ha finiquitado cualquier posible diálogo fructífero para la reflexión sobre Dios y su creación. ¿Es realmente la evolución un problema para Génesis o para Dios? ¿Depende nuestra fe en Jesucristo de los periodos de la formación de las rocas y los fósiles?

A esta última pregunta, todas las propuestas interpretaciones de Génesis (ver pág. 29), excepto la prescripción científica, responderían negativamente. Nuestra fe en Jesucristo no depende de la edad de la tierra. Es aquí donde podemos entender la razón del por qué se ha tratado de acomodar entonces los millones de años en la interpretación de Génesis. No es que estos cálculos científicos hayan llevado a los biblistas a cambiar su interpretación de Génesis, sino que como hemos visto, ya entre los padres de la iglesia, los seis días de Génesis 1 nunca fueron el problema verdadero (ver pág. 25).

LOS POSIBLES PROBLEMAS ENTRE GÉNESIS Y LA EVOLUCIÓN

Las tan variadas maneras en que el cristiano se relaciona con el libro de Génesis y también con la teoría de la evolución, llegan a ser un espectro multicolor. A pesar de que estas maneras sean muy distintas y muchas veces meramente intuitivas, permítame mostrarle una de estas maneras para la que la evolución en sí no presenta un problema en contra de la autoridad de la Biblia. Al no entrar en la resbaladiza dicotomía entre Biblia y evolución, como lo presenta la prescripción científica, intento abrir una puerta al creyente a encontrar una manera de diálogo constructivo entre la palabra del Creador y su propia creación. ¿No es esto también lo que llamamos hacer teología? Cuando el humano habla de Dios como su Creador, reflexiona sobre él, ora a su Creador, ¿no es meramente un diálogo entre la creación y el Creador? Veamos qué nos espera detrás de esta puerta, que para algunos quizá sea algo tenebrosa.[2] Algunos creyentes quizá esperan a un monstruo, o incluso al anticristo, detrás de esta puerta a la idea de que la teoría de la evolución y la Biblia puedan estar en conversación. Pero vayamos de la mano del Creador a observar su creación.

El renombrado teólogo y biólogo Alister McGrath nos expone una muy probable razón por este escepticismo muy válido hacia esta conversación. Él explica que el término *darwinismo* ha sido mal utilizado e incluso abusado. Por un lado, muchos científicos utilizan el término *darwinismo* refiriéndose a las ideas puramente empíricas de Charles Darwin sobre la diversificación de las especies. Pero a la vez, siempre ha existido un grupo de científicos y no científicos que abusaron de las observaciones empíricas de Darwin. Las hicieron decir lo que no decían. Este grupo de personas infiere que las observaciones de Darwin necesariamente eliminaban toda posibilidad de propósito, un diseño o lo transcendente como una mente inteligente detrás de las observaciones científicas.

Este segundo caso es claramente una *opinión* sobre las evidencias encontradas, pero no es una conclusión necesaria basada en lo observado.[3] Es decir, grupos como el nuevo ateísmo añade ideas no empíricas, sino filosóficas sobre las observaciones empíricas de Darwin. Este hecho ya lo describe el refrán: *cada uno lleva el agua a su molino*. Cómo dialogan la ciencia y la fe lo abordaremos en más profundidad en el capítulo 8. Lo que es importante entender aquí es que las observaciones científicas hechas por Darwin son más bien neutrales sobre la pregunta de la existencia de Dios y sus diseños.

---

2. Un ejemplo se puede ver en Antonio Cruz, *Darwin no mató a Dios* (Miami, FL, EE.UU.: Vida, 2004). Comparto totalmente con Cruz que Darwin no mató a Dios y aunque llegamos a la misma conclusión, creo que nuestras maneras de abordar la cuestión tienen profundas diferencias.

3. Alister E. McGrath, *Darwinism and the Divine: Evolutionary Thought and Natural Theology* (Oxford, Reino Unido: Wiley Blackwell, 2011), 31–43.

El Dios de amor, como lo presenta la Biblia, y una creación que sigue en un proceso libre de decisión realmente concuerdan muy bien. Pero un Dios que no deja libertad en los procesos y planes en su creación pareciera ser más bien un ser controlador deseoso de robots. No debemos olvidar que los humanos también somos su creación y una creación muy inteligente. Podemos comunicarnos en una serie de idiomas e incluso descubrir vasta información sobre la creación misma.

Un ejemplo claro de que Dios prefiere la libertad de decisión a su creación es su llamado por los profetas a lo largo del Antiguo Testamento para que las personas cambien sus planes y acciones. Lo mismo encontramos en Jesús y las numerosas cartas a las iglesias en el Nuevo Testamento. De alguna u otra manera aquí hay cierta libertad dada en los procesos de decisión. Otro ejemplo sale del mismo libro de Génesis. Adán tiene total libertad en decidir cómo llamar a cada animal. Ya hemos visto cómo la sabiduría está muy presente en la historia de Adán y Eva (ver pág. 104) y aquí sale a la luz que Dios quiere confiar en las decisiones que tomamos como personas. Él no quiere un universo mecánico, sino una vida orgánica donde hay lugar para procesos y libertad de decisión.

Esta libertad no solo es dada a las personas. Ya desde el primer capítulo de la Biblia Dios dice: "*Produzca la tierra* hierba verde, hierba que dé semilla; árbol de fruto que dé fruto según su género" (Gn 1:11).[4] Aquí la tierra es llamada a ser partícipe del proceso de formación. Hierbas, árboles y sus géneros son hechos por la tierra. Unos versículos más tarde, nuevamente la tierra tiene que producir, pero esta vez seres vivientes: "*Produzca la tierra* seres vivientes según su género" (Gn 1:24). El agente de creación aquí pareciera ser la tierra misma. Aunque el versículo siguiente nos dice que Dios es el que lo hizo, para el libro de Génesis no existe un problema en que la creación sea descrita en forma de procesos naturales, siendo la creación parte en estos procesos. Esto quizá ya nos abre la puerta de conversación un poquito, pero quedan algunas trabas en el camino.

---

4. Note como la NTV y la TLA traducen Gn 1:11 sin la agencia de la tierra en el proceso. Sin embargo, la palabra hebrea *dasá*, que significa como *brotar* o *germinar*, está en el Hiphil, que es una forma del verbo que enfatiza la agencia causativa. Es decir, la forma del verbo transmite que es la tierra la que debe causar la acción de brotar o germinar. El versículo 12 confirma esto cuando estas dos traducciones dicen que "la tierra produjo".

Con la puerta entreabierta, nos vienen unos cuántos obstáculos encima que parecen ser unos problemones entre la evolución y el libro de Génesis. Estos son los siguientes: 1) Génesis habla de seis días, y la evolución habla de millones de años. 2) La formación de los humanos no es de animales. 3) Las genealogías en la Biblia indican una cronología diferente a la científica. 4) La teoría de la evolución se basa en la muerte de seres y especies antes de la existencia de los humanos, mientras que la muerte en Génesis parece ser el castigo de la desobediencia. 5) Muchos defensores de la evolución argumentan que la naturaleza se encargó de la formación de la vida, mientras que Génesis habla de Dios dando vida a los humanos. 6) La teoría de la evolución argumenta que la población actual no puede venir de dos primeras personas, mientras que Génesis habla de que todos descienden de Adán y Eva. Todos estos son obviamente complicaciones no fáciles de explicar. Pero de esto tratará este capítulo. Vayamos un paso más.

SIETE DÍAS Y LOS MILLONES DE AÑOS

El primer obstáculo es la corta duración de la creación en el relato bíblico. Como ya hemos visto, esto es solamente un problema para la lectura de la prescripción científica. Todas las demás no lo ven como un obstáculo este aparente desfasaje de duración (ver pág. 29). Pero para que la conversación se pueda dar, debemos entender por qué esto no es un obstáculo. Si entendiéramos los días a la manera de los días simbólicos cabe preguntarnos sobre la razón de ser exactamente siete los días enlistados en Génesis 1. Es cierto que la idea de que los días de Dios son como mil años humanos aparece en Salmos 90:4: "Porque mil años delante de tus ojos, son como el día de ayer, que pasó"; y luego 2 Pedro 3:8 alude a este texto diciendo: "para con el Señor un día es como mil años, y mil años como un día". Por otro lado, es importante notar que en ninguna parte de la Biblia se conecta esta interpretación de los días del Señor con los días de la creación. Y aunque estos sean periodos más largos, volvemos a subrayar la importancia de que Génesis no se trata de ciencia, sino de teología (ver cap. 2).

Los siete días implican dos cosas. En primer lugar, los siete días presentan un paradigma de actos en el relato, presentando un crescendo con tres tonalidades: se crean los escenarios, luego los actores o habitantes y, finalmente, en la excelsa entonada Dios mismo puede descansar en su morada ordenada y establecida. En segundo lugar, y esto muchas veces es falsamente contrapuesto a la primera implicancia, los siete días presentan un paradigma del ordenamiento de la vida como culto a Dios en fases de semanas, es decir cada siete días (Éx 20:8-10). Como Michael LeFebvre explica aptamente:

> *El propósito de la narrativa [de Génesis 1] no es simplemente enseñar al pueblo lo sucedido, sino enseñarles cómo recordar las obras de Dios y su descanso a través de sus propias semanas de labor y adoración…*
>
> *Cuando las narrativas están compuestas como guía festiva, es normal que las fechas sirvan ese propósito litúrgico sin ninguna preocupación por la cronología actual de los eventos originales.*[5]

Si los siete días de la creación son paradigmáticos, no están en necesaria contraposición con los millones de años que requiere la ciencia con sus observaciones empíricas. No quisiera defender la ciencia, ni necesariamente darle toda la razón que a veces clama tener, pero sí pretendo defender que un profundo análisis de Génesis 1 demuestra que no hay una clara contradicción entre la Biblia y la ciencia. El paradigma de las semanas las seguimos los cristianos todavía el día de hoy. Esto ha sido algo muy duradero a través de la historia, ya que los estudios de la longitud del año solar y lunar han cambiado bastante pero, aunque los meses y años siguen su propio curso, los calendarios y los países de influencia cristiana mantienen el ritmo de vida semanal de siete días.[6]

LAS GENEALOGÍAS Y EL CONTAR DE LOS AÑOS

El siguiente aparente obstáculo son las genealogías de la Biblia y la suma de los años que presentan. La diferencia de los años depende a partir de cuándo en los eslabones evolutivos se lo llame humano al

---

5. Michael LeFebvre, *The Liturgy of Creation: Understanding Calendars in Old Testament Context* (Downers Grove, IL, EE.UU.: InterVarsity, 2019), 113–14, 118.
6. Es cierto que los cristianos celebran el primer día de la semana como el día del Señor y no el sábado, pero esto tiene que ver con el entendimiento de que Jesús sea su Señor. Por algo Jesús y sus seguidores tuvieron bastantes problemas por entender esto algo diferente (comp. Mt 12:1-12; Juan 5:16-17; Col 2:16; Heb 4:8).

humanoide.[7] Un punto importante es poner bien en claro, que cuando las observaciones científicas pueden proporcionarnos fechas y datos, estas no pueden definir lo que es humano. Se puede inferir conclusiones, pero la definición de un humano estará en campos de la teología, antropología y sociología. Pero lo más cercano que se puede llegar a encontrar un ser viviente que presenta las condiciones más similares de nosotros, suele ser considerado científicamente desde 200 000 años a unos 20 000 años, otra vez dependiendo de qué capacidad intelectual se requiera para ser llamado humano.[8] Digamos que sean los 20 000 años, para estar lo más cerca posible. Los años de la Biblia nunca alcanzan los 20 000 años desde el primer humano hasta nosotros. Pero cabe preguntar ¿cuál es el propósito de los años que figuran en la Biblia?

El cálculo de la edad de la tierra y del humano en la Biblia se puede encontrar ya en tiempos antes de Jesús. El libro apócrifo Jubileos (ca. 150 a.C.), un escrito judío, habla de una datación de 50 años jubileos desde la creación hasta la entrada en Canaán, es decir unos 2450 años.[9] Lo central para el libro de Jubileos no es la cantidad de años, sino que encajen con un patrón de años de jubileos. Esto es decir que todo el tiempo del mundo está dividido en números con base en siete. La semana de siete días, el año sabático cada siete años, los asumidos 364 días del año que dan 52 semanas, los años de jubileo de 49 años (7x7) y, finalmente, la historia de la creación hasta la entrada a la tierra prometida en 2450 años (50x7x7).

Aunque el libro Jubileos no hace referencia a una datación del futuro, ha sido entendido así y de aquí han salido varias ideas de datar los milenios futuros.[10] Esto llevó a la suposición de que la Biblia misma estimaba la llegada del Mesías a los 4000 años desde la creación. Esta idea también la encontramos en la Epístola de Bernabé, un escrito cristiano que data ca. 130 d.C. Varios intérpretes han seguido esta idea: los escritos rabínicos, Agustín de Hipona, Cristóbal Colón,

---

7. Se puede encontrar una interesante discusión sobre los diferentes eslabones del Homo Sapiens en Antonio Cruz, *La ciencia, ¿encuentra a Dios?* (Barcelona, España: Clie, 2016), 292–99.

8. Albert Tenesa et al., "Recent Human Effective Population Size Estimated from Linkage Disequilibrium", *Genome Res.* 17.4 (2007): 525. Se puede ver también Rau, *Mapping the Origins Debate*, 142.

9. James C. VanderKam, *Jubilees 1–21*, Hermeneia (Minneapolis, MN, EE.UU.: Fortress Press, 2018), 1, 37.

10. VanderKam, *Jubilees 1–21*, 44–45, 67–68.

Martín Lutero y James Ussher quien, escribiendo una cronología de más de 2000 páginas, dató la creación del mundo en 4004 a.C. La epístola atribuida al apóstol Bernabé hace uso de los días simbólicos de la creación, pero en un sentido analógico y no cronológico. O sea, para Bernabé los siete días son siete veces 24 horas, pero además sirven como parámetro de la existencia de la creación. Veamos lo que dice la epístola:

> *El sábado es mencionado al principio de la creación: y Dios hizo las obras de sus manos en seis días y culminó en el séptimo día, y descansó en él y lo santificó. Presten atención hijos, ¿qué quiere decir que culminó en el sexto día? Esto quiere decir, que en 6000 años el Señor culminará todo, pues el día para él significan 1000 años. Ciertamente él mismo me confirma diciendo: "Miren, un día del Señor serán como 1000 años". Por eso, hijos, en seis días, esto es 6000 años, todo culminará.*
> *Ep. Ber. 15:3-4 (traducción del autor)*

Estas proyecciones han iniciado un sin fin de opciones sobre calcular cuándo vendrá el fin, o como los rabinos judíos lo habían llamado, el *qets*. Se puede ver cómo este calcular tomó auge en los tiempos después del exilio entre los judíos por el día del Señor predicado por los profetas y también la mención de datos temporales como las 70 semanas en Daniel 9:24-25. La esperanza mesiánica era más grande que nunca. En este sentido, los cálculos de la edad de la tierra giraban alrededor del cumplimiento de estos 4000 años. Quizá suene un poco extraño todo esto, pero acordémonos que vivimos en un contexto muy diferente. Quizá alguno se podrá recordar de la amenaza de un colapso financiero a nivel mundial en el año 2000, el así llamado error tecnológico Y2K: 4000 (mesías) + 2000 = 6000 (fin).[11]

---

11. Tim LaHaye y Jerry Falwell fueron grandes influyentes en predicar tal acontecimiento, aunque cuando se acercó el fin del milenio, se excusaron. Ver Hanna Rosin, "As Jan. 1 Draws Near, Doomsayers Reconsider", *The Washington Post*, 27 de diciembre de 1999, § News. Además, en Uganda ocurrió una masacre de más de 700 personas al hacerlos creer en un rapto en tal fecha. Ver Ian Fisher, "Uganda Survivor Tells of Questions When World Didn't End", *The New York Times*, 3 de abril de 2000, § World, https://www.nytimes.com/2000/04/03/world/uganda-survivor-tells-of-questions-when-world-didn-t-end.html.

El debate después del primer siglo entre los judíos y los cristianos era acerca del año de la llegada del Mesías.[12] La llegada del Mesías tenía que ver con la restauración del reino de Israel, el templo y el inicio de los últimos días (comp. Hch 1:6; 2:17). En la tradición judía del Talmud Babilónico (450 d.C.) encontramos la siguiente división de los tiempos del mundo:

> *La escuela de Eliyahu enseñó:* **seis mil años es la duración del mundo.** *Dos mil* *de los seis mil años se caracterizan por el* **caos;** *dos mil años se caracterizan por la* **Torá,** *desde la era de los Patriarcas hasta el final del periodo misnaico; y* **dos mil** *años son el periodo de la venida del* **Mesías.**
> *Sanhedrín 97a.*[13]

Como vemos, todos estos cálculos de la edad de la tierra tratan de proyectar una posible información extra acerca del fin. Además, esto nos explica la razón porqué los cristianos querían datar el año del nacimiento de Jesús en el año 4000 d.C. Buenos ejemplos de esto son Agustín, Lutero y Ussher que corroboran este cálculo. En 1650 d.C., el arzobispo James Ussher había calculado que la creación del mundo inició el domingo, 23 de octubre de 4004 a.C. Lo más importante en todo su cálculo fue para Ussher que Jesús, el Mesías, habría nacido en el año 4000 desde la creación. Los cuatro años demás, por los que llega a los 4004, aparecen porque Herodes el Grande, quien aparece persiguiendo a Jesús, falleció en el año 4 a.C. y, por lo tanto, debía entrar en el cálculo. Nuevamente, estos cálculos han sido basados en las edades del mundo y los años del Mesías que ya se habían calculado anteriormente.

Ahora, ¿cómo se puede solucionar esta diferencia de por lo menos 16 000 años entre los primeros humanos según la ciencia y los 6000 que ofrecen estos cálculos basados en números de la Biblia? Mis tres argumentos no tratarán de conciliar las fechas, sino de solucionar y explicar el desfasaje. En primer lugar, la Biblia misma nunca hace estos cálculos generales de las edades del mundo. Es más,

---

12. Una muy buena presentación de este debate lo ofrecen Hermann Leberecht Strack y Paul Billerbeck, *Kommentar zum Neuen Testament aus Talmud und Midrasch* (München, Alemania: Becksche Verlagsbuchhandlung, 1928), 4b:986–1015, https://archive.org/details/kommentarzumneue00herm/mode/2up.

13. William Davidson, trad., "Sanhedrin 97a", *Sefaria,* s.f., https://www.sefaria.org/Sanhedrin.97a.

desalienta a realizar estos cálculos al no proveer todos los datos y a veces ofreciendo dos o más maneras de calcularlo. En ningún lugar de la Biblia encontramos algún indicio que el Mesías llegaría en el año 4000 después de la creación, ni que la tierra durará 6000 años. Ussher mismo utilizó las cronologías de otras civilizaciones para los datos faltantes. El calendario tradicional judío Seder Olam en contraste no los utiliza para nada. En este calendario judío, por ejemplo, el tiempo del Imperio Persa que duró más de dos siglos enteros, es reducido a unos pobres 52 años.[14] Algunos consideran esto un argumento en contra de las interpretaciones cristianas. La razón de verlo así es que según el calendario Seder Olam, Jesús hubiera llegado en el año 3760 del mundo y no en el 4000 y, por lo tanto, no pudo haber sido el Mesías.[15]

El segundo argumento es que Jesús había prohibido explícitamente los cálculos de años y eras, como también indicado claramente que la información sobre fechas futuras no es para los humanos, ni para él mismo. En Hechos 1:6, justo antes de su ascensión los discípulos le preguntan a Jesús: "Señor, ¿restaurarás el reino a Israel en este tiempo?". Jesús les responde no solo a los doce apóstoles, sino también a sus seguidores: "No os corresponde a vosotros saber los **tiempos** ni las **épocas** que el Padre ha fijado con su propia autoridad" (Hch 1:7). Como seguidores de Jesús no estamos llamados a calcular las eras mesiánicas o la longitud de los últimos días (comp. Mt 24:36; Mr 13:32; Lc 10:22). No nos toca defender los tiempos y las épocas del Mesías, nos toca ser sus testigos hasta los confines de la tierra (Hch 1:8).

En tercer lugar, el libro de Jubileos y los demás calendarios, al calcular sus fechas, siempre se han basado en las dos grandes lumbreras en el cielo que dominan el día y la noche: sol y luna. El libro de Génesis mismo aclara que estas lumbreras nos darán la información necesaria.

> *Entonces Dios dijo: que haya luces en la bóveda celeste, que alumbren la tierra y separen el día de la noche, y que sirvan también para señalar los días, los años y las fechas especiales. (Gn 1:17, DHH)*

14. James Barr, "Why the World Was Created in 4004 BC: Archbishop Ussher and Biblical Chronology", *BJRL* 67.2 (1985): 580.
15. Heinrich Walter Guggenheimer, *Seder Olam: The Rabbinic View of Biblical Chronology* (Lanham, MD, EE.UU.: Rowman & Littlefield, 1998), xi n.7, 256, 260-1.

En este sentido se puede ver que las luces en el cielo, sol, luna y estrellas nos indican hoy en día cómo calcular un día específico. En otras palabras, Dios dijo: aquí tienen su reloj y su calendario. Sin embargo, las mismas luces de estas estrellas nos indican una enorme cantidad de años que ya están brillando. En un sentido bíblico, esto es exactamente lo que la iglesia siempre ha promovido, un buen estudio de la creación de Dios mismo para entender los días, años y fechas especiales.[16]

Todo esto no significa para nada que no podemos confiar en lo que la Biblia nos dice, todo lo contrario: es nuestra autoridad. Pero debemos comprender lo que quiere decirnos, y en este caso es que no debemos forzar nuestra lectura de las señales a las formas de calcular del mundo de la Biblia. Además, en el capítulo 4 hemos tratado en breve el propósito de las genealogías para un lector en tiempos antiguos. Aunque las genealogías de Jesús (Mt 1:1-17; Lc 3:23-38) pueden tener otra función extra que la de Génesis 5, pero las dos cumplen una misma función, la de juntar las historias en un linaje, como un hilo que une a las perlas en un collar. Sus años cumplen varias funciones y la cronología es una de ellas, pero es más un mensaje teológico que una cronología científica. La Biblia es menos historiografía y más historiosofía, esto es preferir la sabiduría (*sofía*) teológica de la historia que la historia en su detalle por el mero hecho de informar.

Las diferentes tradiciones de las edades de los patriarcas nos confirman esto (Masorético, Samaritano, LXX, Libro de Jubileos, Flavio Josefo; ver pág. 133). Además, como Jeremy Hughes indica, la cronología del texto hebreo del Antiguo Testamento tiene el año 4000 justo en 164 a.C., el año de la rededicación del segundo templo por los Macabeos (ver pág. 286).[17] Sin olvidarnos que el tiempo del Imperio Persa siendo reducido a unos 52 años, quedando aproximadamente unos 160 años en el olvido. Entender las genealogías por la metáfora del collar de perlas parece ser una buena solución para los cristianos. Las genealogías y los años tienen su importancia. En su hermosa simetría numerológica nos indican que es Dios quien dicta

---

16. LeFebvre, *The Liturgy of Creation*, 11–16.
17. Jeremy Hughes, *Secrets of the Times: Myth and History in Biblical Chronology*, JSOTSS 66 (Sheffield, Reino Unido: Sheffield Academic, 1990), 234.

los tiempos.[18] Pero en ningún sentido estos números estaban para calcular ni el fin ni el comienzo.

LA MUERTE

Otro problema que muchas veces es subrayado es que la teoría de la evolución necesita la existencia de la muerte para un buen desarrollo, mientras que la Biblia indica que la muerte vino recién por la desobediencia de los primeros humanos.[19] Nuevamente, a primera vista las dos ideas quedan como agua y fuego. Es cierto que el desarrollo de especies más avanzadas, según la teoría de la evolución, sucedió a costo de la muerte de los antecesores. Así también es verdad que la Biblia dice que "el pecado entró en el mundo por un hombre, y por el pecado la muerte" (Ro 5:12). Sin embargo, algo no cuadra del todo en este contraste de las dos maneras de hablar de la muerte. Analicemos un poco más a profundidad lo que se está proponiendo.

¿Qué es lo que la Biblia trata de afirmar y qué es lo que no afirma? En primer lugar, el apóstol Pablo asevera que el pecado entró al mundo y por el pecado la muerte. En otras palabras, podríamos decir que como Adán desobedeció el pecado pudo tomar fuerza y dársela a la muerte. Fijémonos en lo personificado que Pablo habla del pecado y de la muerte.[20] Pareciera que estos dos estuvieron esperando afuera, quizá observando todo por una ventana, hasta que se les abrió la puerta. Si es que presionáramos a Pablo con la pregunta de que ninguna célula moría antes del pecado de Adán, seguramente nos diría que no sabe lo que es una célula, pero si supiera, no era eso lo que quiso decir. Nos damos cuenta de que estamos analizando las cosas desde dos entendimientos muy distintos.

Para Pablo no es que no pudieran regenerarse las células de la piel, como sucede en nuestros cuerpos, antes del pecado. Las frutas en la biología son también objetos bióticos, es decir que tienen vida. La ciencia de los tiempos de Génesis o de Pablo era muy distinta a la nuestra. La sangre es un ejemplo muy claro para esto. Ninguna

---

18. Nahum M. Sarna, *Exploring Exodus: The Origins of Biblical Israel*, 2ª ed. (New York, NY, EE.UU.: Schocken Books, 2011), 8.

19. Henry M. Morris, "The Vital Importance of Believing in Recent Creation", *Back to Genesis in Acts & Facts* (2000): b.

20. John E. Toews, *Romans*, BCBC (Scottdale, PA, EE.UU.: Herald, 2004), 371–72.

persona piensa que los glóbulos rojos y blancos, más las plaquetas que están en la sangre podrían orar o clamar a Dios. Pero esa sería una lectura científica de lo que sucede cuando Dios reclama a Caín: "La voz de la sangre de tu hermano clama a mí desde la tierra" (Gn 4:10). La sangre es un elemento vital para la vida, y metafóricamente hablamos todavía de tener o no sangre en las manos, al referirnos a un asesino.

La muerte en el sentido biológico sí existió en el Jardín del edén antes que Adán haya pecado. Pero la muerte humana no existía, por tener el acceso al árbol de la vida. Es justamente esta la razón por la que Dios expulsa a Adán y Eva del paraíso (Gn 3:22).[21] En este sentido podríamos decir que no hay ninguna contradicción en lo que la ciencia evolutiva y la Biblia nos enseñan. Claro que quedan algunas preguntas abiertas, pero estas serán tratadas más adelante.

Por otro lado, que Dios puede utilizar la muerte para crear una mejor situación, lo podemos ver a través de toda la Biblia. En primer lugar, las frutas y los vegetales dan su vida (biótica) para el bien del humano. Luego encontramos que los sacrificios son un elemento desde Caín y Abel, para mantener o mejorar la relación con Dios. El sacrificio más importante del hijo de Dios mismo, Jesús muriendo nos dio una nueva realidad ante Dios. Así también, todo el nuevo testamento anima a los cristianos a dar sus vidas por el bien de Dios y por ende el bien de los demás.[22] Lo que nos dice esto es que, aunque el morir sea una enemistad y castigo para el ser humano, no está fuera del poder, ni nunca estuvo, para Dios utilizar esta fuerza para el bien de su voluntad. Cabe notar que la teoría evolutiva es y trata de BIO-logía, es decir es la ciencia de la vida, no de la muerte, pero se entiende la vida en contraste con la muerte, aunque nuestra realidad no es así de blanca y negra. En este sentido la Biblia y la evolución, ambos están a favor de la vida, y carecen totalmente de sentido sin la vida.[23]

---

21. Esto es el mismo punto que sugiere Carballosa, *Génesis*, 102.

22. Algunos ejemplos: Jesús mismo dice que "Nadie tiene mayor amor que este, que uno ponga su vida por sus amigos" (Juan 15:13); Pablo explica a los cristianos en Filipos "Pues a ustedes se les dio no solo el privilegio de confiar en Cristo sino también el privilegio de sufrir por él" (Fil 1:29); en la Apocalipsis encontramos los siguiente: "se les dijo que descansaran un poco más hasta que se completara el número de sus hermanos, los consiervos de Jesús que se unirían a ellos después de morir como mártires" (Ap 6:11).

23. No trato de defender la teoría de la evolución, eso lo pueden hacer los científicos. Lo que trato de aclarar es que no encuentro una verdadera contradicción entre la Biblia y la teoría.

¿NATURALEZA O DIOS?

El punto de discusión no termina en quién está a favor de la vida o quién está en contra. Un aparente obstáculo más que se debe enfrentar es la pregunta si es la naturaleza misma o es Dios quien dio la vida. Esta pregunta es la que está detrás de muchos debates acerca de la existencia de Dios. Ha surgido en el naturalismo, un movimiento que es anterior al tiempo de Darwin, y que ha tomado la teoría darwiniana para utilizarla a su favor.[24] Es decir, este naturalismo argumenta que, si la naturaleza puede crear el mundo, vegetales, animales y hasta personas, para qué necesitamos creer en un creador o un dios. Esta es la manera en que los ateístas más expresivos, como Richard Dawkins o el ya fallecido físico Stephen Hawking, argumentan.[25] Ellos utilizan el naturalismo como un contraste con el sobrenaturalismo. Es decir, este naturalismo como también el materialismo, claman que solo existe lo material y el azar de estos componentes.[26]

Sin embargo, es de suma importancia para el cristiano diferenciar entre el naturalismo ateísta y la teoría de la evolución. Esto ya lo hizo, por ejemplo, el muy conocido C. S. Lewis, el autor de Las crónicas de Narnia quien, siendo enemigo rotundo del naturalismo, nunca debatió en contra de la teoría científica de la evolución.[27] Hay una diferencia enorme entre el naturalismo y la evolución. A simple vista puede quedar desapercibida, pero el mismo Lewis respondió resumidamente al naturalismo lo siguiente:

> *Así es con el naturalismo. Sigue reclamando territorio tras territorio: primero lo inorgánico, luego los organismos inferiores, luego el cuerpo del hombre, luego sus emociones. Pero cuando da el paso final*

24. Jürgen Habermas, *Entre naturalismo y religión*, trad. Pere Fabra et al. (Barcelona, España: Paidós, 2006), 10–11. Habermas hace hincapié en la secularización del estado, sacando la idea del orden universal religioso. Esto, según él ha llevado al convivir pacífico entre las diferentes religiones en un mismo país, pero a la vez refuerza la secularización del estado y su gobierno. Sugiero que algo similar ha sucedido en la academia del estudio de lo "natural" en contraposición de lo "supernatural".

25. Richard Dawkins, *El espejismo de Dios*, trad. Natalia Pérez-Galdós (Barcelona, España: Divulgación, 2013); Stephen Hawking y Leonard Mlodinow, *El gran diseño*, trad. David Jou Mirabent (Barcelona, España: Crítica, 2010).

26. Willem B. Drees, "Naturalism", en *Encyclopedia of Science and Religion*, ed. J. Wentzel van Huyssteen (New York, NY, EE.UU.: Macmillan Reference, 2003), 593–97.

27. Manfred Svensson, *Más allá de la sensatez: El pensamiento de C. S. Lewis* (Barcelona, España: Clie, 2015), 36.

e intentamos una explicación naturalista del pensamiento mismo, de repente todo se desmorona. El último paso fatal ha invalidado todos los anteriores: porque todos eran razonamientos y la razón misma ha sido desacreditada. Por lo tanto, debemos dejar de pensar por completo o comenzar de nuevo.[28]

Es esta metanarrativa que deja simplemente de lado a cualquier ser supernatural. Es decir, esta manera de describir toda la realidad completa, todo lo que existe, a través de los ojos puramente naturalistas. ¿Pero no es que la teoría de la evolución afirma que la naturaleza lo produjo todo al azar? Para hacerlo bien sencillo, y casi demasiado reduccionista, podríamos resumirlo así: lo que sucedió es que la creencia que de la nada se formaron las especies, digamos de un punto A, la nada, llegamos a un punto B, donde ya están las especies presentes. Esto sería un razonamiento donde lo que nos lleva de A a B fue Dios. Sin embargo, lo que la teoría de la evolución explica es que, entre A y B, existieron unos millones de pasitos que podríamos llamar A^1, A^2, A^3, hasta que lleguemos a B. Este razonamiento sería, por lo tanto, que de A a B nos llevaron todos los puntos intermedios A^1, A^2, A^3, … En este sentido, el lugar que tenía Dios entre la nada y el todo, entre A y B, ahora era desplazado por estos puntos intermedios.

La amenaza sentida es gigante, pero la teoría de la evolución nunca quiso explicar si Dios estuvo detrás del movimiento de A a B o detrás del movimiento de A a A^1. Lo que sí concretó la teoría de Darwin, es que de A no simplemente sale B, o B^2, sino A^1. El razonamiento amenazado era que todos los pasos entre la nada y el todo que no se pueden explicar es donde nuestro razonar metía a Dios. Pero como en Génesis Dios involucra la tierra en la formación de los animales y el agua en los peces, aquí no hay una necesaria contrariedad entre lo que la Biblia y la evolución enseñan. Si Dios es el que llevó todo de la A a la B, no hay problema que ahora pueda ser el Dios que lo llevó todo de A a B a través de todos los puntos intermedios. Esto no ha sacado nada del poder de Dios. Todo lo contrario.

---

28. C. S. Lewis, *God in the Dock: Essays in Theology and Ethics*, 7ª ed. (Grand Rapids, MI, EE.UU.: Eerdmans, 2014), 145.

Si es que Dios ha creado todo por medio de una forma tan compleja e interconectada, y lo ha hecho tan bello de una manera en la que involucró su propia creación en sus acciones creadoras, pareciera ser que esto realza el poder de Dios a otro nivel. Ard Louis, el físico neerlandés, que enseña en la Universidad de Oxford, lo ha expresado a través de la siguiente analogía:

> *Si tomara bloques de Lego, los juntara y se hiciera un tren, sería algo genial. Pero si tomara bloques de Lego que cuando los colocara en una caja y la agitara por un rato... y al abrirla se hubieran ensamblado espontáneamente en un tren, incluso si el tren tuviera algunos pequeños defectos, esto podría ser incluso más genial.*[29]

No solo es fantástico que los profesores de Oxford usaran bloques de Lego para ayudarnos a entender algunas cosas, sino que realmente es este un argumento que muchos científicos cristianos que creen en la evolución siguen. ¿Qué es más difícil hacer: bloques de Lego o bloques de Lego autoensamblables? Sin embargo, queda todavía la pregunta: ¿de qué fue hecho este tren? Saliendo de nuestra analogía, la Biblia parece indicar que fuimos hechos del polvo y no de otra especie. Y a esta problemática nos dirigimos ahora.

LA FORMACIÓN DE LOS HUMANOS

La dificultad que nos presentan los dos relatos (Génesis y la teoría de la evolución) sobre la formación de los humanos, la podríamos resumir con la pregunta: ¿Fuimos hechos de polvo o del mono? Claramente pensamos que aquí está un problema que separa irreconciliablemente a la Biblia de la ciencia. Sin embargo, ¿es realmente lo que dicen la Biblia y la ciencia?

En primer lugar, analicemos lo que dice el libro de Génesis: el primer capítulo de la Biblia solo nos indica que Dios ha creado al ser humano, hombre y mujer. Recién en el segundo capítulo, donde el texto parece enfocar la función y la condición humana, como lo hemos visto en el cap. 3. En Génesis 2 se nos cuenta la formación humana en más detalle. Debemos recordar que el capítulo nos introduce al relato con el siguiente título: "Estos son los orígenes de

29. Ard Louis, *Ard Louis: Science and Faith*, 2016, https://vimeo.com/153015977.

los cielos y de la tierra" (Gn 2:4). Aquí es de donde sale todo énfasis de lo que somos los humanos y dónde está Dios. La perspectiva del universo del Antiguo Oriente Próximo con sus dos o tres secciones (pág. 78), nos ayuda a ver que la formación humana tiene su origen en el obrar de Dios, pero no ocurre en el cielo superior ni tampoco en el mar inferior.

Antes de plantar al jardín, "Dios formó al hombre del polvo de la tierra, y sopló en su nariz aliento de vida, y fue el hombre un ser viviente" (Gn 2:7). Podríamos pensar: ahí está claramente, la Biblia dice que fuimos hechos del polvo. Este razonamiento lastimosamente no toma muy en serio al libro de Génesis. No le damos a la Biblia la oportunidad de explicarse. Si lo leyéramos en hebreo, no resaltaría automáticamente el detalle bastante obvio que para hacer un *adam* se utilizaría algo de *adamá* para lograrlo. Lo que esto significa, es que la palabra Adán viene a ser un masculino de *adamá* que significa tierra.[30] Como hoy en día diferenciamos los terrestres de los extraterrestres, así diferencia la biblia a los terrestres de los celestiales o acuáticos. Por algo se habla de un hijo de Adán, o más conocido como hijo de Hombre en el resto de la Biblia, cuando se quiere hablar de un humano.[31] Génesis no trata de dar una receta de los elementos para crear a un humano, sino que ancla al terrenal a la tierra. Dios es el que decide que el humano será creado y nuevamente la tierra tiene su parte en este desarrollo, como también en la creación de plantas y árboles (Gn 1:11).

Por otro lado, la teoría de la evolución no dice realmente que los humanos descendemos de los monos. Lo que afirma la teoría es que los humanos y los chimpancés tenemos aproximadamente un 99% de los genes en común, y los genomas enteros comparten entre un 95-98%, dependiendo de cómo se cuente las diferencias.[32] De aquí

---

30. Es cierto que el texto dice que Dios lo formó *del polvo* de la tierra. Si queremos encontrar ciencia en Génesis, podríamos decir que realmente el cuerpo humano se vuelve polvo cuando muere, citando Gn 3:19. Sin embargo, las partículas del suelo que llamamos polvo son muy diferentes a las partículas de un cuerpo descompuesto. En Gn 2:7, el polvo es bien determinado, es polvo de la tierra, cosa que Gn 3:19 también presupone. La Biblia no habla en nuestros términos científicos. Es mejor leer a Génesis como un escrito antiguo para una audiencia antigua, que nos ha llegado a nosotros en una cultura y cosmovisión muy diferente.

31. Sal 89:47; Is 51:12; Ez 2:1; 44:5; Da 8:17.

32. Dennis R. Venema y Scot McKnight, *Adam and the Genome: Reading Scripture After Genetic Science* (Grand Rapids, MI, EE.UU.: Brazos, 2017), 32.

ya la probabilidad es tremendamente grande de que haya existido un antecesor común que no fue humano ni chimpancé, que haya vivido unos 6 millones de años antes.[33] Es decir, no descendemos de monos, aunque genéticamente podríamos llamarlos primos bastante lejanos, a unos 6 millones de años. Si decimos que, desde los tiempos de Moisés, o de Jesús hasta hoy en día ha cambiado mucho, 6 millones de años es mucho más tiempo para que ocurriesen unos cuantos cambios genéticos en estas especies.

Aunque la Biblia no dice que fuimos creados de otra especie, tampoco nos explica porque nuestro cuerpo consta de piel, células o genes. Lo que el libro de Génesis trató de afirmar claramente es que Dios decidió crear al humano, que Él tuvo su mano en el proceso, nos creó a su imagen en comparación con cualquier otra especie, y que somos terrenales y no celestiales. En este sentido, podemos ver que las paces entre Génesis y evolución quizá no son del todo una mala idea. Repito, no defiendo la teoría de la evolución, eso lo dejo a los científicos. Pero partiendo del mensaje bíblico, no hay inconveniente para que un cristiano pueda creer en estos dos relatos a la vez.

El libro de Génesis no trata de explicar cómo es que se formó el humano, o de qué elementos. En contraste, la ciencia sí se limita justamente a esa pregunta. Por algo, la Biblia nunca nos habló de células o medicamentos contra bacterias o virus, mientras que la ciencia ha tenido mucho que decir en cuanto a esto.

Quizá me hago entender mejor con una analogía de nuestra propia experiencia, acerca de cómo podemos tener una mejor manera de entender el obrar de Dios en el mundo. Cuando un empleado cobra su salario al final del mes, está feliz y agradece a Dios por la provisión recibida. Pero el empleador podría decir que fue simplemente las compras de los clientes quienes han ocasionado la suficiencia de su salario. ¿Podrían ser las dos respuestas en conjunto? Otro ejemplo es cuando mamá y papá deciden tener un bebé. Alguien podría decir que fue la voluntad de Dios. ¿Pues de quien fue la voluntad, de mamá y papá o de Dios? Claro que Dios podría hacer un bebé sin

---

33. Lamoureux, *Evolutionary Creation*, 435. Lamoureux añade que los chimpancés y los humanos compartimos un gen defectuoso, que requiere que no producimos la vitamina C, obligándonos a comer frutas con estas vitaminas. En casi todos los demás animales este gen funciona. Esta similitud y varias más aumentan la probabilidad de un antecesor común entre las dos especies.

mamá y papá, pero al parecer Dios prefiere procesos en los cuales su creación está incluida en el suceder de las creaciones. Diferenciar siempre entre estas voluntades es muy peligroso. Por un lado, uno diría que ya no tenemos ninguna responsabilidad sobre este bebé o que no haya salario a cobrar. Pocos aceptarían tal excusa. Por otro lado, las incertidumbres, el poco control sobre el mercado y la anatomía humana que tenemos nos maravillan de cómo todo nuestro mundo tan complejo suele mantenerse por la providencia de un Dios sabio que está sobre todo.

TODOS DESCIENDEN DE LA PRIMERA PAREJA

En el año 1987, en una publicación científica, se había dado a conocer el estudio de la parte mitocondrial del ADN (ADNmt) de los restos de la mujer más antigua que tuvo los mismos elementos en su ADNmt que todas las mujeres de hoy en día.[34] Lo que quiere decir esto es que los fósiles de esta mujer, que datan de aprox. hace unos 180 000 años, indican que, de alguna manera, todos hoy en día llevamos parte del ADN de esta mujer, que se transmite por la línea materna. Por lo tanto, se ha denominado a esta mujer la *Eva mitocondrial*. De la misma manera, siguiendo la trayectoria del cromosoma Y que pasa solo de padre a hijo también se han encontrado fósiles de un hombre que lleva, contrario a otros fósiles más antiguos, el mismo cromosoma Y que todos los hombres hoy en día. A este *Adán cromosómico* se lo estima entre 50 000 a 200 000 años de antigüedad.[35]

Esto no quiere decir que todos somos descendientes de esta pareja, para nada. Aunque los nombres Adán y Eva pueden confundir, no se trata de una pareja, ni que estos fueron los primeros humanos. De lo que se trata esto es de un acercamiento al tiempo en que vivió un ancestro común más reciente a todos nosotros.[36] Es decir, hasta donde podemos seguir nuestro ADNmt y el cromosoma Y que todos tenemos en común. Hasta el momento se estima que cerca de los

34. Rebecca L. Cann, Mark Stoneking y Allan C. Wilson, "Mitochondrial DNA and Human Evolution", *Nature* 325.6099 (1987): 31–36.
35. Eran Elhaik et al., "The 'extremely Ancient' Chromosome That Isn't: A Forensic Bioinformatic Investigation of Albert Perry's X-Degenerate Portion of the Y Chromosome", *Eur J Hum Genet* 22.9 (2014): 1111–16.
36. Una buena explicación de cómo funciona esto, la ofrece Hernan Amat Olazabal, "Evolución humana y el ADN mitocondrial (II)", *Investigaciones Sociales* 12.21 (2008): 117–26.

200 000 años atrás han vivido estos dos personajes, siendo genéticamente los ancestros comunes más recientes, pero que estos tienen otros elementos en su ADN que nos dice que formaron parte de, por lo menos, una población de 10 000 seres de su misma especie, cada uno. Si fue la misma o no, sigue en duda.

¿Qué nos dicen estos dos párrafos de genética? Estas observaciones nos dicen que toda la población actual de humanos sale genéticamente de estos dos personajes que datan de hace 200 000 años. Aunque se estima que lo que nos separa como humanos de otras subespecies como los *neandertales* es la capacidad de hablar, el arte, estrategias de caza y tecnologías. Y como tal se estima el origen de los humanos con estas cualidades, hace unos 50 000 años.

Esto contrasta totalmente el relato bíblico donde todos descendemos de Adán y Eva, como la primera pareja humana creada a imagen de Dios. Aunque esto parezca un elemento central en las genealogías presentadas, la Biblia parece admitir personas que no son del linaje de Adán y Eva. Tenemos algunos curiosos detalles en la Biblia que dan lugar a que no todo sea tan claro como pareciera. Génesis 4:17 nos indica que Caín se unió a su mujer, sin explicar de dónde vino ella. Aquí se dividen los caminos. La idea de que tuvo que haber sido una hija de Adán y Eva está muy cerca de forzar al texto bíblico a decir algo que no necesariamente intenta proclamar. Tampoco debemos ir y encontrar la ciencia moderna en este pasaje y explicar que la esposa de Caín es de otra subespecie, como una neandertal, por ejemplo.

El científico S. Joshua Swamidass ha seguido esta línea de pensar. Según Swamidass, la Biblia presenta una descendencia mundial *genealógica* de Adán. Esto significa que cualquier pariente político sí es familia, pero *no* pertenece a la genealogía original. La ciencia, por su parte, habla de descendencia *genética*, que puede haber sido incorporado de cualquier pariente político, infiltrando su ADN en otra genealogía en el momento de mezclarse con el ADN original a través de una unión entre una pareja de diferentes ADN. Al tratar de forzar la compaginación de estos dos conceptos de descendencia, Swamidass entretiene la posibilidad de que fuera del edén humanos hayan evolucionado, mientras que Adán y Eva luego de salir del edén se han genéticamente mezclados, hasta que todos hayan sido conectados genéticamente y genealógicamente con el ADN de

Adán y Eva.[37] Aunque es un experimento interesante y hace una diferencia muy importante entre las diferentes descendencias, no llega a apreciar a Génesis por lo que es y trata de ser, una narrativa teológica muy antigua.

Es más simple entender que Génesis *nunca* trató de refutar cualquier genealogía que no sea la de Adán y Eva. Sí lo trata de hacer en el sentido de que todos fuimos creados y descendemos de los humanos creados por Dios. Pero Caín se puede casar con alguien que no es parte de la historia, y luego construir toda una ciudad con quien sabe qué clase de habitantes. El texto dice: "Y *conoció Caín a su mujer*, la cual concibió y dio a luz a Enoc; y *edificó una ciudad, y llamó el nombre de la ciudad del nombre de su hijo, Enoc*" (Gn 4:17). No es por la maldición que Caín ve la necesidad de construir una ciudad para su pequeña familia de tres personas. Génesis hace un punto importante del nacimiento del tercer hijo de Adán y Eva, Set, que no tendría mucho sentido si ya hubieran tenido muchos hijos e hijas más. El texto bíblico nos aclara que ella perdió a sus dos hijos, uno asesinado y el otro huyó por asesinarlo. Esta es la razón de que sea importante el nacimiento de Set.

Génesis asume población. Sin hablar de genética, subespecies u otras ideas modernas, Génesis quiere explicar el origen del humano terrenal. Génesis asume estar hablando del origen de los humanos al llamar al primero Terrenal (*adam*), de la tierra (*adamá*) y a su esposa Vida (*javá*, Eva), dando vida a todos los terrenales. Génesis asume estar hablando del origen de los pueblos al llamar a los primeros hijos Lanza (*cain*) por lo agresivo y guerrero y Soplo (*jebel*, Abel), por su corta vida.[38] Todos estos nombres, aparte de la pregunta histórica, en primer lugar, transmiten una hermosura de sentido teológico de la narrativa que relata en un sentido de historiosofía los inicios de los humanos.

En este mismo sentido, podemos entender a la primera pareja más bien como una pareja paradigmática, es decir, más que histórica, arquetípica. La primera pareja representa a toda la humanidad. Lo que Génesis enseña es que desde la creación de los humanos inician todos. Aunque Génesis no trata ni de explicarnos la anatomía

---

37. Swamidass, *The Genealogical Adam and Eve*, 24, 31–34.
38. Schökel, *Diccionario*, 190, 659.

humana, ni refutar cualquier idea de que hayan existido otras personas a la par de Adán y Eva. Es de esta manera que el cristiano puede evitar el obstáculo bastante complejo de la descendencia universal por manera genealógica de dos primeros seres humanos. Con estas afirmaciones ya nos adentramos en lo que es la siguiente gran pregunta: ¿fueron Adán y Eva personas históricas? Esta pregunta se tratará en el siguiente capítulo.

8

El Adán histórico, ¿y la Eva?

Porque así como en Adán todos mueren, también en Cristo todos
serán vivificados
(1Co 15:22)

Habiendo analizado varios de los aparentes obstáculos entre lo que la Biblia enseña y lo que la teoría de la evolución afirma, pudimos ver algunas señales de salida a este laberinto bastante complejo. Sin embargo, nos encontramos delante de una gran encrucijada, antes de poder ver este enredo más ordenadamente. Una gran dificultad nos queda por sobrepasar. Esta es, si los humanos no descendiéramos de una pareja original, sino de una población de al menos unos 10 000, entonces ¿quién pecó? ¿quién fue el "primer Adán"? ¿de quién habla Pablo cuando habla del pecado original? Estas y otras preguntas parecidas surgen en relación a que se suele llamar el Adán "histórico". Este capítulo tratará sobre estas preguntas.

¿QUÉ SE QUIERE DECIR CON HISTÓRICO?

Primeramente, debemos definir lo que se quiere expresar con la palabra *histórico*. No siempre es fácil precisar a lo que se refiere con un Adán histórico. Algunos quieren decir que *existió* algún hombre llamado Adán. Otros añaden que este fue el *único* hombre estando con la primera mujer llamada Eva. Siendo como fuese, ya hemos analizado el libro de Génesis en su forma paradigmática. Y debemos recordar que Adán recién aparece en el capítulo 5 de Génesis con su nombre sin el artículo y la mujer recién recibe su nombre Eva (vida), al final de Génesis 3. La pregunta acerca de un Adán histórico y una Eva histórica viene a entenderse entonces; que los personajes que aparecen en Génesis 1-3 fueron, en el evento actual de la historia, la primera pareja que había cometido el primer pecado de la humanidad. Con esta definición volvemos a preguntar: ¿afirma la Biblia que existió *este* Adán histórico?

Es muy importante entender que esta pregunta a menudo se confunde con otra: la pregunta de historicidad cuestiona sobre lo que sucedió, aunque no haya existido el libro de Génesis; mientras que una pregunta totalmente diferente cuestiona si la Biblia entiende que los personajes en Génesis representan y explican esa realidad actual. Para entender mejor estas dos preguntas podemos imaginarnos una película de Jesús en la que hay gente que le ofrece agua a lo que unos soldados lo prohíben y luego preguntarnos, ¿es lo que realmente sucedió a Jesús cuando él vivió o es lo que la película nos muestra? No se trata de comparar a Génesis con una película, sino que es importante entender que no es un relato científico en modo de un informe policial que define los hechos y los culpables con la máxima verificabilidad posible (ver cap. 2 y 3). En nuestro ejemplo de la película, el Jesús de la película en *realidad* es un actor y no Jesús mismo, mientras que el Jesús *histórico* es otro. Esta desconexión entre la narrativa hebrea y la historiografía moderna, al estilo de informe policial, es importante.[1]

En primera instancia quizá se sienta algo de inseguridad, al no ver la exactitud histórica en cada pasaje de la Biblia. Aunque es una equivocación completa decir que no haya ninguna exactitud histórica, es importante reconocer también que la Biblia contiene mucho material en géneros literarios muy diversos. Un ejemplo claro son las bestias y los cuernos en las visiones del libro de Daniel. Que la Biblia cuente que un cuerno tenga ojos y pueda maldecir, no significa que realmente es esto lo que sucedió, sino que detrás del texto se alberga una realidad muy distinta. Claro que esta realidad distinta que tiene que ver con eventos que sucedieron, es completamente histórica. Lo que quisiera dar a entender es que la Biblia tiene niveles de realidades que relata y como hemos visto en los capítulos 2-3, el género literario de Génesis no es historiografía moderna, sino un apartado teológico paradigmático para explicar la realidad del resto de la Biblia. Adentrémonos entonces a lo que encontramos en la Biblia sobre la pregunta de qué clase de Adán encontramos ahí y así poder responder la pregunta del Adán histórico.

1. El erudito judío Nahum Sarna explica que los autores de la Biblia no intentaron escribir historiografía, sino historiosofía. Esto es sabiduría histórica. Llevar el texto bíblico al juicio como un informe policial es malentender lo que la Biblia nos quiere enseñar. En *Exploring Exodus*, xiii.

EL ADÁN DEL ANTIGUO TESTAMENTO

Cabe destacar que Adán casi no aparece en todo el Antiguo Testamento. El nombre Adán solo aparece en Génesis 1-5 y luego una vez más en 1Cr 1:1. Hay al menos dos ocasiones más, donde no hay certeza si se refiere a un humano o al Adán de Génesis.[2] El primero de estas referencias se encuentra en Job 31:33 que dice: "Si encubrí como *hombre* [*¿Adán?*] mis transgresiones…". La mayoría de las traducciones bíblicas entienden que aquí se refiere más a lo humano que a Adán mismo.[3] Como Job habla de su vulnerabilidad y debilidad humana en contraste con el poder de Dios, hace más sentido que Job se refiera a lo humano que a Adán mismo.

La segunda posible referencia a Adán la hace el libro de Oseas. Aunque aquí las traducciones consensúan a mayor grado que se esté hablando de Adán mismo, cabe preguntar a qué pacto se refiere el profeta cuando escribe: "Pero ellos, *como Adán*, han transgredido *el pacto; allí* me han traicionado" (Os 6:7, LBLA). Si el profeta se refiere a Adán, necesariamente se trata de un Adán que prefigura al pueblo Israel. En otras palabras, Oseas entiende la historia de Génesis 2-3 como una historia paradigmática para explicar la humanidad y la corrupción en ella como también en Israel, al desobedecer a Dios.[4] Sin embargo, Adam también es un lugar en la Biblia (ej. Jos 3:11), y como la segunda frase del versículo identifica un lugar cuando dice *allí*, es muy probable que sea más bien la localidad que un hombre.[5] El profeta nos estaría recordando no al personaje de Génesis sino al lugar Adam, donde se transgredió el pacto.

---

2. Otro pasaje debatible es Ez 28:13, donde se habla de una figura en el edén. Judíos y cristianos han interpretado figuras angelicales como Satanás, y también la figura humana de Adán en este texto. En la LXX se puede notar una crítica al sumo sacerdote o también a Hiram, el rey de Tiro que ayudó a Salomón a construir el templo (1Re 7:40). Ver Hector M. Patmore, *Adam, Satan, and the King of Tyre: The Interpretation of Ezekiel 28:11-19 in Late Antiquity* (Leiden, Países Bajos: Brill, 2012), 211–13.

3. Las traducciones que entienden lo humano son: DHH, NTV, NVI, RV60, TLA. Las que ven una referencia a Adán mismo son: LBLA, JBS, BLP, RVA2015.

4. Esto estaría en concordancia con la LXX Os 6:7 donde se lee "ellos son como hombre transgresor". Sin embargo, la segunda parte del versículo, que lee en el hebreo como en el griego "*allí* me han traicionado/despreciaron", no logra hacer sentido ni con Adán ni con humano, por la clara referencia a un lugar.

5. H. Walter Wolff, *Oseas Hoy*, trad. Faustino Martínez Goñi (Salamanca, España: Sígueme, 1984), 119; J. Andrew Dearman, *The Book of Hosea*, NICOT (Grand Rapids, MI, EE.UU.: Eerdmans, 2010), 197.

Lo mismo sucede en el libro de Crónicas donde también aparece la palabra Adán. Crónicas presenta un resumen de las genealogías de Génesis, para así llegar lo antes posible a Israel, el tema central del libro. Realmente es solo un listado de nombres y no encontramos a ningún Jacob en estas genealogías. El autor omite cualquier explicación cuando se refiere a los hijos de Isaac como Esaú e *Israel*, en vez de Jacob (1Cr 1:34). Mientras que el libro menciona solo dos veces a Jacob, siempre está relacionado con Israel (1Cr 16:13, 17). El libro trata de mostrar nuevamente la conexión entre Adán e Israel, el pueblo elegido en medio de la humanidad, o lo elegido en el todo.[6] Adán aquí simboliza la humanidad e Israel a Jacobo, el elegido.

Por su lado, Eva no es mencionada aparte de Génesis 3-4 en todo el Antiguo Testamento. Curiosamente, el nombre Eva aparece solo cuatro veces en toda la Biblia. Todo esto nos indica que, para el Antiguo Testamento, más que hacer un uso científico, biológico o histórico, se toma en cuenta Génesis 1-3 como una historia paradigmática. Esto significa que el Adán representa más a la humanidad, que a un personaje histórico. El Adán representa lo que es un ser humano, quién lo hizo, a dónde pertenece, cuál es su tarea en esta tierra como también sus inclinaciones a la desobediencia. Salmos 8:3-4 nos presenta un ejemplo de esto:

> *Cuando veo tus cielos, obra de tus dedos,*
> *la luna y las estrellas que tú formaste,*
> *digo: ¿Qué es el hombre, para que tengas de él memoria,*
> *y el hijo del hombre, para que lo visites?*
> *(Salmo 8:3-4)*

El salmista queda maravillado a que el creador de los cielos con las lumbreras celestiales se acuerde de los adámicos, es decir los humanos. En cierto sentido, para el salmista todos somos adámicos, todos somos terrenales, en comparación con lo celestial. La alusión a la historia de la creación en este salmo es bastante directa en los indicios de formación creadora de lo celestial y lo terrenal.

Una referencia más a la creación del humano como una realidad paradigmática sale también a la luz en Eclesiastés 7:29 cuando el predicador dice lo siguiente:

---

6. Mark Boda, *1-2 Chronicles*, Cornerstone (Carol Stream, IL, EE.UU.: Tyndale House, 2010), 27–28.

He aquí, solamente esto he hallado: que Dios hizo al hombre recto,
pero ellos buscaron muchas perversiones (Ec 6:7)

Note como al principio Dios hace al hombre en singular, pero luego se refiere al hombre en plural al referirse a *ellos*. El autor parece entender la historia de la creación y desobediencia de una manera sapiencial, es decir, como un comunicado de sabiduría y no como historiografía. La realidad histórica de la creación de la humanidad y la rectitud al inicio queda intacta, pero el uno es a la vez todos. Y lo que la sabiduría del predicador le lleva a concluir es que lo que viene de Dios es lo bueno y recto, pero son los humanos que nos enredamos en la vida. Así queda el paradigma nuevamente consolidado, cuando la sabiduría histórica explica la realidad vivida por cada ser humano. Este es el uso del Antiguo Testamento del Adán que, en vez de ser historiográfico, este queda como una figura lejana que nos revela el paradigma de toda la humanidad.

EL ADÁN DE LOS EVANGELIOS

En los Evangelios del Nuevo Testamento, el personaje en cuestión aparece con nombre una única vez en Lucas 3:38. Esto es el final de la genealogía ascendente que no termina, como muchas veces se piensa, con Adán: "Cainán, de Enós; Enós, de Set; Set, de Adán…". Sorprendentemente la genealogía de Jesús termina con Dios mismo: "… y Adán, *de Dios*". Lucas, ya al inicio de su evangelio, deja saber a sus lectores por medio de las palabras del ángel Gabriel que Jesús será "Hijo del Altísimo" (Lc 1:32). Esto lo vemos confirmado por la voz del cielo en su bautismo diciendo a Jesús que "Tú eres mi hijo amado" (Lc 3:22). El mensaje de la genealogía de Jesús que Lucas trata de transmitir es que su descendencia es de Dios mismo. La presencia clara de Adán como hijo de Dios, explica que no se habla explícitamente de descendencia biológica, aunque para la descendencia directa de Jesús esto sí parece ser el caso. Se trata de una representación de un origen divino para la humanidad y con esto la solidaridad universal de Jesús con toda la humanidad.[7] Es decir, si Jesús vino de Dios, entonces su misión será para toda la humanidad, ya que esta también, al fin y al cabo, vino de Dios.

7. Joel B. Green, *The Gospel of Luke*, NICNT (Grand Rapids, MI, EE.UU.: Eerdmans, 1997), 189.

La otra posible referencia al Adán, la encontramos en Marcos 10:6-9 y Mateo 19:4b-6. Estos son prácticamente textos idénticos. Aquí Jesús se refiere a la creación cuando dice:

> Pero desde el **principio de la creación**, Dios los hizo **varón y hembra**. Por esta razón el hombre dejará a su padre y a su madre, y los dos serán una sola carne; por consiguiente, ya no son dos, sino una sola carne. **Por tanto**, lo que Dios ha unido, **ningún hombre lo separe** (Mr 10:6-9)

Aunque a menudo este pasaje es utilizado para refutar cualquier forma evolutiva en el proceso de la formación del humano, las palabras de Jesús parecen más bien argumentar a favor de un uso paradigmático del relato en Génesis. Es cierto que aquí notamos a Jesús estar a favor de cierta historicidad de lo sucedido. Queda claro que es Dios quien creó a los humanos. Pero al fijarnos que Jesús no se refiere necesariamente a personas únicas o particulares, nos damos cuenta de que hace uso de la historia para una conclusión ética de las obras humanas contra las de Dios. Esto quiere decir que Jesús saca de la historia no una ciencia o clase de biología anatómica, sino que la utiliza más bien de una manera sapiencial y sobre todo ética (ver pág. 104).

Para Jesús, el hecho de que Dios haya creado a los humanos de género masculino y femenino y que unirá a los dos en una sola carne, da lugar para que Jesús explique la voluntad de Dios empaquetada en la narrativa primordial de la realidad humana.[8] En este sentido, como para Lucas, así también para Mateo y Marcos, Génesis es paradigmático en especial para la teología y la ética del Evangelio del Mesías Jesús. Los evangelios no parecen indicar nada acerca de aquel Adán histórico, sino que utilizan la historia como lo que hemos indicado hasta ahora, una historia paradigmática para entender nuestra realidad humana y la ética esperada.

EL ADÁN DE PABLO

El siguiente análisis es un poco más complejo por la significancia de la conclusión. La pregunta que Pablo acata es la del pecado y

---

8. Xabier Pikaza lo resume de la siguiente manera: "De esta manera vuelve ... al principio de la creación, redescubriendo en su verdad de Dios al ser humano". En *Comentario al evangelio de Marcos*, 447.

su solución. En este sentido, algunos autores han acoplado la historicidad de Adán, esto es una persona que *existió* y fue el *único* y *primer* hombre en Génesis 1-3, con la realidad del pecado que Jesús solucionó al morir por nuestros pecados. Ciertamente pareciera ser la lógica más directa, decir que si Adán no existió como único y primer hombre quien pecó, entonces el pecado tampoco existe y Jesús murió en vano. Sin embargo, la cuestión no es tan sencilla. Nuevamente, la manera de leer las cartas de Pablo como un tratado que pueda funcionar directamente a la iglesia en el siglo XXI, es forzar las cosas a nuestro gusto. Debemos recordar las palabras de C. S. Lewis, quien decía que para poder juzgar algo se necesita saber qué es lo que se juzga. El apóstol Pablo fue un judío que se crio en un mundo griego y fue educado en ambos mundos, el griego y el judío. El hecho que él afirma que era un fariseo entrenado (Fil 3:6) y que sabía citar a poetas griegos (Hch 17:27-28; Tito 1:12), lo hacen una persona que respiraba el aire del siglo I d.C. como cualquier otro judío de su época.[9] Es en este aire que debemos leer las cartas de Pablo, si queremos entender lo que nos quiso transmitir.

EL PECADO ORIGINAL DE ADÁN

El apóstol Pablo habla de la cuestión del pecado y su problema para los humanos en casi todas las ocasiones al mencionar a Adán. En especial las cartas a los Romanos y 1 Corintios son elementales para entender bien el asunto. El pecado original es un concepto que se refiere a la primera desobediencia que ha apartado a la humanidad de la presencia de Dios. Estos son los sucesos que están representados en Génesis 1-3. Echemos un vistazo a cómo Pablo representa a Adán y el pecado histórico que Jesús vino a resolver.

1. Romanos 5

En la carta a los romanos, en específico Ro 5:12-21, Pablo contrasta dos eventos. Por un lado, habla de la transgresión, el pecado y la muerte por medio de un humano, y por otro lado habla de la

---

9. Carson y Moo, *Una introducción al Nuevo Testamento*, 289–93. Para una lista de ejemplos entre las similitudes del Nuevo Testamento y la literatura judía intertestamentaria (apócrifos y pseudepígrafa), puede verse Alejandro Díez Macho, ed., *Apócrifos del Antiguo Testamento: Introducción general* (Madrid, España: Cristiandad, 1984), I:109–16; Michael S. Heiser, *Reversing Hermon: Enoch, the Watchers & the Forgotten Mission of Jesus Christ* (Bellingham, WA, EE.UU.: Lexham Press, 2017), 203–56.

obediencia, la justificación y la vida por medio de otro humano. Pablo les da nombres a estos dos: Adán y Jesucristo (Ro 5:12, 15).[10] Es en esta comparación, en la que se centra la discusión del Adán histórico. Pues se argumenta que si se saca la historicidad literal de uno (Adán), también se saca la historicidad del otro (Jesús). Pero, nuevamente, no es tan sencillo. Para desenredar esta dificultad, es necesario analizar tres cuestiones cruciales.

La primera sale a luz al entender que, si Pablo siguiera fielmente al texto de Génesis, tendría que haber dicho que la transgresión, el pecado y la muerte entraron al mundo por una mujer, y luego por un hombre. ¿Por qué entonces Pablo habla de Adán y no de Eva? Normalmente, se explica esta cuestión como que Adán tomó el lugar de cabecilla de la pareja.[11] Sin embargo, esto no bastaría, si se tratase de una estricta comparación entre la primera transgresión histórica y la primera obediencia completa de Jesús. Para Pablo no es tanto el tema de la literalidad de los detalles. Es decir, su interés no recae sobre cuál fue el ser humano culpable y cómo se llamaba, sino que utiliza maneras de entender el relato de Génesis para hacer un comparativo de cómo los humanos nos hemos dirigido a la muerte, pero por medio de Jesús podemos dirigirnos ahora hacia la vida.

Tampoco haría mucho sentido para Pablo culpar a la mujer de la muerte y decir que la salvación y la vida llegaron por un hombre. Esto lo convertiría en un problema de género, que para Pablo no tenía nada que ver. Pablo trata de referirse a todos, judíos y gentiles, hombres y mujeres, a toda la humanidad. Esto se nos aclara cuando él dice que "todos pecaron" (Ro 5:12). Pablo no habla de que fue un hombre (*aner*) en contraste con una mujer, sino que utiliza la palabra *anthropós*, que significa humano, en contraste con lo divino. Si Pablo hubiera querido enfatizar la masculinidad de este primer humano pecador, sería muy fácil haber dicho que Adán y Jesús eran hombres (*aner*). Pero gracias a Dios Pablo sabía lo que decía y no fue un problema de género sino un problema de todos nosotros los terrenales.

---

10. Pablo habla de Adán explícitamente en Romanos 5, pero también alude a la figura de Adán en Ro 1:18-25; 6:6; 7:7-12; 8:17-30. Sin embargo, en todas las ocasiones Pablo utiliza una manera similar de hablar acerca de Adán, por lo que solo se tratará el pasaje de Romanos 5. Ver N. T. Wright en Walton, *Mundo Perdido de Génesis*, 171–72.

11. Por ejemplo, Douglas J. Moo, *Comentario a la epístola de Romanos* (Barcelona, España: Clie, 2016), 362.

La segunda cuestión, y una muy llamativamente, es que Pablo explica que Adán "es *figura* del que había de venir" (Ro 5:14), esto es de Jesús. Pero ¿en qué sentido Adán es una *figura* de Jesús? Obviamente no en su desobediencia. Lo que Pablo nos trata de decir es que Jesús, como Adán, tenía una pureza inicial que le otorgaba el acceso a la presencia de Dios y también al árbol de la vida. El humano adánico perdió su acceso, pero Jesús lo restituyó. Para un judío en aquel tiempo, al hablar de Adán, es como hablar del humano. En este sentido, Pablo también describe a Jesús como un humano y es lo que tiene en común con Adán. Pero mientras que uno desobedeció, abriéndole la puertita a la muerte, el otro obedeció, abriéndole los portones a la vida. Para Pablo el Adán de Génesis se vuelve una figura tipológica que representa el humano que falló, mientras que Jesús representa al humano que acertó.

La tercera cuestión que debemos tratar aquí es que Pablo explica que el pecado y la muerte entraron por *un* humano. Esto es uno solo. Aunque sabemos que en Génesis encontramos algo diferente, Pablo no tiene problemas en ajustar la historia para explicar el evangelio con una hermosa comparación. Mientras que, si fuese por un solo humano, sería Eva, según Génesis. Lo que el apóstol quiere hacernos entender es, como se requirió una desobediencia humana para activar el poder de la muerte, así se requirió una sola obediencia para activar el súper poder de la vida. No se trata de que si fue solo Adán o solo Eva, ni siquiera es sobre quien haya comido la fruta primero.

El asunto de este *un* humano, que para Pablo es Adán, se ha llevado a la doctrina del pecado original. Este concepto fue elaborado por Agustín de Hipona (354-430 d.C.), quien utilizó la Biblia traducida al latín, la así llamada Vulgata.[12] En Ro 5:12, esta traducción decía: "Así también pasó la muerte a todos los hombres, por aquel *en quien* todos pecaron".[13] Este *en quien* creó para Agustín un linaje pecador biológico en el cual todos nos encontramos. En otras

---

12. Esta interpretación ha sido incorporada incluso por Calvino, Lutero y Casiodoro de Reina. El último de estos ha traducido el versículo así: "y la muerte ansi passó a todos los hombres en aquel *en quien* todos pecaron". https://archive.org/details/labibliaqveeslos00rein/page/n1180/mode/1up.

13. Felipe Scio de San Miguel, *La Santa Biblia: Traducida al Español de la Vulgata Latina y anotada conforme al sentido de los Santos Padres y Epistolarios Católicos* (Madrid, España: Gaspar y Roig, 1852), 347, https://sirio.ua.es/libros/BEducacion/santa_biblia_05/ima0346.htm.

palabras, el pecado era heredado biológicamente de padres a hijos. Pero esta traducción ha sido corregida y todas las traducciones modernas tienen "así la muerte pasó a todos los hombres, *por cuanto todos pecaron*". Si nos fijamos en la razón por la que todos morimos, notamos la enorme diferencia en base a esta traducción: morimos por el pecado de Adán o porque todos pecaron, siendo lo segundo nuestras propias transgresiones. El anclaje de la muerte y el pecado con el linaje biológico es lo que ha tradicionalmente fijado el personaje histórico con la realidad teológica del evangelio. Sin embargo, como se corrigió la traducción, la Biblia no se ha encadenado en la transmisión del pecado por lo biológico, y da lugar a que este *un* humano por el que entró la muerte quede como la figura primitiva de la desobediencia resultante en la realidad de la muerte humana.

En fin, como Jesús en los evangelios, así también Pablo utiliza el relato de Génesis como una historia paradigmática. No se enfoca en los detalles del relato de quién comió primero de la fruta prohibida, sino que lo utiliza para explicar la realidad vivida en el pecado y, además, para explicar lo que Jesús vino a devolvernos. En este sentido podríamos decir, lo perdido en Adán lo hemos recibido en Cristo. La presencia de Dios, así como el acceso a la vida eterna se nos han devuelto por medio del regalo de la gracia de Dios, por medio de Jesús.

2. 1 Corintios 15

¿Pero qué sucede en 1 Corintios 15? ¿No es aquí que Pablo habla de un Adán histórico? En un solo capítulo, Pablo menciona a Adán tres veces, una en 1Co 15:22 y dos veces en el v.45. El contexto de este pasaje es importante, porque Pablo no está hablando de la creación ni de la caída en específico, sino de la resurrección de Jesús y de los cristianos. En medio de esta discusión, Pablo explica que la resurrección de Cristo tiene consecuencias para los demás y lo hace comparando a dos humanos:

> *Porque por cuanto la muerte entró por un humano, también por un humano la resurrección de los muertos. Porque así como en Adán todos mueren, también en Cristo todos serán vivificados (1Co 15:21-22).*[14]

14. Todas las traducciones bíblicas al español tienen *hombre* en vez de *humano*. Sin embargo, el significado de la palabra griega *anthropós* (humano u hombre), depende del

Lo que Pablo compara es la consecuencia del humano llamado Adán, quien dio entrada a la muerte, y la consecuencia del humano Jesús mediante quien todos recibirán la resurrección. Como en Romanos 5, aquí tampoco Pablo menciona el pecado de Eva. Sí lo menciona en 2 Corintios, pero aquí Adán representa la transgresión inicial. Uno trajo la muerte y otro la vida. Notemos que la historicidad no está en los detalles del relato de Génesis 2-3, sino en la consecuencia mortal que Jesús vino a remediar. Pablo podría haber dejado de lado la referencia a Adán y su argumento tendría el mismo sentido, aunque quizá no con tanta fuerza retórica para sus contemporáneos. En tal caso, tendríamos a Pablo, quizá, argumentando que como todos morimos por el pecado, Jesús vino para darnos la vida y rescatarnos del pecado. Aunque la historicidad de los detalles del relato de Génesis no son la base del argumento, sí lo es la historicidad del pecado mismo, de la muerte y del Jesús resucitado.

Más tarde, en el mismo capítulo 15, Pablo nuevamente nombra al primer humano, pero en medio de una discusión entre dos clases de cuerpos y dos clases de humanos:

> Así también está escrito: El **primer hombre**, **Adán**, *fue hecho* **alma viviente**. *El* **último Adán**, **espíritu que da vida**. *Sin embargo, el espiritual no es primero, sino el* **natural**; *luego el* **espiritual**. *El* **primer hombre** *es de la tierra,* **terrenal**; *el* **segundo hombre** *es* **del cielo**. *Como es el* **terrenal**, *así son también los que son* **terrenales**; *y como es el* **celestial**, *así son también los que son* **celestiales**. *Y tal como hemos traído la* **imagen del terrenal**, *traeremos también la* **imagen del celestial** (1Co 15:45-49, LBLA)

El primer Adán es comparado con el último Adán. Esto es un elemento clave para poder responder las preguntas que surgen: ¿qué es un Adán? ¿Cuántos hay? ¿Somos nosotros también *Adanes* para Pablo? Aunque estas preguntas suenan algo inverosímiles, muestran lo que está en juego al interpretar este pasaje de Pablo. Cristo no es llamado el segundo Adán, sino el último. Más importante aún, Cristo es un Adán. Esto debería aclararnos que la palabra Adán, aquí para Pablo, es más una figura que un personaje. Un Adán es un prototipo,

---

contraste. Si se hablara de una mujer y un *anthropós*, entonces podría interpretarse *hombre*, pero aquí el contexto es lo terrenal y lo celestial, aunque los dos fueron humanos. Así también Inmaculada Delgado Jara, *Diccionario griego-español del Nuevo Testamento*, 2ª ed. (Estella, España: Verbo Divino, 2014); Danker y Bauer, *A Greek-English Lexicon*.

un primero, así también como Cristo es hecho primicias de los que murieron (1Co 15:20), no en el orden cronológico (ej. Lázaro), sino como la primera resurrección que iniciaba la restauración de Dios.[15]

La segunda comparación entre estos dos es el origen de cada representante de las realidades. El representante de la humanidad (Adán = humano), es descrito de la realidad terrenal que requirió la vida, y sus obras son realizadas en el hábitat terrestre. La palabra griega detrás de terrenal (*joikós*), debe entenderse más bien como polvoriento, es decir del polvo de la tierra. Curiosamente, nosotros también somos polvorientos, aunque no por anatomía heredada biológicamente, sino por ser de esta humanidad polvorienta que necesita a su creador para tener la vida que tenemos.

Este representante de los polvorientos es comparado con el representante de la *nueva* humanidad. Este representante es de la realidad celestial que no requirió recibir la vida, sino que la da él mismo y sus obras son realizadas en el hábitat del nuevo mundo, una realidad celestial. Pablo explica que los cristianos que tienen la imagen del polvoriento en una realidad terrenal, en la resurrección tendrán la imagen del celestial en la nueva realidad celestial. Por lo tanto, nos damos cuenta de que Adán y Jesús para Pablo en 1Co 15 son usados como figuras que representan realidades. David Garland concluye que, "Pablo trata a Adán y a Cristo como representativos, no como simples individuos".[16]

En este sentido, Pablo se esfuerza por explicar la nueva realidad de los cristianos que viven con Jesús, y para ello debe hablar de la antigua realidad mortal que todavía nos acompaña. Pero Pablo no fue el único en su tiempo de hablar sobre Adán. Para entender mejor como funcionaban los *Adanes* en tiempos del Nuevo Testamento, viene bien echar un vistazo a los diferentes *Adanes* de los que hablaban los judíos y cristianos.

LOS "ADANES" DEL TIEMPO DE PABLO

A primera vista, el Adán de Pablo no concuerda completamente con el Adán que hemos encontrado en el Antiguo Testamento. Algunos

---

15. David E. Garland, *1 Corinthians*, BECNT (Grand Rapids, MI, EE.UU.: Baker, 2003), 706.
16. *1 Corinthians*, 737.

concluyen que Pablo se haya equivocado, pero Pablo es creativo en cómo explicar a sus contemporáneos la resurrección de Jesús quien es el Mesías (Cristo). Lo interesante de esta conversación entre Pablo y sus contemporáneos, es ver qué podrían haber entendido de su explicación. Para eso debemos adentrarnos más en cómo se hablaba de Adán en tiempos de Pablo. Felipe de J. Legarreta-Castillo ha examinado la literatura judía anterior y contemporánea a Pablo para poder comparar el Adán de Pablo con los demás de su tiempo.[17] Esta literatura se puede aglomerar en tres grupos según sus tendencias de enfoque: los textos con un fuerte toque de filosofía griega, los moralistas y los apocalípticos.[18] La mayoría de estos textos son de los deuterocanónicos o también llamados apócrifos. Todos estos textos son literatura religiosa judía o cristiana que data aprox. del 200 a.C. hasta 100 d.C.

1. Escritos judíos helenísticos

Después de la conquista del mundo antiguo por Alejandro Magno, los judíos empezaron a mezclar su forma hebrea de pensar con la griega. A estos textos judíos se los identifica como helenísticos. Entre estos se encuentran *Ben Sirá* (también llamado *Eclesiástico* ca. 180 a.C.), *Sabiduría de Salomón* (220 a.C.–50 d.C.) y los escritos de *Filón* de Alejandría (20 a.C.–49 d.C.).[19] Lo que tienen en común estos escritos son la fuerte intención de explicar la historia de la creación del humano y de su caída adaptándola a su contexto cultural.

Para el sabio Jesús **Ben Sirá**, Adán en general representa la libertad de elección de los humanos (Sir 15:14). El paradigma se centra en que el Adán de Génesis representa la libertad de todos, pero también incluye las consecuencias mortales por las malas

17. Felipe de J. Legarreta, "The Figure of Adam in Ro 5:12-21 and 1Co 15:21-22, 45-49: The New Creation and its Ethical and Social Reconfigurations" (Tesis Doctoral, Universidad de Loyola Chicago, 2011), https://ecommons.luc.edu/luc_diss_6mos/5.

18. Estas agrupciones fueron elaboradas por John Levison. Se trata de textos escritos entre 200 a.C. y 135 d.C. Además, todos los escritos deben ser judíos, deben hablar de Adán y tener una tendencia de interpretación reconocible. Él llamó las tendencias: a) sabiduría, b) apocalíptica y, c) categorías greco-romanas. *Portraits of Adam in Early Judaism: From Sirach to 2 Baruch*, 2ª ed. (London, Reino Unido: Bloomsbury, 2015), 29.

19. Patrick W. Skehan y Alexander A. Di Lella, *The Wisdom of Ben Sira*, AB (New York, NY, EE.UU.: Doubleday, 1987), 10; David Winston, *The Wisdom of Solomon: A New Translation with Introduction and Commentary*, AB (New York, NY, EE.UU.: Doubleday, 1979), 20; Maren Niehoff, *Philo of Alexandria: An Intellectual Biography*, AB (New Haven, CT, EE.UU.: Yale University, 2018), 245–46.

decisiones y la vida eterna por seguir las indicaciones de Dios reveladas en su Torá, esto es su ley.[20] En Sir 17:1 inicia el relato creacional, donde "el Señor formó de la tierra al humano" (DHH). Con una serie de pronombres en singular (*le* dio esto y aquello), de repente cambia al plural "*Les* formó boca y lengua y ojos y oídos y mente para entender" (Sir 17:6, BNP). Luego "*ellos* vieron la grandeza de la gloria de Dios... y les impuso deberes para con el prójimo" (Sir 17:14, DHH). Aunque todo esto no aparezca en Génesis, el Adán de Ben Sirá inició como un humano, pero se tornó en la humanidad. Se puede decir que este Adán es el arquetipo del humano ideal que lo echó a perder: Enoc fue muy bueno, José sin igual, "pero la gloria de Adán es superior a la de cualquier otro ser viviente" (Sir 49:14-16, DHH). Aquí Adán es el paradigma de la añoranza a lo glorioso que era Israel y a la gloria que debe volver obedeciendo la ley.

Interesantemente, el Adán de Ben Sirá representa la desobediencia del hombre terrenal, pero la ley y su obediencia, en contraste, son celestiales. El sabio lo resume en el siguiente versículo: "Todo lo que de la tierra viene, a la tierra vuelve; y al cielo vuelve lo que del cielo vino" (Sir 40:11, DHH).[21] El paradigma es el siguiente: la moral de Adán lleva a la muerte y la moral de Dios al cielo. Esto parece estar muy cerca de lo que el apóstol Pablo indica en 1Co 15:48: "Como es *el terrenal*, así son también *los que son terrenales*; y como es *el celestial*, así son también *los que son celestiales*" (TLA).

De una manera muy similar, **Sabiduría de Salomón**, otro texto apócrifo, atribuye un valor arquetípico a Adán. Este fue formado por la sabiduría, es decir, inició siguiendo la Torá. Esto a su vez indicaba que el alma está viva y trabajando en Adán produciendo inmortalidad. No es para nada lo que el texto de Génesis nos dice. De igual manera nos damos cuenta de que hay cierta similitud. El punto de Sabiduría es nuevamente utilizar la historia de Génesis para llamar a sus contemporáneos a la moralidad, sin necesariamente hablar de alguna historicidad como en el texto autoritativo.

---

20. Venema y McKnight, *Adam and the Genome*, 150, 156.

21. Así aparece en la versión siríaca. Existe una traducción diferente en la versión griega que dice "al agua vuelve lo que es del mar", que se encuentra en la BNP, por ejemplo. Sin embargo, Skehan explica que aquí la versión siríaca es más cerca del original. La razón es que Sir 40:1-10 explica que la injusticia lleva a la muerte, mientras que 40:11-17 responde que la justicia es eterna. Ver *The Wisdom of Ben Sira*, 470–71.

Por su lado, el texto de Sabiduría también introduce una idea clave que se contrasta completamente con Pablo. Aquí la muerte no entra al mundo por el primer humano, sino que "por la *envidia del diablo* entró la muerte en el mundo" (Sab 2:24, DHH). Esto lo explaya también un texto judío llamado La Vida de Adán y Eva, donde Dios ordena a los ángeles que deben adorar a la imagen de Dios (el humano), pero un ángel se rebela por envidia y llega a ser el diablo (ViAd 12-17).[22]

Por otro lado, **Filón** de Alejandría entiende el relato de Génesis de una manera filosófica, casi platónica. Adán representa la mente y Eva la percepción a través de los sentidos, mientras que la serpiente representa los placeres (Opif. 157, 165). ¿Qué sucedió en la caída entonces para Filón? La percepción de los sentidos se dejó llevar por los placeres y con esto también la mente (Opif. 165).[23] Esto pues, según los estoicos y platónicos, ha llevado a la mortalidad y la infelicidad de la humanidad. Si esto nos suena raro, debemos entender la intención de Filón. En su cosmovisión filosófica helenística, la ley, el templo, como también el humano ideal y el gobernador ideal están todos en el cielo. Por lo tanto, aquí en la tierra la humanidad debe regirse por estas leyes, utilizando la mente razonable y evitando los placeres para así poder ser un buen gobernador terrenal.

En conclusión, vemos que los textos judíos helenísticos presentan a Adán como un modelo, una figura que representa la humanidad y su moralidad. Pablo tiene cierta afinidad con estos textos cuando quiere explicar el actuar de Dios a sus contemporáneos gentiles y judíos del mundo greco-romano. Que Pablo hable de un primer Adán y un último Adán suena parecido a Filón con sus ideas platónicas. Aunque Pablo habla de un hombre celestial y uno terrenal (1Co 15:48, comp. 2Co 5:2), Pablo no sigue esta línea de argumentación de Filón. La otra conexión que Pablo tiene con Filón, es cuando compara cómo la serpiente engañó a Eva, exhortando a que se cuiden de que "vuestras *mentes* sean desviadas" (2Co 11:3, LBLA).

2. Escritos judíos moralistas reescribiendo la Biblia

Como el nombre de este grupo nos indica, estos escritos tienen una fuerte tendencia de volver a escribir gran parte de la Biblia,

---

22. Alejandro Díez Macho, ed., *Apócrifos del Antiguo Testamento* (Madrid, España: Cristiandad, 1983), II:340. Esto es de la versión latina.
23. Legarreta, "The Figure of Adam", 77.

especialmente de los patriarcas hasta David y otros. Estos escritos utilizan las historias de la Biblia y las reescriben añadiendo o quitando elementos de acuerdo con lo que quieren que el lector deba entender. En este sentido, suelen relacionar la figura de Adán con Israel. Dos de estos textos reflejan muy bien esta manera de reinterpretar el relato de la creación y de la caída: el libro de *Jubileos* (aprox. 150 a.C.) y las *Antigüedades de los judíos* de Josefo (93/94 d.C.).[24] La diferencia clara entre estos escritos y los helenísticos, es que estos se centran en la actualidad de Israel al hablar de Adán.

El libro de *Jubileos* recuenta la historia del Antiguo Testamento de acuerdo con los años de jubileo. Esto lo lleva a tener un fuerte interés en los años, aunque no se guía por los años en la Biblia (ver pág. 135). Sin embargo, es justamente este libro que ha llevado a los cálculos de la edad de la tierra (ver pág. 191). El punto central del libro es que las fiestas sean festejadas en los días correctos. Por esto se debe contar cada día, para que el séptimo día del año sea realmente un séptimo día.

De cualquier manera, el libro también menciona a Adán, su creación y la caída. *Jubileos* utiliza un paralelismo para explicar sus puntos teológicos. Un ejemplo es que existen 22 especies diferentes de animales creados (Jub 2:15) y también justamente unos 22 patriarcas desde Adán a Jacob/Israel (Jub 2:23). Con esto, Jubileos quiere demostrar que Dios guiará y bendecirá en especial siempre y cuando Adán/Israel guardasen el séptimo día. Toda la historia desde la creación hasta llegar a la tierra prometida es narrada por un ángel especial a Moisés (Jub 2:1) y todos los elementos tienen su intención paradigmática. La bendición del séptimo día en la creación no es para toda la humanidad como en el relato de Génesis, sino que es específicamente para Israel. Para Jubileos, Adán es el ancestro primordial, pero de Israel.

La primera pareja fue creada fuera del edén y Adán pudo entrar después de 40 días de ser creado y Eva a los 80 días. Nuevamente, el autor ha introducido una explicación paradigmática de la ley de la purificación después de un parto de Levítico 12:2-5. Aquí la mujer después de parir un hijo queda impura 40 días y después de parir una hija, 80 días. Estos ejemplos bastan para mostrar cómo el autor

---

24. VanderKam, *Jubilees 1–21*, 37; Flavio Josefo, *Antigüedades Judías: Libros I-XI*, ed. José Vara Donado (Madrid, España: Ediciones Akal, 1997), I:14.

utiliza a la figura de Adán para explicar el lugar de Israel en medio de las naciones. Adán era bendecido para poder entrar al Jardín de edén, el santuario de Dios, quedándose mientras guardaba el sábado. De la misma manera, Israel era bendecido para poder entrar a la tierra prometida después de 40 años, mientras guardaba el sábado. Como lo resume Legarreta:

> *La historia de la creación y caída del hombre funciona como una predicción de la infidelidad de Israel al pacto y su futura restauración como una nueva creación con la condición de que regresen a Dios y su ley y celebrar respectivamente las fiestas judías.*[25]

Las ***Antigüedades de los judíos*** del historiador judío Josefo, también relatan la creación y la caída. Justo antes de explicar el relato de la creación, Josefo explica que: "*Después del séptimo día* Moisés comienza a hablar en términos de interpretación filosófica y dice acerca de la *formación del hombre…*" (1.34).[26] ¿Pudimos notar qué sucede aquí? ¿Qué quiere decir Josefo con que la formación del hombre sea después del séptimo día? La respuesta está en que los siete días se refieren a la creación general, como en Génesis 1, y la formación del hombre a los capítulos 2-3. Pero la "interpretación filosófica" lo lleva a Josefo muy cerca de Filón con su idea platónica.[27]

Josefo sigue muy de cerca el relato de Génesis. Pero como para Jubileos, también para Josefo, Adán y Eva fueron creados fuera del edén (1.38). Josefo nos recuerda de los mapas antiguos (ver pág. 114), al decir que un río corría alrededor de toda la tierra, explicando que todos los animales hablaban el mismo idioma y que la serpiente viviendo con Adán y Eva se puso envidiosa de la felicidad de ellos al obedecer a Dios (1.41).

Posiblemente ha escuchado alguna vez que la serpiente de Génesis había cambiado el mandamiento de Dios de no comer a no tocar la fruta. Josefo no estaría de acuerdo, ya que argumenta que el simple tocar la fruta era la desobediencia que llevaría a la muerte (1.41). A la serpiente, por su engaño "se le quitó la palabra… [y Dios] le inyectó, además, veneno bajo la lengua" (1.50). Además, en contraste

---

25. Legarreta, "The Figure of Adam", 93.

26. Todas las traducciones de las Antigüedades son tomadas de Flavio Josefo, *Antigüedades de los judíos*, ed. Alfonso Ropero (Barcelona, España: Clie, 2013).

27. Venema y McKnight, *Adam and the Genome*, 163.

con Génesis, donde no se nos explica directamente por qué Dios no acepta el sacrificio de Caín, Josefo explica que a Dios le gustó más el sacrificio de lo que crecía espontánea —y naturalmente que lo arado y forzado por la invención del hombre codicioso (1.54). Pareciera que Jesús tendría algunos problemas con Josefo por su aplicación de la ley. No nos debe sorprender, pues Josefo se encontraba en la línea de los fariseos.

Josefo utiliza al Adán como un paradigma de un ciclo que inicia con virtudes, pero luego estas se pierden y todo acaba en fracaso. Lo mismo es explicado con Set y también con Israel. Inicia en virtud y acaba en el fracaso moral. Este fuerte énfasis ético y moral que Josefo atribuye a la figura de Adán va acompañado de un cambio radical de los otros escritos judíos. Mientras que Adán era mostrado como fiel seguidor de la Torá, aquí son las virtudes (*arete* en griego). Para Josefo, Adán fue tan virtuoso que predijo la destrucción del mundo dos veces, una vez será por agua y otra vez por fuego (1.70). Los hijos de Set fueron tan virtuosos que inventaron una "especie particular de sabiduría relativa a los cuerpos celestes y su orden" (1.69). Seguir la ley mosaica con su calendario era para Josefo la virtud superior.

Mientras que en toda la Biblia griega LXX y NT la palabra *arete* (virtud) es utilizada solo unas 6 veces (cinco de estas en el NT), en las *Antigüedades de los judíos* aparece unas 237 veces. ¿Qué nos dice esto? Scott McKnight lo explica resumidamente diciendo que Josefo representa un Adán virtuoso para los romanos, quienes eran la tutela bajo la cual Josefo escribía.[28] Nuevamente, Adán y su virtud en contraste con la serpiente y Caín son "interpretados filosóficamente" como el paradigma para explicar la buena y mala vida de los israelitas en un mundo greco-romano.

En resumen: hemos podido ver que, estos textos judíos que reescriben la Biblia, presentan a Adán como un modelo, una figura que representa a Israel ante la decisión de obediencia o desobediencia, con la consecuencia de una buena vida en la tierra prometida o una fuera de ella esperando la destrucción. Pablo entra en afinidad con este grupo de escritos, al utilizar el veneno de la serpiente como paradigma de las mentiras (Ro 3:13, comp. Stg 3:8). Así también la ética de Pablo se mueve algo en la dirección de la adaptación a sus

28. Venema y McKnight, *Adam and the Genome*, 163.

contemporáneos greco-romanos, al relacionarse con las virtudes. El mejor ejemplo es Fil 4:8: "si hay virtud (*arete*) alguna, si algo digno de alabanza, en esto pensad".

3. Escritos judíos apocalípticos

El tercer grupo de escritos se puede describir como apocalíptico. Esto no quiere decir que solo hablan del fin del mundo, sino que también hablan de elementos de la creación y la caída. En general, hablan a través de un intérprete celestial como un ángel, sobre la espera de la nueva creación, para la cual se salvarán los justos y los enemigos del pueblo de Dios serán destruidos.[29] Los escritos apocalípticos enfatizan más el relato de la caída que de la creación, porque quieren transmitir la reversión de la condición del mundo caído. Los dos textos que entran en cuestión son *4 Esdras* y *2 Baruc* (ambos aprox. 100 d.C.)[30] y ambos hablan figurativamente de la destrucción del templo de Jerusalén en 70 d.C. como si fuera la primera destrucción del templo por los babilonios en 586 a.C.

El libro *4 Esdras* se considera que fue escrito originalmente en hebreo.[31] Es un apocalipsis en forma de diálogo entre Esdras y el ángel Uriel. El pedido de Esdras es que Dios salve a los humanos incluyendo a Israel, porque no ve posible que la salvación dependa de la ya quebrantada obediencia humana: "¿De qué nos sirve la promesa del tiempo inmortal, si nosotros hemos hecho obras (merecedoras) de muerte?" (4Esd 7:119).[32] Los dos personajes hablan de Adán pintándolo mejor o peor, según su interpretación. El debate llega a su plenitud cuando el ángel explica a Esdras que la decisión o elección de vida o muerte está en manos del humano (4Esd 7:128). Es decir, se mantienen en la vida siguiendo la Torá.

Para 4 Esdras, Dios *plantó* la tierra, y mandó al polvo que le diera un cuerpo. El polvo obedeció y le dio a Adán como cuerpo muerto y Dios le inspiró el aliento de vida (4Esd 3:4-5). Luego lo colocó en el paraíso

---

29. Legarreta, "The Figure of Adam", 126–27.
30. Alejandro Díez Macho y Antonio Piñero, eds., *Apócrifos del Antiguo Testamento* (Madrid, España: Ediciones Cristiandad, 2009), VI:171, 305; Daniel M. Gurtner, *Introducing the Pseudepigrapha of Second Temple Judaism: Message, Context and Significance* (Grand Rapids, MI, EE.UU.: Baker, 2020), 94, 109.
31. Gurtner, *Introducing the Pseudepigrapha*, 93.
32. Todas las traducciones de 4 Esdras son de D. Muñoz León, en Díez Macho y Piñero, *Apócrifos*, vol. VI.

que llamativamente ya existía antes de que la tierra fuera creada (4Esd 3:6). Por la transgresión de Adán, Dios estableció la muerte para todos. Además, en 4 Esdras la caída de Adán es un paradigma para el diluvio en tiempos de Noé: "Y *corrió pareja la suerte* de ellos: como para Adán la muerte, y así para ellos el diluvio. Pero dejaste a uno de ellos, a Noé con su casa, y de él (proceden) todos los justos" (4Esd 3:10-11). Podemos ver aquí como Adán y los malvados en tiempos de Noé están juntos en un grupo, pero Noé es justo y se lo considera como un salvador, que inicia un linaje de los justos en contraste con el resto.

Nuevamente Adán es utilizado como un paradigma. Legarreta concluye que en 4 Esdras "cada generación es relacionada con la historia de Adán como un paradigma de transgresión y castigo".[33] El argumento central no es la creación del humano, sino la aparentemente injusta sentencia de muerte a todos por uno de parte de Dios. 4 Esdras pide a Dios una salida, una salvación, de esta desastrosa condición en la cual ni las promesas para los justos sirven. Aquí podemos notar una fuerte similitud con el dilema trágico que Pablo también transmite en la carta a los Romanos: "¡Miserable de mí! ¿Quién me librará de este cuerpo de muerte?" (Ro 7:24). Y no es por nada que Pablo se goza diciendo: "Gracias doy a Dios, por Jesucristo Señor nuestro" (Ro 7:25). Es muy probable que Pablo haya respondido con sus cartas a algunos de estos conceptos.

Nuestro segundo texto *2 Baruc* se asemeja a 4 Esdras en su fecha de composición, su idioma original considerado hebreo o arameo y en la problemática que acata.[34] Es un texto apocalíptico redactado con muchos elementos que hacen recordar al lector el libro de Jeremías con su secretario Baruc (Jer 36:4). Baruc tiene visiones y dialoga con Dios y el ángel Ramiel, para entender las tribulaciones de la destrucción del templo y el fin venidero.

El libro se podría resumir como Baruc preguntando por la razón de la dureza del juicio de Dios, y este respondiendo que es por las transgresiones de la humanidad. En medio de este diálogo es donde aparece Adán. Baruc describe a Adán como el primero que pecó (2Bar 54:15) y también como el primer humano (2Bar 56:5).[35] Eva

33. Legarreta, "The Figure of Adam", 129.
34. Gurtner, *Introducing the Pseudepigrapha*, 107.
35. La traducción "humano" se encuentra en Michael E. Stone y Matthias Henze, *4 Ezra and 2 Baruch: Translations, Introductions, and Notes* (Minneapolis, MN, EE.UU.: Fortress Press, 2013), 122.

brilla de nuevo por su ausencia en el primer pecado. Es más, en todo 2Baruc Eva aparece una sola vez, pero con un interesante detalle. Mientras que Pablo habla de un primer Adán, 2 Baruc habla de la primera Eva (2Bar 48:42). Los Adán y Eva de Baruc son un mal ejemplo para los contemporáneos del redactor. Esto lo podemos concluir del concepto de una "primera Eva" y cuando dice: "Todos nosotros, cada cual, *fue para sí mismo Adán*" (2Bar 54:19).[36] Adán es incluso contrastado con Moisés. El primero como transgresor, acortando los años para todos, el último como obediente, trayendo la ley como encendiendo una lámpara para Israel (2Bar 17:1-4). Pero a pesar de tener la luz, "muchos a los que iluminó tomaron las tinieblas de Adán" (2Bar 18:1).

Así también, Adán es contrastado con el Mesías. Adán trajo la muerte, mientras que con el Mesías viene la incorrupción.[37] Finalmente, el paradigma del Adán de 2 Baruc sale a plena luz cuando alude a la primera transgresión produciendo una condición horrenda para todos, así también "puesto que vuestros hermanos han transgredido…, [Dios] ha traído la venganza contra ellos y contra vosotros" (2Bar 77:4). De esta manera cada uno es Adán y necesita la llegada del Mesías para llegar a la justicia. Pablo no está lejos de todo esto. Para él también un hombre pecó y trajo la muerte, pero al mismo tiempo la muerte llegó a todos porque todos pecaron (Ro 5:12). El mismo paradigma, que por pecado de uno todos son castigados, lo encontramos en Pablo cuando también contrasta a Adán con el Mesías quien retornará el efecto y "por la obediencia de uno, los muchos serán constituidos justos" (Ro 5:19).

4. Conclusión de los *Adanes* en tiempos de Pablo

Entre todos estos escritos similares a los de Pablo, hubo una variedad de tratar la figura de Adán. Pero en medio de esta variedad también existe un patrón que aparece en todos estos como también en Pablo mismo. Esto es la forma paradigmática de utilizar la figura de Adán. Scott McKnight explica que "ningún autor le importó interpretar a Adán como *histórico*; cada autor adaptó, adoptó y ajustó

---

36. Con la excepción de 2Bar 56:5, todas las traducciones de 2 Baruc son de F. Del Río Sánches y J. J. Alarcón Sáinz; en Díez Macho y Piñero, *Apócrifos*, vol. VI.

37. Legarreta, "The Figure of Adam", 146.

al Adán de Génesis".[38] Nos damos cuenta de la razón que lleva esta explicación al analizar los textos judíos de los tiempos de Pablo y del Nuevo Testamento.

Para todos estos textos, como también para Pablo, Génesis 1-3 era un texto autoritativo, inspirado por Dios. De igual manera, para nosotros este texto debe ser autoritativo e inspirado por Dios, sin la necesaria historicidad historiográfica que ancla a Adán y Eva al pecado original y a la necesaria descendencia de todos los humanos actuales de estos dos personajes. Es en este dilema, donde las diferentes interpretaciones de la Biblia difieren. Pero una interpretación como esta no trata al texto menos inspirado que otras interpretaciones. Tampoco se trata de querer que el texto diga lo que convenga a cada uno. Es más bien, sin presionar al texto para decir lo que queramos escuchar, dejar que exprese lo que quiere transmitir. Es investigar qué quiere el texto que entendamos en vez de simplemente ver lo que dice, podríamos llamarlo: escuchar su verdad.[39]

¿Y LA EVA HISTÓRICA?

Es curioso que el nombre Eva solo aparece unas cuatro veces en toda la Biblia: Gn 3:20; 4:1; 2Co 11:3; 1Ti 2:13. Así también en los textos judíos tratados, Eva solo aparece unas doce veces.[40] Es interesante que Eva, quien debería ser tan histórica como Adán o incluso más, aparece tan pocas veces. Ni los profetas, ni los salmos, ni los evangelios mencionan ni una sola vez a Eva. En la Biblia es Génesis y Pablo, y cada uno dos veces. Eva solo aparece de manera paradigmática. Su nombre en hebreo es *Javáh* (Vida), del cual Génesis 3:20 explica la razón: porque ella era la madre de todo *jai* (vivo).

---

38. Venema y McKnight, *Adam and the Genome*, 168.

39. Existen varios ejemplos en la Biblia, en la que el texto dice algo, pero toda la Biblia y también nosotros entendemos que esto no es lo que quiere que entendamos. Aquí algunos: 1) En Mr 9:43 Jesús dice que, si tu mano te es ocasión de pecar, córtala. Jesús no se imagina un mejor mundo lleno de mancos. 2) Pablo dice en 1Co 7:29 que, porque Jesús vendrá pronto, "los que tienen esposa sean como si no la tuviesen". No es que se imagina una iglesia llena de gente que viva como si no fueran casados. 3) Las bestias de Daniel 7 son otro ejemplo. Las entendemos como imperios. A nadie se le ha ocurrido que la visión se tratara de una profecía sobre diferentes animales con muchos cuernos. A todos nos interesa lo que Dios quiere comunicar a través de las palabras con las que ha hablado. Nadie estaría peor posicionado ante Dios por iniciar un ministerio cortamanos para ayudar todos los que les gusta usar el dedo del medio.

40. En Jubileos siete veces (Jub 3:9, 21, 28, 32, 33, 34; 4:7), en las Antigüedades de los judíos unas cuatro veces (1:36, 49, 51, 52), y una vez en 2 Baruc (2Bar 48:42).

Si se entiende un linaje genealógico de toda la humanidad hasta Adán y Eva, se debe considerar que esta lectura de la Biblia implica necesariamente el mismo linaje de toda la humanidad a Noé, siendo este el único sobreviviente después del diluvio. Esto sería afirmar que la Biblia enseña que toda la humanidad desciende de Noé y su esposa. ¿Será que Noé podría ser interpretado como un personaje similar a este Adán? Al menos en tiempos de Jesús, Noé fue considerado un personaje figurativo, que no significa que haya sido ficticio, pero un personaje que se relaciona con su significado teológico. En especial esto sucede con su esposa, sobre la cual la Biblia no dice nada.

El libro de Jubileos nos delata que había una tradición de cómo era el nombre de la esposa de Noé: Emzará (Jub 4:33).[41] Como el nombre Eva tiene su significado teológico, así también Emzará tiene el suyo. Emzará viene del hebreo donde *em* significa madre y *zará* significa semilla o simiente. En este sentido, Emzará es la madre de la simiente. En realidad, queda muy similar al significado del nombre de Eva, *Vida*. Por otro lado, la madre de Noé es llamada Betenos (Jub 4:28). Este nombre es un compuesto de *bat* (hija) y *enos* (humano), es decir *hija de humano*.[42] Pero ¿por qué es importante esto? ¿Será que Jubileos enseña con esto que todos descienden de Noé y Emzará?

La importancia para Jubileos queda en la comparación de este linaje con el resto de la humanidad. Este linaje se había mantenido puro de la mezcla con los hijos de Dios de Gn 6:4 (ver pág. 115). Note el contraste de *hija de humano* (Betenós) con los *hijos de Dios*. Pues Noé, que significa *descanso*, era el único que se mantuvo puro de la maldad de la humanidad "pues toda la gente se había pervertido" (Gn 6:12, DHH). Para Jubileos, la pureza de no haberse mezclado es lo importante, no la descendencia biológica o la genealogía como ya se ha dicho varias veces. Es decir, así como el Adán y Eva en tiempos de Jesús era figuras representativas de Israel o de dadoras de vida, así también la madre y esposa de Noé se había convertido en figura del linaje puro.

---

41. Loren T. Stuckenbruck explica que como Jubileos y también un rollo arameo del Mar Muerto, 1Q20, contienen el nombre perfectamente integrado en su narrativa, lo más probable es que hubo una tradición anterior a estos documentos en la que se basaron. En *The Myth of Rebellious Angels*, SSTJNTT (Grand Rapids, MI, EE.UU.: Eerdmans, 2017), 68 n.32.

42. Como lo explica Schökel "[enos] suele indicar la condición humana... el hombre en cuanto opuesto a Dios", en Schökel, *Diccionario*, 77.

Y no nos olvidemos de la *primera* Eva en 2 Baruc. Eva como la dadora de Vida, es utilizada así también por Pablo. Es un paradigma, no solo para las mujeres que son engañadas, sino también para todos los corintios. Pablo les dice a estos corintios, y no habla solo a las mujeres, que se cuiden para que no "como la serpiente con su astucia engañó a Eva, vuestros sentidos sean de alguna manera extraviados de la sincera fidelidad a Cristo" (2Co 11:3). Pablo habla de la Eva en la historia de Génesis, no de la Eva histórica, porque no la conocía. Solo la conoció desde el texto. Y Pablo, como sus contemporáneos, la utiliza paradigmáticamente, no históricamente. Para Pablo sería la misma cosa, si Eva fuera puramente histórica o no, porque de igual manera le exhortaría a los corintios a no dejarse engañar y extraviar de su fidelidad hacia Jesús. Eva es solamente el ejemplo paradigmático.

En 1 Timoteo 2:13-15 Pablo hace algo muy similar, aunque aquí es importante la cronología del texto de la creación, en el sentido de que Adán fue creado antes que Eva.[43] En la iglesia de Éfeso, donde estaba Timoteo, la cuestión de las mujeres había llegado a ser un problema y Pablo aclara que las mujeres habían salido de un hombre y que su figura paradigmática fue engañada. Ya hemos visto que para Pablo el engaño de Eva funciona como paradigma para hombres y mujeres en 2Co 11:3, y aquí es reforzado para las mujeres, que al parecer no lo tenían tan claro que les podría pasar lo mismo. Este debate, sobre quién ha salido de quien, en la lucha de géneros, ocurre también en Corintios. Allí Pablo ya había aclarado que,

en el Señor [Jesús], ni el varón es sin la mujer, ni la mujer sin el varón;
porque así como la mujer procede del varón, también el varón nace de la mujer;
pero todo procede de Dios (1Co 11:11-12)

La Eva (Vida) de Génesis también ha sido interpretada de manera paradigmática. Adán y Eva en conjunto son representantes de la humanidad. Y para todos es claro que la humanidad no sale solo de mujeres ni de hombres. Para Pablo, así como el Adán desobediente, la Eva engañada es paradigma para toda la humanidad.[44]

---

43. El pasaje es muy discutido porque suele ser usado para explicar que las mujeres puedan o no puedan enseñar en la iglesia. Ver específicamente 1Ti 2:12-15.

44. Alfonso Ropero, "Eva", en *Gran Diccionario enciclopédico de la Biblia*, ed. Alfonso Ropero (Barcelona, España: Clie, 2017), 838–9.

CONCLUSIÓN

La Biblia deja abierta la cuestión sobre si existieron unos personajes llamados explícitamente *Humanidad* y *Vida*, pero de que desde el inicio estos pecaron queda claro y anclado en la misma realidad vivida en el día a día. El Antiguo Testamento casi no menciona ni a Adán ni a Eva. Pareciera ser, que le interesa más la realidad que representa la historia de Génesis que la pareja misma. Así también lo encontramos en las palabras de Jesús y en Pablo. Pablo sí los llama por sus nombres, pero sigue el estilo de sus compatriotas judíos contemporáneos y los utiliza como figuras que representan algo más que personajes específicamente históricos. Para Pablo, Adán representa la humanidad, y Eva es mencionada como ejemplo cuando las mujeres empiezan a sacarse la responsabilidad del pecado adánico. Moisés por otro lado representa la ley. Cuando Pablo habla del tiempo "desde Adán hasta Moisés" (Ro 5:14), no habla necesariamente de unos 2600 años, sino que se refiere desde el inicio de la humanidad o de la caída hasta que el pueblo de Dios había recibido la ley. Por lo tanto, no podemos afirmar con certeza que el Nuevo Testamento exige creer en que estos personajes hayan sido total y literalmente históricos. Algunos darían un paso más, en concluir lo siguiente con el muy conocido N. T. Wright: Adán y Eva, como también Israel, eran llamados para llevar la vocación de representar la imagen de Dios aquí en la tierra. En este sentido él dice que:

> así como Dios eligió a Israel del resto de la humanidad para una vocación especial, extraña y exigente, quizás lo que Génesis nos dice es que Dios eligió una pareja del resto de los primeros homínidos para una vocación especial, extraña y exigente. Esta pareja (llámense Adán y Eva si lo desea) iban a ser los representantes de toda la raza humana, aquellos en quienes los propósitos de Dios de hacer del mundo entero un lugar de deleite, gozo y orden, y eventualmente colonizarían toda la creación.[45]

La pregunta de la historicidad no se ha resuelto del todo. Entre los cristianos hay diferentes maneras de entender la historicidad. Estas maneras fluctúan de una total desconexión histórica o la pura analogía de las figuras, a entender la Biblia como la guía para la historiografía moderna. Ambos extremos tienen sus grandes problemas,

45. N. T. Wright en Walton, *Mundo Perdido de Génesis*, 176.

por un lado, si no hay nada histórico queda la pregunta, ¿para qué entonces vino Jesús? Pero si todo es literalmente histórico, ¿qué hacemos con los huecos en la cronología, diferentes genealogías, las edades contextuales y las insistencias teológicas en vez de las históricas?

Sea como se interprete esta cuestión de los dos individuos, esto no quita nada de historicidad de Jesús, su muerte, su resurrección y las consecuencias para la humanidad ante Dios. Por su lado, la Biblia afirma certeramente la historicidad de varias cosas en el relato de Génesis: que Dios ha creado el mundo, al humano y que lo ha ordenado para cumplir su propósito. También queda claro históricamente que ya los primeros humanos, como también todos, pecaron y que esto es parte de la razón de nuestra mortalidad y realidad alejada de Dios. Sin embargo, no es certero, ni para la Biblia, si dos de los primeros humanos se llamaron justamente Adán y Eva, y que estos primeros nombres ya estuvieron en el idioma hebreo, aunque pudo haber sido así (para una explicación gráfica vea la pág. 277-278).

¿Cómo podemos entender entonces el problema entre el relato bíblico con sus elementos teológicos y la ciencia evolutiva? La fe y la ciencia parecen ser para muchos unos archienemigos. Pero como hemos visto, esto no tiene que ser así, ni lo es para la Biblia ni para la ciencia en sí. ¿Cómo entonces se pueden llevar estos dos, sin comerse vivo el uno al otro, ni obviando las diferencias entre sus maneras de hablar? De esto trata el siguiente capítulo.

9

Fe y ciencia

Y lo ha llenado del Espíritu de Dios, en sabiduría, en inteligencia, en ciencia y en todo arte (Éx 35:31)

Fue hallado en él mayor espíritu y ciencia y entendimiento, para interpretar sueños y descifrar enigmas y resolver dudas; esto es, en Daniel (Da 5:12)

Cómo se conectan la fe o religión y la ciencia, ha sido un dilema histórico porque de esta conexión se concluye también como interactúan lo invisible con lo visible, lo sobrenatural con lo natural. Muchas personas han reflexionado sobre esta cuestión a lo largo de la historia. Una de las conclusiones más importantes ha sido que nos hemos dado cuenta de que nuestra realidad, sobre la cual reflexionamos, no está dividida en estos supuestos dos campos de fe y ciencia. Estos campos son solo nuestras categorías mentales para poder entender lo que tratamos de decir. Entender esto, nos libera de la necesidad de tener que alistarnos por uno de los campos para batallar al otro. Pero ¿cuáles son algunos puntos de contacto entre estas dos esferas?

Aquí algunos puntos de contacto ya tratados a lo largo de los capítulos:

a) los cielos arriba y el Seol abajo (ver cap. 2),

b) el paraíso existente, pero no de este mundo (ver cap. 3),

c) ángeles y demonios que se juntan con humanos (ver cap. 4),

d) los astros considerados ángeles (ver cap. 5-6),

e) la muerte como poder (ver cap. 7),

f) la resurrección y nuestros cuerpos espirituales (cap. 8),

g) y el punto máximo: Jesús, Dios con nosotros.[1]

---

1. Otros puntos de contacto pueden ser el tiempo y la eternidad, la conciencia y la neurología, la sanación y los milagros, etc.

En todos estos puntos se encuentran nuestras dos categorías que utilizamos para tratar los elementos por separado como, por ejemplo, si fue la medicina o la sanación de Dios. Sin embargo, en la Biblia las categorías que dividen nuestra realidad son más bien Creador y creación, no natural y sobrenatural. Es justamente esta categorización bíblica la que ha llevado a los mismos cristianos a fomentar los serios estudios de la creación. Los argumentos acerca de Dios desde la ciencia o el estudio mismo de la creación siempre han sido bíblicos, como lo explica el salmista: "*Los cielos* cuentan la gloria de Dios, y *el firmamento* anuncia la obra de sus manos" (Sal 19:1).

Para el apóstol Pablo, este supuesto no había cambiado, cuando dice: "las cosas invisibles de él, su eterno poder y deidad, se hacen claramente visibles desde la creación del mundo, siendo *entendidas por medio de las cosas hechas*" (Ro 1:20). Pareciera ser que, según Pablo, se puede llegar a conocer características de Dios incluso a través del estudio de la creación. Esta manera de reflexionar y estudiar acerca de Dios se ha denominado ya desde antes de tiempos de Jesús, *teología natural*.[2]

Varios de los fundamentos principales de la ciencia moderna han sido establecidos en la era medieval, y por esta razón echaremos un pequeño vistazo histórico a este desarrollo. Fue en esta era que se iniciaron las grandes universidades. Una premisa que ha guiado este desarrollo, manteniendo la apertura entre la ciencia y la teología, había sido una afirmación del gran teólogo Agustín de Hipona:

> Si al leer [la Escritura] nos encontramos con algunos escritos… que traten de cosas obscuras y ocultas a nuestros sentidos… podemos descubrir varias sentencias; a ninguna de ellas nos aferremos con precipitada firmeza a fin de no caer en error; pues tal vez más tarde, escudriñada con más diligencia la verdad, caiga por su base aquella sentencia.[3]

Tanto el científico como el teólogo deberían ser humildes y decir que su forma de entender la realidad no es la única y que, con nuevos descubrimientos, estas formas de comprender la Biblia o el mundo

---

2. Alister McGrath explica que la nomenclatura "teología natural" es incluso precristiana y que fue utilizada primeramente por Marcus Terentius Varro (116-27 a.C.); en *Darwinism and the Divine*, 15.

3. Agustín, *Del Génesis a la letra*, trad. Lope Cilleruelo (Madrid, España: Biblioteca Autores Cristianos, 1989), 1.18.37, http://www.augustinus.it/spagnolo/genesi_lettera/index2.htm.

podrían cambiar. La historia de los descubrimientos científicos como también los hallazgos de textos bíblicos de los mismos tiempos bíblicos (ej. Rollos del Mar Muerto), le dan la razón a Agustín. Por el mismo motivo, un sin fin de opiniones han sido cambiadas a lo largo de la historia. Sin tener que llegar a un relativismo total, donde cualquiera interpreta lo que quiere y cuando quiere, los cambios históricos del entendimiento humano han sido profundos. En ambas áreas, la ciencia y la teología, grandes descubrimientos ocasionaron enormes cambios. Dos ejemplos abarcando ambos estudios son: 1) el hecho de que la tierra es un globo dejándola sin un "arriba y un abajo" (excepto en los mapas) y, 2) el llegar a los cuerpos celestiales como la luna, sin que este dominador de la noche se haya enojado y las estrellas del cielo se juntasen en una guerra cósmica contra la humanidad. El diálogo entre ciencia y fe deberá quedar abierto por lo menos hasta que Jesús regrese. Aunque muy probablemente seguirá, pero ya en otro nivel.

Es este debate entre la fe y la ciencia que muchas veces ha sido llevado a un callejón sin salida. Lastimosamente, estos aprietos no ayudan a la conversación, al diálogo ni a la iglesia. Incluso han sido parte de la razón en que la ciencia ha tenido sus dificultades de poder creer en Dios. Uno de estos callejones sin salida es cuando el concepto de *creación* ha sido puesto en contra de la *evolución*. Para muchas personas la creación y la evolución son dos categorías totalmente opuestas y hasta enemigas. Es este el punto que ha llevado a confrontaciones entre la fe y la ciencia, sin mucho sentido.

Cuando hablamos de creación, hablamos del originador y el valor de la fe, mientras que al referirnos a la evolución hablamos de un método empleado.[4] Pero si hablamos de *creación* como un método, estamos hablando en realidad de la formación del universo a través de una aparición instantánea, o que Dios esté formando un modelo de hombre de barro o utilizando un costado (o costilla) de un humano para formar a otro. Pero es interesante que cuando personas buscan ayuda para concebir un bebé, no compran buenos lodos o unas costillas humanas, de las que se podría formar un nuevo ser humano. La creación y la evolución no juegan en la misma liga. Sería como si colocáramos al nacimiento en contra la gestación, y ahora

---

4. Howard J. Van Till, "The Fully Gifted Creation", en *Three Views on Creation and Evolution*, eds. John Mark Reynolds y James Porter Moreland (Grand Rapids, MI, EE.UU.: Zondervan, 1999), 169–70.

deberíamos elegir uno. Mientras que nadie tendría algo en contra del nacimiento en sí, se podría debatir detalles en la gestación. Esta es una distinción muy importante.

Aunque el creacion*ismo* y la evolución discuten acerca del método, aparecer y moldear por un lado contra evolucionar o desarrollar por el otro, en ambos casos la pregunta central de la doctrina de la creación es ¿quién lo hizo? Y es a esta pregunta que, excepto la evolución *naturalista*, los cristianos responden de la misma manera sin pensar en el método: lo ha hecho Dios.[5] Al distinguir entre el *originador* de las cosas y el *método* empleado, el callejón sin salida se nos abre y podemos seguir en un diálogo constructivo entre cuál fue el método que Dios habría utilizado. Entonces ¿cuál sería una buena manera de interacción entre la ciencia y la fe? Para responder esto, debemos analizar primero las alternativas.

MODELOS DE INTERACCIÓN ENTRE CIENCIA Y FE

Entre tantas maneras en que se puede relacionar estos dos colosos de nuestro hablar de la realidad, no es fácil diferenciar y determinar lo que tratamos de comunicar. Para facilitar las agrupaciones de posiciones, se ha tratado de diferenciar algunos modelos de interacción sobre dos diferentes espectros. Por un lado, tenemos las diferentes opiniones hasta qué punto un ser divino estuvo involucrado en el proceso de gestación de la creación. Mientras que el segundo espectro nos ayuda a diferenciar las actitudes que la fe y la ciencia tienen entre sí:[6]

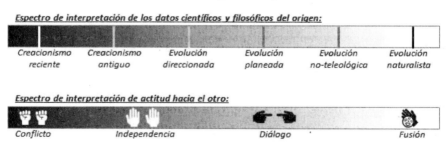

Ilustración 9 - Espectros de interacción entre fe y ciencia

5. Rau, *Mapping the Origins Debate*, 41.

6. Los modelos de interpretación de datos son adaptados de Rau, *Mapping the Origins Debate*, 38–52; y los modelos de actitudes de Ian G. Barbour, *El encuentro entre ciencia y religión: ¿rivales, desconocidas o compañeras de viaje?* trad. José M. Lozano-Gotor (Santander, España: Sal Terrae, 2004).

Estos dos espectros tienen su propia categorización de las tan variadas posiciones y muestran la complejidad de la cuestión. El primer espectro, sobre cómo se interpretan los datos, nos ayuda especialmente para ver cómo se interpreta la Biblia y/o la ciencia y cuál interpretación debe sucumbir ante quien. En primer lugar, tenemos la posición del *creacionismo reciente*. Este tiene una lectura de datos que podemos llamar una *prescripción científica*. Esta ya tiene claro de antemano cómo se interpretarán los datos científicos. Es regida totalmente por las razones filosóficas. Los datos científicos deben decir lo que la filosofía, o en este caso la Biblia, dice. En el espectro de la actitud estaría en total *conflicto* con la ciencia.[7] Esta actitud es tan conflictiva como Morris lo explica: "Si la Biblia es la Palabra de Dios... los largos períodos de la historia evolutiva nunca sucedieron".[8] Para esta posición, es "así de simple".

En el otro extremo tenemos *la evolución naturalista*, que es la posición adoptada especialmente por el nuevo ateísmo, como lo predica Richard Dawkins por ejemplo, el cual representa realmente una ínfima parte de los científicos y la ciencia.[9] La actitud *conflictiva*, en este caso hacia la fe, también es clarificada por esta posición: "Fe... es algo como una enfermedad mental".[10] Lo que estos extremos tienen en común, es que hay un monopolio total de parte de la interpretación filosófica, sea naturalista o creacionista. Los dos extremos tienen enormes dificultades de entablar alguna conversación con cualquier otro modelo en todo el espectro. Pues por la misma actitud tomada, están en guerra por cualquier amenaza que podría cambiar algo en los datos filosóficos predeterminados por estas dos posiciones. Por un lado, no hay lugar para la ciencia y para el otro no hay lugar para la fe. Y lo que resta de ambos es el virus del enemigo que necesita ser eliminado.

El *creacionismo antiguo*, por su lado, opta por las dataciones de millones de años de la tierra propuesta por la geología, pero

---

7. Un ejemplo de esta actitud conflictiva o guerrera es el mismo título de la obra de John MacArthur, *La batalla por el comienzo: La creación, la evolución y la Biblia*, trad. John A. Bernal (Grand Rapids, MI, EE.UU.: Portavoz, 2003).
8. Morris, *Scientific Creationism*, 250–51.
9. Alister E. McGrath, "¿Ha Matado La Ciencia a Dios?", en *Has Science Killed God?* trad. Javier A. Alonso (Faraday Papers, London, Reino Unido: SPCK, 2011), 3–4, https://www.faraday.cam.ac.uk/wp-content/uploads/resources/Faraday%20Papers/Faraday%20Paper%209%20McGrath_SPAN.pdf.
10. Richard Dawkins, *El gen egoísta: Las bases biológicas de nuestra conducta*, trad. Juana Robles Suárez (Madrid, España: Grupo Anaya Comercial, 2000), 192.

no acepta la evolución humana. Es decir, no tiene problemas con que los seis días de Génesis 1 se vuelvan un orden simbólico de la creación, la cual es creada necesariamente de la nada. Esto lleva a la posición a un tire y afloje de los datos que se sacan de las pruebas científicas y de la lectura de la Biblia. La biología evolutiva queda restringida, pero la geología aceptada, mientras que este negociado de interpretaciones también sucede en la Biblia, los días sí son simbólicos, pero el resto no. En el espectro de la actitud entre la ciencia y la fe, esta posición queda en la *fusión*. Los datos de lo material y de la Biblia son interpretados científica y filosóficamente. Por lo tanto, para esta interpretación filosófica, la afirmación que el humano haya evolucionado de un descendiente común con el chimpancé, elimina la existencia de Dios y su creación por completo. Esto puede llevar a que se lea la Biblia como predicciones sobre los avanzados descubrimientos de la ciencia, ya encontrados en Génesis. Por ejemplo, que la primera luz creada por Dios, haya sido el destello del *big bang*.

En contraste con la posición del creacionismo antiguo, se puede observar la posición de la *evolución no-teleológica*. La expresión "no-teleológico" quiere decir que no hay un objetivo específico o un rumbo hacia donde se dirige la creación. Esta posición acepta los datos científicos y de acuerdo con estos se deben interpretar los datos filosóficos (ej.: la Biblia). Algunos aceptan un creador de las primeras partículas, pero quedarían prácticamente en el espectro de la *independencia* entre la ciencia y la fe. Cada uno tiene su caja de herramientas para estudiar lo natural por un lado y lo sobrenatural por el otro. Mayormente se cree en un creador o dios lejano que ha elaborado la máquina, pero la ha dejado a su propio destino. La fe es más bien un sentimiento o un lenguaje simbólico de la conquista del mal.

Mucho se ha debatido sobre el movimiento del *diseño inteligente*.[11] Este no necesariamente es un modelo o una posición, pero como movimiento junta personas de tres posiciones, es decir algunos del *creacionismo reciente*, la gran mayoría del *antiguo creacionismo* y algunos de la *evolución direccionada*. En este sentido, rechaza todo lo que tiene que ver con las *pequeñas mutaciones aleatorias* que suelen ser una base de explicación de la evolución biológica. El problema para

11. Algunos proponentes conocidos del *diseño inteligente* son: William A. Dembski, *Intelligent Design: The Bridge Between Science Theology* (Downers Grove, IL, EE.UU.: Inter-Varsity, 1999); Michael J. Behe, *Darwin's Black Box: The Biochemical Challenge to Evolution* (New York, NY, EE.UU.: Free Press, 1996); Cruz, *A Dios por el ADN*.

este movimiento son las inferencias que sean *aleatorias*, mientras que apela por una inferencia de un *diseño inteligente*. La discusión se vuelve muy filosófica acerca de la pregunta si es posible detectar empíricamente un diseño o no.

El movimiento del diseño inteligente proyecta la apariencia de que, si no se cree en un diseño científicamente detectable, no se puede creer en Dios y la única solución es la posición de la evolución ateísta. En síntesis, el movimiento no trata de cambiar la ciencia, ni la teología, sino la filosofía de la ciencia. Para este movimiento, la ciencia finalmente decide si Dios existe o no. Aunque pareciera muy prometedor ganar esta supuesta batalla, es una tarea demasiado grande para el método empírico explicar o determinar la existencia del creador. ¿Para qué entonces necesitaríamos la revelación especial?

A este movimiento del diseño inteligente se le suele reclamar que, si un diseño inteligente no es detectable, esto no quiere decir automáticamente que no existe un diseño o un creador. La mayor crítica a este movimiento es similar a la dicotomía entre el diseño que se puede comprobar científicamente o no. Para la doctrina cristiana no es necesario que este diseño sea detectable o no empíricamente. Pero sí son importantes los límites de la metodología científica. El diseño inteligente queda en su actitud *confrontando* a la ciencia, mientras que *fusiona* la ciencia y la filosofía, apuntando a que uno directamente apoye al otro.

Con los dos últimos modelos entramos en lo que son encuentros entre la evolución y la fe cristiana. La mayoría de los científicos cristianos se encuentran entre estos dos modelos.[12] Quizá para algunos será algo improbable que se puede ser cristiano y creer en la evolución. Pero iniciemos descubriendo la posición de la *evolución direccionada*. Esta posición acepta la teoría de la evolución, sin embargo, cree en la intervención divina durante el proceso. Es decir que cuando suceden pequeñas mutaciones aleatorias, dentro de este azar, Dios guía el proceso cuando quiere. Según la posición, Dios ya lo ha hecho para que aparecieran Adán y Eva, por ejemplo. En este sentido, el modelo de la *evolución direccionada* acepta la historicidad de unos primeros humanos que se llamaron Adán y

---

12. Francis S. Collins, *¿Cómo habla Dios? La evidencia científica de la fe*, trad. Adriana de la Torre Fernández (Barcelona, España: Ariel, 2007), 208.

Eva. Esta posición queda en el espectro de la actitud en el *diálogo* entre la fe y la ciencia. En este sentido, la fe puede limitar la ciencia, pero también la ciencia puede actualizar la fe. Obviamente no en el sentido de que en realidad Dios no es bueno o no existe finalmente; más bien en el sentido de que cuando la Biblia dice que la tierra no se mueve, o acerca de la creencia en que Adán y Eva comieron una manzana, la ciencia podrá actualizar la cosmovisión de la fe.

Finalmente, llegamos a la posición de la *evolución planeada*. Aquí se acepta que el método de la creación fue a través de la evolución hasta llegar al humano. La diferencia con la evolución direccionada es que aquí Dios ha planeado todo desde un inicio. Se podría comparar con el entendimiento que Dios no añade a un bebé, la nariz y los ojos, sino que estos están como potencia dentro de las células en concepción.[13] Esta posición argumenta que el relato del Génesis no habla del método de la creación. Por lo tanto, no hay ningún problema para Dios haber creado al universo y a los humanos mediante la evolución. Así como el salmista dice a Dios: "me tejiste en el seno materno" (Sal 139:13, BNP), así también de manera pintoresca Génesis 1 habla de *lo* que Dios hizo, no de *cómo* lo hizo. Si se argumenta teológicamente que hay un diseño desde el inicio de la creación, ¿por qué habría la necesidad de correcciones a lo largo del camino, como lo sugiere la evolución direccionada? ¿No sería más lógico que Dios hubiera creado todo el potencial que luego se esperaría ver en la creación?

En fin, esta posición dice que, en la creación, Dios ha actuado la primera vez, sin intervenir nuevamente, en un sentido directo. Sin embargo, hace una enorme separación en el actuar de Dios en la creación y en la interacción con el mundo. Es decir, Dios no intervino en momentos de la creación como el sol, la tierra o el humano, pero sí puede y hace milagros en tiempos de Jesús y hasta hoy en día. Esto es lo que separa la posición de la evolución planeada de la evolución no-teológica, con un dios lejano que no hace milagros. Esta posición de la evolución planeada se encuentra en la actitud de *independencia* en la forma de buscar la verdad entre ciencia y religión. Es decir, la ciencia analiza empíricamente (por los sentidos) y la fe de manera filosófica. Pero a partir de los encuentros de verdades por cada lado, estas pueden entrar en *diálogo* muy valioso.

13. Lamoureux, *Evolutionary Creation*, 59.

¿HAY UN MODELO MÁS BÍBLICO?

Responder a esta pregunta es como la decisión de un árbitro de fútbol, que al volver a su casa responde a la pregunta de cómo le fue, diciendo: "Pues hubo división de opiniones, algunos se acordaron de mi padre y otros de mi madre".[14] Es decir, no importa la decisión, lo seguro es que algunos lectores no quedarán satisfechos. Sin embargo, como los modelos conflictivos han llenado los medios de comunicación que se nutren de conflictos y división de opiniones, pareciera que lo más sabio sería dejarlo en que cada uno opinara lo que quiera. Sin embargo, el diálogo entre la creación y el creador siguen siendo una de las metas de cada cristiano. Es este el ímpetu que me mueve a presentar una forma de diálogo fructífero, sin quedar en la independencia, en la desconexión entre el creador y su creación, ni en el conflicto, una guerra entre el creador y la creación. La misión de Jesús ha sido llevar la creación a Dios, pero también de llevar Dios a la creación. De esta misión se trata el diálogo que buscamos, no de simplemente encontrar un punto medio para apaciguar los ánimos. Analicemos entonces los diferentes modelos de actitudes entre fe y ciencia, para ver en qué contribuyen a esta búsqueda de una manera más bíblica.

1. El modelo del conflicto

El modelo del conflicto entre la fe y la ciencia tiene su importancia cuando no existe un diálogo. La ausencia de diálogo también se puede llamar un monólogo. Esto es cuando solo una parte es permitida hablar y el resto debe callar; cuando una revelación de Dios gana sobre la otra. Al fin de la era medieval, varios disturbios movieron los fundamentos de los cristianos, al menos en el occidente. La reforma de Lutero había dejado mucha inestabilidad política en toda Europa. Revoluciones y guerras eran el día a día. Además de todas estas amenazas, varios descubrimientos cambiaron nuestra manera de pensar por siempre. La cosmología heliocéntrica fue publicada por Copérnico, diciendo que los planetas y la tierra giran alrededor del sol, contrariando las escrituras que la tierra sí se mueve (comp.

14. El ejemplo viene de Juan Arana, "Algunas consideraciones utópicas sobre el problema educativo" (Seminario presentado en el Grupo Ciencia, Razón y Fe, Universidad de Navarra, Pamplona, España, 24 de abril de 2018), https://www.unav.edu/web/ciencia-razon-y-fe/algunas-consideraciones-utopicas-sobre-el-problema-educativo.

1Cr 16:30; Sal 104:5).[15] Más tarde, Colón había descubierto todo un nuevo mundo, cuando llegó a las Américas. Finalmente, los viajes de Magallanes y Elcano hicieron la esfericidad terrestre irrefutable, al circunnavegar el globo terráqueo.

Todo esto llevó a un conflicto, pero más político que teológico. Especialmente en Alemania y el Reino Unido, este conflicto tuvo un tremendo impacto en la forma de hacer teología. A lo largo de los siguientes siglos, la cada vez más desconectada ciencia y filosofía de la teología cristiana, tuvo su auge en la ilustración. La modernidad había llevado la razón humana a la máxima autoridad de la epistemología, es decir, solo ella dictaba lo que era cierto y lo que no. Esta misma *toma del poder*, como Karl Barth luego lo describiría, él vio surgir nuevamente en la política Nazi en Alemania de 1933.[16] Por su lado, Emil Brunner también denunció la toma de poder del naturalismo, pero enfatizó que Dios puede seguir revelándose y que la iglesia no debiera entrar en el mismo juego de *poder* bajo el juicio único de la razón y la ciencia, sino que buscase un diálogo.[17] El conflicto político de poderes había sitiado la situación, y ni la ciencia como la teología se han enriquecido por medio de este conflicto. El naturalismo puro ha dejado un vacío espiritual en el occidente, que se refleja en la búsqueda actual de lo sobrenatural. Mientras tanto, la religión ha quedado muy devastada, siendo la actitud anticiencia de la iglesia una enorme razón por la que muchos no creen en Dios o la iglesia.[18]

Sin embargo, en la Biblia encontramos a Dios mismo quien nos lleva a este problema, al revelarse "de muchas maneras" (Heb 1:1), al menos a través de su creación (ej. Sal 19:1; Ro 1:20) y en su palabra (2Ti 3:16-17). Y como hemos visto al inicio del capítulo, el estudio de la naturaleza y el estudio de las Escrituras siempre han estado unidas para el cristianismo, porque los dos provienen del mismo autor. Sin entrar en cuestiones de quién haya empezado la pelea o el juego de poder, el modelo del conflicto no es necesario para mantener la fe, ni para mantener la ciencia.

---

15. Un buen resumen se encuentra en Lennox, *El principio según el Génesis y la ciencia*, 17–19.

16. Alister E. McGrath, *Reimagining Nature: The Promise of a Christian Natural Theology* (West Sussex, Reino Unido: Wiley-Blackwell, 2016), 144–46.

17. Marcelo Wall, "El legado del enfoque de Emil Brunner hacia la teología natural", *Espacio Teológico* 4.1 (2019): 47–68.

18. Esto lo identificó un estudio del Grupo Barna, en Kinnaman, *You Lost Me*, 92.

El método científico se ha establecido con éxito en la sociedad por medio de los resultados que han sido posibles lograr con él; enfermedades han podido ser extinguidas, humanos han llegado a la luna, la conectividad del internet y la televisión con los aprox. 5000 satélites orbitando la tierra. De la misma manera, la fe o religión ha sido una constante en la historia de la humanidad. La estética, el sufrimiento, el amor sacrificial y el sentido en la vida, y muchos otros tópicos son mejor iluminados por el método filosófico, la fe o la Biblia. La realidad en la que vivimos es muy compleja y sería sabio no negar otras maneras de la revelación de Dios u otras maneras de estudiar esta realidad. Ni Jesús, ni Pablo estaban en contra de la medicina de su tiempo, tampoco estaban en contra de la cosmología de las tres esferas, "en los cielos, y en la tierra, y debajo de la tierra" (Fil 2:10). Aunque creo que habrá muy pocos que sigan creyendo en la tierra plana con sus extremos, como lo hacían la gente en tiempos bíblicos. Este cambio ha eliminado la idea sobre las localidades de *encima* y *debajo* de la tierra y en su lugar han quedado el cosmos en las afueras de la atmósfera terrestre y el centro de la tierra. Por lo menos aquí, la fe ya ha aceptado la instalación de la actualización de parte de la ciencia. Por esto la Palabra de Dios no ha perdido ningún céntimo en valor y sigue siendo una revelación autoritaria, pero debemos reconocer que la ciencia nos ayuda a entender la realidad en la que nos encontramos.

¿Qué diría Dios acerca de esto? ¿Cuál de sus revelaciones es más importante? ¿Por qué iba a decir que la tierra tenga 4000 años una vez, y la siguiente unos 4,5 billones de años? ¿Esto no parece ser el actuar del Dios de la Biblia? Quizás estas preguntas nos pueden llevar a un punto en el cual la naturaleza *pueda* tener una parte en la conversación, mientras que la fe también *debe* tener la suya. El punto aquí es *conversación*. Por lo tanto, debemos reconocer que el modelo del conflicto entre la ciencia y la fe, no nos llevan a un sano destino cristiano, ni a un Dios que se revela como las Escrituras lo explican. Aunque el modelo del conflicto a primera vista y direccionado contra el ateísmo puede parecer el único modelo bíblico, una mirada más profunda nos muestra otra realidad.

2. El modelo de la independencia

El segundo modelo de interacción es el de la independencia. En medio de los conflictos y luchas de poder, la fe y la ciencia han tratado de tomar caminos separados para no entrar en más conflicto. Este modelo ha sido favorecido por varios motivos. En primer lugar, la separación de la ciencia y la fe fue pronunciada especialmente por Karl Barth, quien había propagado el concepto de que solo la revelación especial (las Escrituras) puede hablar de un Dios trascendente, totalmente diferente a su creación, siendo inefable por cualquier intento de la razón humana. Por lo tanto, los científicos podrían trabajar independientemente de la fe y la Biblia.

En segundo lugar, se ha argumentado que la ciencia y la fe parecen hablar diferentes idiomas. Esto es decir que se contrastan en cuatro puntos:[19] 1) Su orientación: donde la ciencia quiere explicar los datos objetivos y repetibles, la religión quiere explicar la belleza, el orden y las experiencias del corazón. 2) Sus preguntas: mientras que la ciencia pregunta cómo suceden las cosas, la religión pregunta por la finalidad o el origen de las cosas. 3) La base evaluativa: para la ciencia es la coherencia lógica de los experimentos, pero para la fe es la revelación especial como la Biblia. 4) Forma de expresión: cuando la ciencia hace predicciones cuantitativas comprobables por experimentos, la fe utiliza un lenguaje simbólico y comparativo de lo que conocemos para hablar de un Dios que trasciende nuestra realidad.

En cierto sentido estos motivos o argumentos son válidos. Los cristianos no comprueban científicamente si el Espíritu Santo ha hablado o no. Quizá existen algunos filtros para analizarlo, pero son muy subjetivos y difícilmente comprobables. Cuando una persona ora mucho un día y tiene un sueño de parte de Dios esa noche, no funcionará necesariamente al día siguiente por el mismo método. Dios elige cuándo y cómo se revela. John Polkinghorne explica además que las dos áreas se construyen de maneras diferentes.[20] La ciencia puede sumar sus conclusiones y seguir avanzando, añadiendo nuevas conclusiones. En este sentido, la ciencia es cumulativa y solo vale lo que todavía queda comprobado y toda investigación puede concentrarse en las preguntas actuales; o sea es sincrónica, es decir estudia las cuestiones en un momento dado.

En contraste a esto, la teología nunca puede concentrarse solo en las preguntas actuales, por la complejidad de su área. La teología,

19. Según Langdon Gilkey en Ian G. Barbour, *Religión y ciencia*, trad. José M. Lozano-Gotor (Madrid, España: Trotta, 2004), 148.

20. John Polkinghorne, *Science and the Trinity: The Christian Encounter with Reality* (New Haven, CT, EE.UU.: Yale University Press, 2004), 26–27.

como hemos visto a lo largo del libro, no puede utilizar solamente los conocimientos de hoy en día, siempre necesitará un Moisés, un Pablo, un Agustín, un Tomás de Aquino, un Lutero, o algún otro teólogo que ha llevado la conversación a un nuevo campo. La Biblia misma puede y debe ser entendida en su propio contexto. Esto conlleva que siempre mantiene abiertas preguntas complejas que fueron respondidas en una variedad de maneras. Las preguntas de la teología por naturaleza son diacrónicas, esto es, analiza las cuestiones a lo largo del tiempo.

Estas diferencias entre la fe y la ciencia existen y se deberían respetar. Pero, por otro lado, también tienen mucho en común, y como ambas contienen revelaciones de Dios, de algún modo deberían poder entrar en contacto. El ejemplo por excelencia, Jesús, el Cristo mismo, tuvo un padre celestial y una madre humana. La revelación de Dios en este sentido conecta las dos áreas de la ciencia humana con la revelación especial divina. Si Dios no se revelara en las cosas creadas como Jesús siendo humano, no tendríamos un evangelio. Por lo tanto, un modelo bíblico no puede dejar separadas las dos revelaciones de Dios. De este modo, el modelo de la independencia no satisface la evaluación al no ser el modelo más bíblico.

3. El modelo de la fusión

El tercer modelo toma muy en serio la conexión entre la revelación de Dios en la Biblia y la naturaleza. El modelo de la fusión se basa en que lo uno debe *concordar* con lo otro. Mayormente es el modelo *creacionista antiguo*, es decir que acepta la antigüedad de la tierra, pero no la evolución de las especies. Esta fusión no toma en cuenta los argumentos de la trascendencia de Dios, ni de los límites de la ciencia. En esto el movimiento del diseño inteligente estaría de acuerdo, porque afirma que la conclusión filosófica debe ser científicamente comprobada. La intención de este modelo es loable, porque argumenta que la revelación de Dios no se puede separar. En cierto sentido, no podemos hablar de cuándo Jesús actuó como humano y cuándo dejó de hacerlo para actuar como divino. Separar las realidades crea muchos problemas teológicos. Sin embargo, esta fusión misma lleva consigo algunos problemas más profundos.

El siguiente esquema representa las formas en como la teología tiene una perspectiva completa hacia la realidad, mientras que la ciencia una perspectiva limitada. El óvalo en el medio representa la realidad con sus datos metafísicos o la revelación de verdades sobrenaturales, y los datos físicos que son parte de lo material y nuestro universo.

Ilustración 10 - Perspectiva científica y teológica

El modelo de la *fusión* enaltece la evidencia empírica y dice que no existe una diferencia entre los datos metafísicos y los físicos. Ciertamente este modelo recae sobre la única verdad que según el modelo puede y debe ser convalidada por la evidencia empírica. Para el modelo de fusión, la teología y la ciencia tienen perspectivas de todos los datos y elimina la división de los diferentes datos y mundos. Un ejemplo es cuando decimos que se puede comprobar científicamente la existencia de Dios o algún milagro. Es aquí donde mezclamos lo sobrenatural y lo natural, dándole a la ciencia un lugar demasiado alto para juzgar incluso sobre lo sobrenatural. Otro ejemplo, mezclando lo natural en lo sobrenatural, es explicar que el *big bang* es la luz en Gn 1:3, es decir, que la Biblia revela conocimientos científicos que los propios autores no podrían haber entendido. Lo problemático aquí es que una vez que Dios haya revelado el *big bang* en Gn 1:3, y la ciencia cambia de opinión, ¿cómo podrá Dios revelar algo diferente después? ¿Qué es más fiable finalmente, la Biblia o la ciencia?

El modelo de la fusión tampoco parece ser el modelo más bíblico. En Jesús lo divino y lo humano se conectó de manera inseparable pero, así como el cielo y la tierra se conectan, estos no se mezclan. La ciencia no actualiza el *mensaje* de la Biblia, solo actualiza nuestro *entendimiento* acerca de los datos físicos, y es con este entendimiento actualizado que volvemos a leer la Biblia. El hecho de que la tierra sea un globo no ha colocado al cielo arriba en el espacio del universo, ni tampoco lo ha eliminado. Pero sí ha actualizado nuestro entendimiento sobre el mundo físico. Tanto como la ciencia no puede comprobar la inexistencia de Dios, así tampoco puede comprobar su existencia. El modelo de fusión, aunque da lugar a la conexión entre Creador y lo creado, le da un lugar demasiado alto a la ciencia que llega a ocupar el lugar del juez en la búsqueda de la verdad.

4. El modelo del diálogo

El modelo del diálogo, según mi parecer es el más bíblico. Pero déjeme explicar la razón de mi percepción. El diálogo, en contraste con el monólogo, toma en cuenta las individualidades que crearon el conflicto entre la fe y la ciencia en primer lugar. Es decir, el modelo de la fusión que fue el aceptado hasta la era medieval, ha creado el modelo del conflicto cuando nos hemos dado cuenta de una mayor complejidad de la realidad en la que vivimos. El modelo ya no pudo soportar tanta información y necesitaba una actualización. Esto no significa que el cristianismo necesitaba una actualización en su mensaje evangélico, sino que las categorías humanas que se equivocan en gran manera corrían como en un software que se había quedado desactualizado. La información sobre una tierra que sí se movía, que era un globo y que no era el centro del universo, no podía cargarse en las categorías del software de la fusión.

Por otro lado, el diálogo contrasta los ataques y defensas del modelo del conflicto y permite un encuentro sano, sin perder las individualidades de la fe y de la ciencia. Como uno de los ejemplos bíblicos, el médico Lucas (Col 4:14), que no tiene que dejar de ser médico y solamente orar por sanidades. Pero tampoco colocaba sus oraciones en sus medicinas, utilizándolas como unos talismanes. El modelo del diálogo acepta estas diferencias entre la fe y la ciencia. Acepta la medicina y la oración al mismo tiempo. Aunque estas diferencias suelen estirar a la independencia de cada uno de sus lados, el diálogo no se cansa de llevar a ambos nuevamente a una conversación entre la fe y la ciencia.

En contraste con el modelo de la fusión, el diálogo deja las libertades a cada uno, pero se juntan y traen sus descubrimientos a la mesa de diálogo. Es justamente en este diálogo donde los dos pueden compartir los descubrimientos de cada uno. No obstante, en este diálogo los dos se mantienen responsables. Es decir, la fe mantiene a la ciencia en su margen que le corresponde, dejando que presente sus descubrimientos, pero frenándola al tratar de inferir realidades sobre el mundo espiritual, como suele ocurrir con el ateísmo naturalista que trata de inferir la inexistencia de un dios por medio de la teoría de la evolución. Esto no es ciencia, ni responsabilidad científica.

Un ejemplo de este diálogo lo vemos en el naufragio de Pablo en su viaje a Roma, relatado en Hechos 27. Pablo, conociendo la ciencia, había aclarado al capitán que por la llegada del invierno el viaje iba a ser peligroso. La tempestad llegó y azotó por más de dos semanas al barco con una tripulación de 276 personas. Los datos científicos y las estadísticas de estas situaciones le dejaron inferir conclusiones: "habíamos perdido toda esperanza de salvarnos" (v.20). Pero es el mismo Pablo que recibe un mensaje esperanzador de un ángel. No es que las estadísticas o los datos científicos cambiaron, pero la revelación especial comunicó que "Dios te ha concedido la vida de todos los que navegan contigo" (v.24, NVI). Esto no cambió la realidad del peligro, el planeamiento justo y las acciones a tiempo correcto seguían muy necesarias, pero cambió las conclusiones inferidas del apóstol, quien comanda a la tripulación: "Por tanto, oh varones, tened buen ánimo; porque yo confío en Dios que será así como se me ha dicho" (v.25).

De la misma manera, la ciencia puede mantener responsable a la fe. Esto sucede cuando la ciencia no deja que la fe se eleve volando a un mundo platónico y construya solamente sus castillos en el aire. Un buen ejemplo de esto tenemos con Jesús y los fariseos. Cuando estos le preguntan cuál es el mandamiento más importante, Jesús responde que son las dos cosas: amar al Dios celestial con todo nuestro ser y ayudar al prójimo terrenal (Mt 22:36-39). Esto es el diálogo entre la esperanza del cielo y la realidad terrenal. Una tensión que vivimos a diario y que nunca lograremos encasillar y dominar. La ciencia le recuerda a la fe constantemente que Dios se hizo hombre y que Adán es un terrenal. A esto, la fe responde todas las veces, que lo terrenal viene de lo celestial, y que los hijos terrenales, por medio del segundo Adán, han llegado a ser hijos de Dios. Es Jesús mismo quien encarna este diálogo, esta tensión de realidades celestiales y terrenales.

El siguiente diagrama representa el modelo del diálogo:

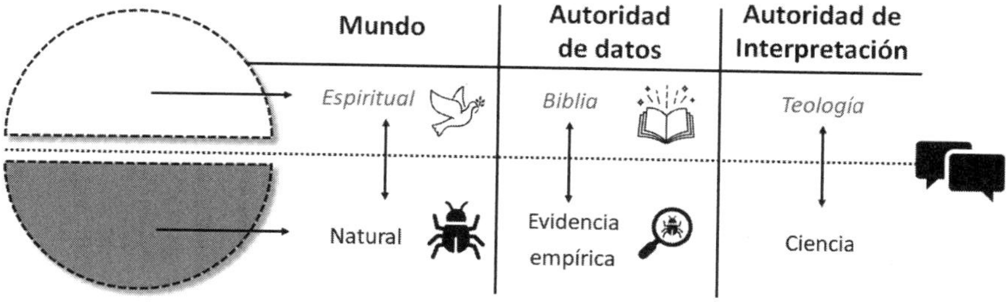

Ilustración 11 - Modelo de diálogo entre fe y ciencia

Los dos semicírculos demuestran las dos áreas en nuestro entendimiento, que solemos llamar el mundo espiritual y el natural. Aquí la Biblia mantiene la autoridad sobre el mundo espiritual, mientras que la ciencia mantiene la suya sobre las evidencias empíricas. Cada uno saca conclusiones en base a sus estudios y los trae a la mesa de diálogo. Y es aquí donde la conversación es llevada a cabo, donde la teología y la ciencia colocan todas las cartas sobre la mesa. Sin que cada uno juegue el solitario, ni para competir y ver quien gana la partida. Sino para buscar juntos cómo se compone nuestra realidad, de dónde venimos, a dónde vamos, y por qué esto es así.

Lo complejo de este modelo es que requiere que la ciencia pueda decir que la evolución fue parte de lo que sucedió. Mientras que la conclusión inferida no puede ser científica. Aquí es donde entra la Biblia y dice que cuanto más compleja es la forma en que todo llegó a ser, más sabio ha sido Dios el creador. No me entienda mal, no quisiera defender la teoría de la evolución. Esto se lo dejo a los científicos. Pero, aunque fuese por la evolución, podemos volver a la analogía de la caja de Lego (ver pág. 198): ¿no es mucho más sabio el inventor de unos ladrillos que pueden autoarmarse a una casa, que el inventor de unos ladrillos que requieren ser colocados cada uno en su posición correcta? Si es que Dios hubiera creado nuestro mundo por una manera evolutiva, ¿no lo haría incluso más sabio? Estas preguntas muestran cómo las inferencias son guiadas por la Biblia y la teología, mientras que los datos son empíricos analizados científicamente. Pero queda por analizar un poco más la mesa de diálogo donde queda todavía la tensión entre las dos revelaciones de Dios: las obras de Dios y su palabra.

LA METÁFORA DE LOS DOS LIBROS DE DIOS

La tensión existente entre las dos revelaciones de Dios ha dejado inquietos a los cristianos desde ya antes de Jesús. El Salmo 19 poéticamente entreteje las dos maneras de revelarse de Dios:

> Los **cielos cuentan** la gloria de Dios,
> y el **firmamento anuncia** la obra de sus manos.
> Un **día emite palabra** a otro día,
> y una noche a otra **noche declara** sabiduría.

> La **ley de Jehová** es perfecta, que **convierte** el alma;
> El **testimonio de Jehová** es fiel, que **hace sabio** al sencillo.
> Los **mandamientos de Jehová** son rectos, que **alegran** el corazón;
> El **precepto de Jehová** es puro, que **alumbra** los ojos
> (Sal 19:1-2, 7-8)

Esto ha llevado también a los primeros cristianos a utilizar la metáfora de los libros para hablar de la revelación divina. Varias culturas compartían esta metáfora. Los griegos, los egipcios y también los babilonios entendían la escritura como algo sagrado, algo que conectaba al humano con lo divino.[21] La Biblia misma utiliza la metáfora del libro sagrado a menudo. El libro de la vida es el más utilizado (Éx 32:32; Sal 69:28; 139:16; Fil 4:3; Ap 3:5; 13:8; 17:8; 21:27). Este libro no se refiere a la Biblia misma, sino al destino eterno de las diferentes personas. Además, se utiliza la palabra creadora de Dios en Gn 1, que el Evangelio según Juan le da un nombre más específico: el *logos* (verbo/palabra), el instrumento creador (Juan 1:3). Nuevamente, el *logos* no es la Biblia misma, sino Cristo quien es considerado la máxima revelación de Dios. De la misma manera la metáfora del Salmo 18, más arriba, trata a los cielos como un libro diferente a la ley o la Biblia.

Entre los primeros cristianos que utilizaron esta metáfora encontramos, por ejemplo, a Juan Crisóstomo (349–407 d.C.). Este había rotulado a la naturaleza como un *volumen* en el sentido bibliográfico. Para Crisóstomo este volumen hablaba a la gente pobre que no podía comprarse una Biblia o los pueblos que no entendían los

21. Ernst Robert Curtius, *Literatura europea y edad media latina*, trad. Margit Frenk Alatorre y Antonio Alatorre (Madrid, España: Fondo de Cultura Económica, 1955), 425.

idiomas de la Biblia (Homilía de las estatuas IX.5).[22] Esta comparación llega cerca a la del profeta Isaías quien compara el cielo como un libro o pergamino (Is 34:4). La metáfora de los libros siguió siendo utilizada, refiriéndose a los animales y personas, o a cada uno de los humanos como un libro o una letra escrita por el dedo de Dios. Luego Hugo de San Víctor desarrolló la metáfora a cuatro libros: 1) el del paraíso; 2) el de la ley; 3) Jesucristo; 4) el de la providencia divina.[23]

Martín Lutero, aunque no habló de la metáfora en forma directa, afirmó que Dios se revela en sus palabras y sus hechos, porque estos nos son inteligibles. Para Lutero esto es la situación humana a consecuencia del pecado en Gn 2-3. El pecado habiendo deteriorado nuestra naturaleza humana no nos deja apreciar a Dios en el sentido metafísico, sino solo en el físico, es decir, podemos ver a Dios en su Palabra y en sus obras físicas.[24] Mientras que por el protestantismo más liberal, el desencanto de la naturaleza había injuriado la metáfora, hoy en día se puede ver como esta metáfora es nuevamente utilizada e incluso aplicada al ADN humano.[25] Entre los científicos cristianos en usar esta metáfora encontramos, por ejemplo, a Antonio Cruz y Francis Collins.[26]

La metáfora de los dos libros ofrece una excelente forma de referirnos a estas dos maneras de revelarse de Dios. La Biblia, su palabra, es una y, la naturaleza, su creación, es otra. Las dos instituciones humanas de la ciencia y la teología nos ayudan a descifrar las dos revelaciones. Lo bueno de esta metáfora es que mantiene unidos los dos libros por medio del mismo autor, este es Dios. Por el otro lado, la metáfora distingue los lenguajes que hablan los dos libros. Mientras que se requiere la destreza de la lectura, y encima en un idioma específico para entender la Palabra de Dios, el libro de la naturaleza

---

22. Peter M. J. Hess, "Two Books", en *Encyclopedia of Science and Religion*, ed. J. Wentzel van Huyssteen (New York, NY, EE.UU.: Macmillan Reference, 2003), 905–8.

23. Alain de Lille, 1128-1203, afirmaba que cada ser viviente es un libro. Los cuatro libros de Hugo de San Víctor son: 1) el libro esctrito en el paraíso por Dios en el corazón del humano; 2) el libro escrito en el desierto por Moisés, la ley; 3) el tercero escrito en el templo por Jesucristo y; 4) el libro escrito en la eternidad por la divina providencia. En Curtius, *Literatura europea*, 448–49.

24. Lutero, *Gründliche und erbauliche Auslegung des ersten Buchs Mosis*, 15 §21, 19 §28.

25. El *desencanto* viene del alemán *Entzauberung*. McGrath, *Darwinism and the Divine*, 57–58.

26. Cruz, *A Dios por el ADN*, cap. 2; Collins, *¿Cómo habla Dios?* cap. 5.

es un idioma universal que está al alcance de todos. Así lo explican los apóstoles Pablo y Bernabé cuando afirman a las personas de Iconio que el Dios creador de cielo y tierra,

> *no dejó de dar **testimonio de sí mismo**, haciendo **bien** y dándonos **lluvias** del cielo y **estaciones fructíferas**, llenando vuestros corazones de **sustento** y de **alegría***
> *(Hch 14:17, LBLA)*

Dios acompaña al mundo manteniéndolo en un orden y no lo ha dejado como una máquina que sigue su ritmo, como lo profesa el deísmo. Los iconios, aunque sí habían experimentado las lluvias y el sustento divino a través de buenas cosechas, no lo habían entendido de la manera correcta. Es el apóstol a los gentiles quien les tiene que dar una narrativa explicativa, el libro de la Palabra, para que puede tener sentido el libro de la naturaleza. Los datos empíricos no alcanzan para formar conclusiones teológicas, aunque sí pueden desafiar nuestras categorías teológicas humanas. La metáfora mantiene una separación saludable en estas dos categorías, requiere un diálogo, pero evita una fusión de las dos revelaciones.

El naturalismo ha predicado rotundamente la necesaria conclusión científica que la evolución es no-teleológica, o mejor dicho que no tiene ningún rumbo o propósito. Pero es justamente aquí donde el libro de la Palabra de Dios entra en juego y dice que sí hay un rumbo bien claro. La revelación del Jesucristo histórico aquí en la tierra, hace más de 2000 años, afirmó una vez por todas que la creación no espera simplemente su fin en la destrucción.[27] El mismo cuerpo de Jesús que sintió las tentaciones del hambre en el desierto, es el cuerpo que fue colocado en la tumba y el mismo que resucitó, aunque glorificado. La tumba quedó vacía afirma el credo cristiano (Lc 24:3). El cuerpo de Jesús fue vivificado. De la misma manera la creación quedó renovada y vivificada después del diluvio en Gn 6 (ver pág. 143). El Dios de la Biblia explica una y otra vez el rumbo y el propósito de su querida creación, que no quedará en una simple futilidad. La creación que al inicio fue llamada buena, "será libertada de la esclavitud de corrupción, a la libertad gloriosa de los hijos de Dios" (Ro 8:21).

---

27. Este es el argumento de John Polkinghorne en *Science and the Trinity*, 86.

COSMOVISIONES ADVERSAS

Todo este capítulo se ha apoyado en algunas presuposiciones que no siempre son las asumidas ni por la cosmovisión de la Biblia, ni por la cosmovisión de una gran mayoría de latinoamericanos. La manera de hablar sobre lo que existe, de qué está compuesta nuestra realidad y cómo es regulada, difiere en gran manera de la cosmovisión científica. Sin embargo, hoy día, casi toda nuestra vida funciona en la cosmovisión científica y muchas veces, incluso, sin darnos cuenta.

La cosmovisión científica del occidente se ha iniciado ya con los antiguos griegos. La palabra *naturaleza,* como *fusis* en griego, tiene dos significados muy cercanos. Se puede hablar de la naturaleza de una cosa o persona, indicando su manera de funcionar o actuar (ej. naturaleza humana), y también de la naturaleza en sí, refiriéndose al cosmos que nos rodea (vivir en medio de la naturaleza). Como la cosmovisión occidental se ha construido básicamente sobre la concepción del mundo de Platón y Aristóteles, podemos ver hasta hoy las mismas concepciones incluso en nuestro idioma español. La división de Platón entre arte, naturaleza o casualidad, todavía la encontramos en nuestra manera de hablar cuando nos referimos a algo *artificial* en contraste con algo *natural*, o cuando describimos algo como *natural* si sigue un proceso esperado en contraste con la *casualidad* o lo inesperado.[28]

Nuestra manera de hablar suele decir mucho acerca de nuestra concepción de la realidad. Por ejemplo, si hablamos de la madre naturaleza nos referimos a una realidad viva, de la cual dependemos y sin ella no existimos. Al hablar de la mecánica celeste, describimos los movimientos de los astros que se mueven tan prediciblemente que parecieran un motor mecánico trabajando a la perfección entre todas sus partes. Estas ideas occidentales no son negativas de por sí. Nos ayudan a entender el universo y lo que llamamos las "leyes" de la física. Pero no todas estas metáforas occidentales encontraron buena recepción en Latinoamérica.

El así llamado descubrimiento de América en el siglo XV fue un encuentro entre estas diferentes ideas sobre qué es el mundo y

28. Giuseppe Tanzella-Nitti, "The Aristotelian-Thomistic Concept of Nature and the Contemporary Debate on the Meaning of Natural Laws", *Acta Philosophica* 6.1997 (1997): 6.

251

quiénes lo habitan. Largas discusiones ocurrieron entre los europeos sobre si los nativos eran humanos o si eran más bien animales bien inteligentes. Contrariamente, los nativos tenían diferentes actitudes sobre estas nuevas creaturas que aparecieron en el mundo. ¿De dónde habían llegado estos? Entre algunos nativos en el Paraguay existe una narrativa que cuenta que una joven de tez clara era pretendida por todos los muchachos de la aldea. Ella se decidió por el muchacho que ganaría una competición deportiva. No obstante, los celos de los demás no los dejaron vivir en paz a esta pareja, por lo que emigraron al norte, donde dieron origen a humanos de tez blanca.[29] ¿Quién tenía la razón? ¿Todos, nadie, la Biblia?

En aquel tiempo en aquel tiempo no era tan clara la cuestión. Pero más adelante, en la modernidad reinaba la ciencia y, por lo tanto, podía pretender saber todas las preguntas sobre la realidad natural y hasta en lo sobrenatural. Hoy, en tiempos posmodernos, reina el escepticismo hacia la autoridad, el intelecto y hasta las propias concepciones del universo.

De nuevo, el diálogo puede ser el paso más indicado hacia una solución. Como cristianos, afirmamos que la Biblia es la verdad de Dios. Pero la historia nos ha enseñado que nuestro entendimiento de la Biblia puede estar bastante anticuado como también muy perjudicial. No deberíamos darle completa autoridad ni a la ciencia ni a nuestras propias formas de organizar el funcionar del cosmos. Precisamente en una situación como esta, nuestro reflejo suele ser que decimos que debemos seguir la organización del cosmos de la Biblia. Pero, rápidamente, nos acordamos que internet, el GPS y los satélites nos delatan que el cielo no está necesariamente "arriba" y que el sol no gira alrededor de una tierra plana.

Por lo tanto, las diferentes cosmovisiones deben tener lugar en el diálogo, especialmente en Latinoamérica, donde las concepciones occidentales han sido impuestas en demasiadas ocasiones. No se trata de eliminar la ciencia, ni de aprobar todo lo que cada una de las creencias nativas dictan. Esto sería una reconquista, y nos hallaríamos de nuevo en medio del histórico conflicto entre el Occidente y el Nuevo Mundo. Necesitamos escuchar al otro, entablar una

---

29. Wilmar Stahl, *Culturas En Interacción: Una Antropología Vivida En El Chaco Paraguayo* (Asunción, Paraguay: El Lector, 2007), 87.

conversación y escuchar juntos la palabra de Dios y aceptar cómo su mensaje puede sonar tan diferente en el occidente y entre los diferentes grupos nativos de las Américas. Tampoco buscamos un sincretismo en que todas las verdades pueden ser mezcladas. Esto sería volver al modelo de la fusión con su problema de proveerle al naturalismo su derecho a evidenciar empíricamente la no existencia de Dios.

La Biblia suele hablar de la tierra, la creación o el cosmos. Pero a pesar de las separaciones categóricas de Platón y Aristóteles entre lo natural y lo sobrenatural, la Biblia presenta una clara interacción entre los hábitats, la vida de los habitantes y Dios. La tierra y el agua participan en la creación (Gn 1:11-12, 20, 24). La sangre, la tierra y la creación lloran y gimen a Dios (Gn 4:10; Jer 12:11; Ro 8:22). Aunque no se trata de que la tierra y la sangre sean animadas en el sentido animista, podemos descubrir una forma de hablar en la Biblia que nos deja a veces más cerca de concepciones nativas que de las modernas y científicas.

¿Cómo podemos seguir adelante en todo este enredo de verdades y subjetividades? La Biblia asume por un lado cierto realismo, en el sentido de que se podía tocar y ver a Jesús y que estas percepciones humanas eran una verdad confiable. Acepta que lo que percibimos del mundo lo deberíamos integrar a nuestro conocimiento. Al mismo tiempo, la Biblia también afirma que la reflexión crítica sobre estos conocimientos es importante y no se puede descartar. Esto lo podemos ver en cómo Pedro reflexiona críticamente sobre la venida del Espíritu Santo en su sermón a sus compatriotas judíos (Hch 2:14-39). De la misma manera, Pablo reflexiona críticamente acerca de la experiencia de la resurrección de Jesús. N. T. Wright concluye que "la cosmovisión entera de Pablo… fue reconsiderada en relación a Jesús y en particular en relación a su resurrección".[30]

El siguiente esquema representa una reconsideración crítica, de la que N. T. Wright está hablando:[31]

---

30. N. T. Wright, *The Resurrection of the Son of God*, 5ª ed. (Minneapolis, MN, EE.UU.: Fortress, 2003), 274.

31. En cuestiones filosóficas esta forma de llegar a una verdad, se llama realismo crítico. N. T. Wright, *The New Testament and the People of God*, vol. 1 de *COQG* (Minneapolis, MN, EE.UU.: Fortress, 1992), 35.

Ilustración 12 - Reconsideración crítica del observador

¿Qué implica todo esto? Primeramente, implica que nuestras observaciones y experiencias no son solo subjetivas, sino que aumentan nuestro conocimiento y nos harán reconsiderar una y otra vez nuestra organización de la realidad. Es decir, nuestra cosmovisión experimentará cambios continuamente. En segundo lugar, la Palabra de Dios y su hijo Jesucristo nos mantendrán como norte en esta búsqueda de hacer sentido de nuestra vida y toda la realidad existente. Esto es, la guía será teológica y guiada por Dios y su Espíritu Santo al determinar nuestras conclusiones. Tercero, las observaciones, experiencias y las conclusiones siempre suceden en comunidad. Por ejemplo, cuando Jesús apareció como resucitado, lo hizo a más de 500 personas (1Co 15:6). La reflexión y conclusión de Pablo se realizaron en comunicación con el pueblo de Dios, ya sea con los profetas del Antiguo Testamento, con los demás apóstoles o con sus contemporáneos judíos y griegos.

El diálogo entre la ciencia y la religión no se trata de la guerra de narrativas o cosmovisiones. Este diálogo trata de una transición en nuestra cosmovisión. Quizá nuestra transición sea de una cosmovisión nativa donde las realidades se mezclan entre lo natural y lo supernatural, donde lo real se mezcla entre lo razonable y los sueños, donde quizá el mundo espiritual no deja al humano sacar conclusiones o predicciones sobre el mundo natural. Quizá nuestra transición sea de una cosmovisión en la que las conclusiones sobre el mundo natural no dejan lugar a una realidad espiritual. Quizá sea de una cosmovisión donde el relativismo reina y no se sabe en cuales autoridades confiar. Sea como fuera, nuestra cosmovisión cambia y enfrenta este cambio. Es un desafío que Jesús esperaba también de los suyos, como lo esperó de sus discípulos y también del mismo apóstol Pablo. El siguiente diagrama nos puede ayudar a visualizar el cambio en cada cosmovisión:[32]

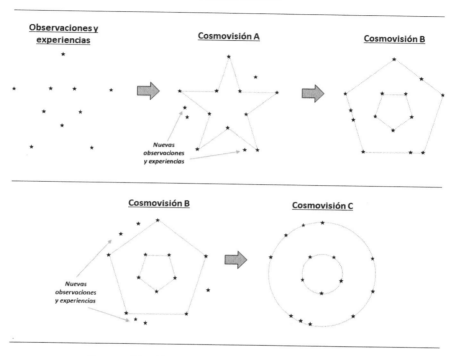

Ilustración 13 - Transición de una cosmovisión

Como lo muestra el diagrama, las nuevas informaciones nos llevan a reconsiderar nuestra manera de entender el mundo. Esto se llama una transición de cosmovisión. Hay al menos dos elementos que el occidente debe mantener en el diálogo al tratar con las cosmovisiones nativas de las Américas. Primeramente, la existencia y su consideración del mundo espiritual y de las fuerzas espirituales. Para el cristiano la existencia de espíritus, al menos el Espíritu Santo, debe considerarse como parte de la realidad (ver también págs. 32 y 67). La así llamada "desmitologización" es un proceso que deja al Dios de la Biblia muy pequeño y casi relegado al mundo emocional. En

32. Este diagrama es adaptado de Paul G. Hiebert, *Transforming Worldviews: An Anthropological Understanding of How People Change* (Grand Rapids, MI, EE.UU.: Baker Academic, 2008), 318–19.

segundo lugar, las cosmovisiones nativas nos recuerdan la importancia del diálogo mundial. Todos los humanos estamos conectados de alguna manera y debemos aprender a vivir juntos. Especialmente entre cristianos. La sabiduría social quizá llega a ser más importante que la inteligencia financiera. En síntesis, aprender de lo orgánico y cambiante que es el mundo y su humanidad, es dejar lo puramente mecánico y determinado atrás y ver la naturaleza como compañera de Dios en el propósito que él tiene con nosotros. O como Pablo explica el trabajo divino en equipo: "Yo planté, Apolos regó; pero el crecimiento lo ha dado Dios" (1Co 3:6).

CONCLUSIÓN

Entre las diferentes posiciones que se proponen desde la ciencia, hemos visto seis diferentes, de las cuales cinco afirman el claro accionar de Dios. De estas cinco, cuatro afirman que Dios actúa hasta hoy en día a través de la naturaleza. Estas cuatro posiciones, que podríamos llamar posiciones cristianas, se distinguen en la forma en que afirman que Dios haya actuado. Dos afirman que Dios ha formado al humano de tierra y los otros dos, de otros seres vivientes que evolucionaron a los primeros humanos. Entre las cuatro posiciones cristianas, no quisiera llamar a una más cristiano en el sentido de que cree más en Dios. Pero sí podemos diferenciarlas mediante su manera de leer la Biblia, como ya habíamos explicado en el capítulo 1 y de cómo juntan las dos revelaciones de un mismo Dios.

Cada una de estas seis posiciones afirma una actitud al relacionarse la ciencia con la teología. En primer lugar, el creacionismo reciente y la evolución naturalista conllevan una clara actitud de conflicto. Segundo, el creacionismo antiguo tiene una actitud de fusionar las dos entidades, dejando a la ciencia determinar si existe un Dios o no. En tercer lugar, la posición de la evolución no-teleológica deja al universo completamente separado de Dios y a nunca más encontrarse con él. Las dos posiciones que aceptan la evolución, pero ven definitivamente la mano de Dios detrás de este proceso de creación, optan por la actitud del diálogo, que parece ser la actitud más bíblica. El problema de las dos revelaciones entre la naturaleza con su evolución y la teología con su creador puede ser sobrellevado mediante la metáfora de los dos libros de Dios.

Las cosmovisiones nos ayudan a comprender que nuestras maneras de comprender el mundo cambian constantemente y para evitar el imperialismo de nuestra propia cosmovisión, debemos optar por el diálogo entre estas y así fomentar también el diálogo entre la Biblia con la ciencia. Por lo tanto, quisiera repetir que la evolución no llega a ser un problema para el cristiano que cree firmemente en la Biblia, ni mucho menos para un Dios del cual el salmista afirma:

> ¡Cuán preciosos me son, oh Dios, tus pensamientos! ¡Cuán grande es la suma de ellos! (Sal 139:17)

10
El mensaje de Génesis

Hemos llegado al final de nuestro análisis del Génesis. Aunque espero que varias preguntas hayan quedado respondidas, como docente, creo que despertando nuevas preguntas que todavía no tienen respuesta se mantiene el diálogo en marcha. El dilema del Génesis es necesariamente una conversación mundial, pues se trata de la humanidad, nuestra realidad que compartimos con todo el mundo. Es una conversación con personas de otros países o continentes, de otras culturas, con personas que creen en Dios o que no, con personas que viven actualmente y con muchas que ya no viven y nos hablan a través de sus libros. En este sentido, es una conversación que trasciende los límites de geografía, historia, cultura y creencia. Sin embargo, esta conversación emerge del interés del Dios de la Biblia, de un interés de personas que creen que la Biblia es inspirada por este Dios que se interesa por nosotros.

De la misma manera funciona el mensaje de Génesis. Debe ser un mensaje que trasciende el tiempo, no solo hacia el pasado, sino también para el futuro. Debe ser un mensaje que trasciende no solo la geografía terrestre, sino también la cósmica. De esto trata este capítulo: ¿cuál es el mensaje de Génesis para nosotros? En primer lugar, Génesis nos quiere decir que la creación es algo sagrado para Dios.

LA CREACIÓN ES ALGO SAGRADO

A lo largo del relato de Génesis las acciones de Dios y su opinión sobre lo que sucede es comunicado de forma muy positiva. Todos los espacios ganados y ordenados por Dios, son al fin y al cabo considerados como bueno por el mismo Dios. Esto no sucede solo en el edén, sino en toda la creación. Dios ha luchado por su creación desde el inicio. Y cuando en el séptimo día descansó disfrutando de la implementación de su orden y reino, todo el cosmos estuvo en paz. Es justamente el séptimo día al que Dios santificó, no por ser el séptimo, sino porque ahí Dios y el cosmos estuvieron en completa paz y armonía. Esto era el estado de victoria de Dios, este era el estado absoluto de lo que Dios ha querido de su creación. Y es este estado que es santificado. El sábado que resulta de este séptimo día, se volvió una celebración semanal para recordar al rey divino y al estado al cual nos dirigimos al seguir las indicaciones de este rey cósmico.

1. La creación es buena y Dios quiere restaurarla

Con esto, el relato de Génesis nos muestra lo sagrado que es su creación. Ser sagrado tiene dos definiciones: por un lado, se puede llamar a lo sagrado a lo separado de lo común. Pero también se puede llamar sagrado a lo que ha recibido una función especial de parte de Dios (ej. Gn 2:3 y Éx 29:36). Mientras que el día siete fue santificado como algo especial de los otros seis, la creación no ha sido ordenada con sus funciones especiales. En este sentido, cuidando el orden establecido e instruido por Dios, era guardar la santidad de la creación. Un ejemplo de esta función especial en conexión con el mantener la santidad, lo encontramos en Levítico 20:8, cuando Dios le dice a su pueblo: "Guardad mis estatutos y cumplidlos. Yo soy el Señor que os santifico" (LBLA). Aquí no se trata de guardar los estatutos para quedarse o volverse santos, sino que la función sagrada había sido concedida y esta requería guardar el orden establecido.

Aunque la Biblia en situaciones nos suene a que Dios esté enojado y quiere terminar con toda esta creación, no es así. Hemos podido observar que cuando la Biblia habla de destrucción del mundo o la tierra, siempre es para restaurarla. Esta es la actitud de Dios hacia su creación que incluye también nuestro planeta. Así también lo ha entendido Pablo que explica que "la creación misma será libertada de la esclavitud de corrupción, a la libertad gloriosa de los hijos de Dios" (Ro 8:21). Génesis 1 quiere comunicarnos que Dios fue el creador de todo y que su creación él la considera sagrada. No solo los humanos hemos quedado en la esclavitud del pecado, también lo ha quedado la creación entera y será liberada como nosotros y transformada a la gloria de los hijos de Dios.

2. Los humanos somos algo sagrado porque somos imagen de Dios

Esto nos lleva a la consideración sobre lo que el relato creacional de Génesis tiene que decirnos sobre los humanos. Fuimos creados a la imagen de Dios. Esto es decir que hemos recibido un mandato de administrar la creación de Dios y mantener su orden en ella. Determinar qué es un ser humano sigue siendo algo no tan simple hasta el día de hoy. Pero Génesis nos ha ayudado en considerar a los humanos de todos los colores, de todas las etnias, de todos los continentes, y de todas las capacidades normales y especiales. Todos son hechos a la imagen de Dios y juntos tenemos la función de cuidar la creación y el hábitat en el cual vivimos. En medio de nuestras, a veces tan diferentes, culturas y cosmovisiones debemos encontrar una manera conjunta de considerar al otro como imagen de Dios y a nosotros como parte de la creación.

De la misma manera que nos diferenciamos por etnias y culturas diferentes, así también nos diferenciamos por género. Para Génesis, la mujer no fue hecha de los pies del hombre para ser pisoteada o minusvalorada, ni fue hecha de la cabeza de él para mandarlo. No, fue hecha del costado y como ayuda. No como una sierva, sino como alguien sin la que el hombre no puede cumplir con su función sagrada. Los dos tienen la misma función de cuidar la creación sagrada de Dios y cuidar los estatutos instruidos por él. Los dos servían en el edén como en el templo cumpliendo la función sacerdotal de guardar/cuidar y servir.

El hombre y la mujer, aunque fueron instaurados con la misma autoridad, las consecuencias del pecado han sido distintas, pero la esperanza y la venida de Jesús ha traído una nueva realidad, un inicio de la restauración. Pablo la resume en Gal 3:28 "no hay hombre ni mujer; porque todos sois uno en Cristo Jesús". Génesis como también Pablo contradicen a la idea de Platón y Aristóteles, que la mujer será inferior por naturaleza. Y los dos llaman a los cristianos a tomar el llamado divino a los dos muy en serio en nuestra función de *pueblo* sacerdotal.

LOS SIETE DÍAS SON LA INAUGURACIÓN DEL ESPACIO SAGRADO

Existe una interpretación muy valiosa que todavía no se ha presentado aquí sobre el mundo y el edén. John Walton ha argumentado fuertemente que los siete días de la creación simbolizan una inauguración de un templo.[1] El templo es una morada para Dios, un

1. Walton, *Mundo Perdido de Génesis*, 65–84.

centro de control, un palacio para el rey. Si en aquel entonces un rey gobernaba sus territorios y sus súbditos, lo hacía desde un lugar muy específico. Estos eran los lugares donde el rey descansaba y se sentaba en su trono. La conexión del edén con el santuario, que habíamos analizado, como también la gran similitud entre los siete días de la creación con los siete días de la inauguración del templo de Salomón (1Re 8:65; 2Cr 7:9), nos revelan lo que Génesis trata de decirnos. La creación es un espacio sagrado para Dios. Es donde él quiere tener su gobierno y su centro de control para este territorio.

1. El paraíso, morada, templo, nueva Jerusalén

En el séptimo día, Dios descansa de sus obras, es decir en su morada creada. Ahora, como sabemos por los escritores bíblicos, Dios no estaba en cualquier lugar de su espacio sagrado. Si se llamaba el tabernáculo con su recinto un lugar sagrado, o el templo con el suyo, a Dios no se lo encontraba de repente en las afueras. Aunque la Biblia habla de un territorio sagrado como toda la creación en Gn 1, o la tierra prometida, los espacios sagrados siempre han tenido lo que conocemos como el santo de los santos, o el lugar santísimo. A primera vista, no encontramos en Génesis 1-3 ningún lugar santísimo. Pero sí entendemos la creación de los siete días como la inauguración de un templo cósmico, podemos entender al edén como la morada específica de Dios.

Dios ha creado el mundo para poder estar con su creación y gobernarla para bien. Ha puesto a sus representantes para gobernar el recinto sagrado, mientras que él moraba en el lugar santísimo, es decir el edén. Es importante reconocer que los humanos son expulsados del edén, aunque no del espacio sagrado, a pesar de que la tierra sufrió sus propias maldiciones. A partir de ahí lo sagrado era difícil de encontrar, y Dios ayudó a su pueblo a encontrar un lugar sagrado en el tabernáculo y luego con la tierra prometida y el templo. Por su lado, el lugar santísimo sí quedó restringido para la población en todo momento. Esto es como el edén quedó restringido para los humanos.

Recién en Apocalipsis, vemos la nueva Jerusalén en forma del santísimo, con su formato de cubo, volver a la tierra. Génesis 1-3 nos indica que quedó la creación, pero el lugar santísimo se había ido. No es coincidencia que el retorno del paraíso está pintado no en imágenes de los siete días, sino en imágenes del edén. En este sentido podemos entender mejor por qué razón tuvo que venir Jesús y ser llamado Emanuel, Dios con nosotros (Mt 1:23). El paradigma de Génesis 1-3 viene a ser implementado por el resto de la Biblia y llega finalmente a dar la vuelta completa.

2. Representa una añoranza mundial

En este sentido, la creación y el paraíso del edén nos brindan un inicio funcional de nuestra fe. ¿En qué estado hemos iniciado y a dónde queremos volver? La idea de un paraíso no se encuentra únicamente en el judaísmo o cristianismo, sino que está repartida en todo el mundo. Según Génesis, el paraíso ha sido ideado por Dios para toda la humanidad. Mientras que la humanidad había rechazado a Dios una y otra vez hasta llegar a ser dispersada entre las naciones, Dios inició un plan exclusivo con Abraham, con la clara intención inclusiva. Esto es, Dios eligió exclusivamente a Abraham para bendecir a todas las naciones e integrarlas de nuevo en su proyecto de su creación funcional. De esta manera, el relato de Gn 1-3 nos da la clara indicación de que nuestra fe en Dios siempre tiene una connotación mundial, relacionado a toda la humanidad.

Al seguir a Jesús y nacer de nuevo, no somos mejores que otros. Si nuestra cultura o familia ha tenido una tradición más antigua con el Señor, esto no significa en ningún momento que podemos enseñorear sobre otros que han llegado a conocer al Señor más tarde. El paraíso fue ideado para todas las naciones y lo sigue siendo. Los inicios de la humanidad, cómo nos relacionamos y a dónde vamos según la Biblia quedará en la discusión pública. Esto no significa que toda opinión se vuelve verdad, pero sí significa que tenemos fuertes puntos de contacto con el resto de la humanidad, y no podemos ignorar las perspectivas de otras culturas en estas discusiones. Quizá las culturas menos valoradas en nuestros continentes nos pueden ayudar a entender mejor a Dios, porque como nosotros han estado bajo el pecado, pero también son parte del proyecto de Dios como tú y yo.

Mientras que a lo largo de la historia de la iglesia han surgido tantas denominaciones que por sí no necesariamente son malas, Génesis nos recuerda que el designio de Dios inició con una humanidad y terminará con otra. Así también vemos en la restauración de las cosas, como la visión del Apocalipsis nos indica: "Después de esto miré, y he aquí una gran multitud, la cual nadie podía contar, de todas naciones y tribus y pueblos y lenguas, que estaban delante del trono y en la presencia del Cordero" (Ap 7:9). Desde la expulsión del lugar santísimo de Dios, el edén, la Biblia presenta una esperanza de salvación del poder del pecado y la muerte en este mundo.

Gemimos con toda la creación para una liberación de la muerte, el pecado y las atrocidades que vemos a diario ocurrir a nuestro alrededor. Humanos, animales y la tierra misma espera con ansias la vuelta de nuestro Señor Jesucristo. Nuestro mundo es un lugar sagrado que Dios quiere restaurar y volver a estar con su amada humanidad como a inicios. Como al inicio, así al final, no habrá necesidad de un templo, con sus lugares santo y santísimo. De ahí salimos y hacia allí volveremos, con Dios estando en medio de su humanidad.

EL EDÉN ES DONDE CIELO Y TIERRA SE CONECTAN

El edén es un santuario, donde Dios visitaba a los humanos y compartía con ellos. A lo largo de los siglos la idea de qué es un santuario ha ido cambiado de manera impresionante y ha sido parte de la apreciación cultural de la perspectiva del adorador. En la Biblia encontramos primero el jardín de Dios. Pero luego, cuando los montes parecen haber tomado la posta en la representación de estos santuarios, encontramos el monte Horeb, el monte Sinaí, el monte Sión, y como Ezequiel habla del edén como el monte santo de Dios. Los así llamados lugares altos que fueron lugares de adoración que presentaron una amenaza para el pueblo de Dios a adorar y servir a otros dioses, afirman esta concepción. Pero más conocido son el tabernáculo y el templo de Salomón.

1. El tabernáculo y los templos

Todos estos santuarios conllevaban la idea de que es aquí donde cielo y tierra se unen o llegan más cerca lo uno de lo otro. El tabernáculo fue diseñado a representar estos dos espacios que hemos encontrado en Gn 1-3. Primero, el espacio sagrado con sus niveles de santidad desde el recinto hasta el lugar santo para los sacerdotes; luego el lugar santísimo donde era colocado el arca de pacto con sus querubines sobre los cuales moraba Dios. Los elementos, los colores elegidos y las imágenes que estaban representadas en las cortinas recordaban al pueblo de Dios a esta concepción de la creación como espacio sagrado y el edén como la morada de Dios. El candelabro representaba el árbol de la vida, los querubines en el lugar santísimo eran los guardianes que habían cerrado el acceso al edén. El autor de Hebreos nos explica el tabernáculo en sus palabras:

> Sirven a lo que es figura y sombra de las cosas celestiales, como se le advirtió a Moisés cuando iba a erigir el tabernáculo, diciéndole: Mira, haz todas las cosas conforme al modelo que se te ha mostrado en el monte (Hebreos 8:15)

Esto no cambió mucho con el templo de Salomón. Sí fue que Dios cambió de forastero con su pueblo al recibir una morada terrenal. Pero no era en el sentido edénico, sino que seguía siendo la sombra de ello. Pero, así como el tabernáculo, los elementos y detalles, todos apuntaban a una simbolización del santuario original: la creación con el edén como el lugar santísimo. Dios habitaba en estas representaciones que habían quedado como lugares sagrados, aunque no atados a los lugares en sentido perpetuo. Así por lo menos lo entendían los profetas y por su puesto Jesús, cuando realizó un cambio profundo en la idea de un santuario.

2. Dios en medio de la iglesia de Cristo

Según los Evangelios, Jesús habló de la destrucción del templo y aunque este fue destruido en los años 70 d.C., en el evangelio de Juan se nos explica que Jesús a la vez se refería al templo que era su cuerpo. Jesús era Dios con nosotros, como lo explica su nombre Emanuel, la morada de Dios. El Nuevo Testamento nos muestra que, a partir de la ascensión de Jesús al cielo, el Espíritu Santo ha quedado en todos los que le siguen a Jesucristo.

Es justamente por esta razón que el apóstol Pablo dice a los cristianos en Corinto: "¿No sabéis que *sois templo de Dios*, y que el *Espíritu de Dios mora en vosotros*?" (1Co 3:16). La morada de Dios ha cambiado después de la partida de Jesús. El Espíritu de Dios que había estado sobrevolando las aguas del caos en la creación, y había refrenado al diluvio con su destrucción, ahora está dentro de los seguidores del Cristo. Sin destacar las individualidades de cada uno, Pablo se enfatiza mucho más en la unión de los cristianos como grupo. Si consideramos algunos elementos como la Biblia o algunos lugares como una iglesia en un sentido sagrado, nos puede ayudar a recordar la creación completa que sigue gimiendo para volver a donde empezamos, una armonía mundial con Dios estando presente en medio de la humanidad.

Entender a la creación y al edén de esta manera nos ayuda a no obsesionarnos con un lugar de revelación divina. Sino que como seguidores de Jesús debemos obsesionarnos con la iglesia de Jesús que es su morada actual, su templo, es en la unidad de los creyentes donde habita Dios y es ahí donde se puede reconocer que Jesús fue enviado por Dios y que su amor sigue latiendo con la misma intensidad que desde la creación (Jn 17:21-24).

Aunque Jerusalén y otros lugares históricos han quedado en consideración sagrada, como cristianos, estos lugares no pueden obsesionarnos más que las personas a nuestro alrededor. El mismo Pablo que nos dijo que los cristianos en conjunto somos el templo de Dios escribe en el siguiente versículo: "Si alguno destruyere el templo de Dios, Dios le destruirá a él; porque el templo de Dios, el cual sois vosotros, santo es" (1Co 3:17). Lo que Pablo trata de decir es que nuestro cuidado, nuestros votos y nuestra obsesión por lo más importante para Dios no debe perderse en lugares, mientras que su templo está en cada una de las iglesias locales, cuando nos unimos en adoración de nuestro Dios y Jesús.

SI DIOS CREÓ DE FORMA EVOLUTIVA, NO CONTRADICE LA BIBLIA

Un mensaje muy claro que Génesis nos presenta, especialmente para nuestro tiempo y cultura científica, es que la Biblia en sí es un documento muy antiguo que está escrito no en español, sino en cuanto sabemos, en hebreo. No sabemos si Abraham antes habrá contado sus saberes en sumerio o acadio o si José hubiera contado su historia en egipcio. Génesis nos llegó de un tiempo muy antiguo y necesariamente debemos leerlo y considerarlo como tal. Esto implica que Dios se comunicó a personas muy diferentes a nosotros. A lo largo del libro he tratado de mostrar los elementos que no son parte de nuestra cosmovisión científica, pero sí son elementos del entender mesopotámico antiguo. Es por esta razón que podemos entender a Génesis 1-3 no como un libro de ciencia moderna, sino como un tratado teológico que más que explicar el *big bang* o algo similar, nos explica de qué situación salimos y a cuál queremos y necesitamos volver.

1. Dios estuvo obrando increíblemente

Sea de manera evolutiva o de manera instantánea, por medio de otros seres o polvo, lo que queda clarísimo es que Dios ha obrado de manera increíble. Quizá la quizá la teoría de la evolución nos ha parecido una amenaza a nuestra fe en un Dios creador; pero esta, en realidad, puede realzar la manera extraordinaria del obrar de nuestro Creador. Si nos enseñan en el colegio o en la universidad que todo vino por la evolución, para nosotros no tiene que significar que Dios no estuvo detrás del proceso. Como decimos que el nacer de un niño es un milagro, una nueva imagen de Dios en la tierra, pero aceptamos que hay procesos de fecundación, y procesos de crecimiento por la multiplicación de las células. En realidad, la complejidad del surgir de un humano como también del resto de la creación queda como un milagro de un Dios superior a toda creación e imaginación humana.

Génesis 1-3 nos enseña que la manera que en el futuro pensaremos sobre los inicios de la creación como de nosotros mismos, podemos descansar en la seguridad de un Dios creador que ha tenido una clara intención con su creación. Si en sus inicios la lucha quizá ha sido con otras religiones que afirmaban que el dios Baal o Marduk habían establecido el mundo con sus propios santuarios, más tarde fue contra algunos filósofos que descontaban la agencia divina en lo material o los actuales naturalistas que siguen sin admitir a Dios intervenir en el universo, la Biblia nos dice que sí Dios estuvo detrás de lo que experimentamos con nuestros cuerpos, lo que vemos en el universo o lo que excavamos en nuestro u otro planeta. Génesis nos enseña que este Dios puede lidiar con amenazas y no las ningunea. Dios limitó las amenazas del caos y de la destrucción de nuestro hábitat y con nuestro Dios no tenemos que temer estas amenazas. Lo que sí debemos temer es a él y esto hacemos al guardar sus palabras y servir en su santuario.

2. El diálogo entre la ciencia y la fe debe seguir

Génesis, incluyendo elementos culturalmente aceptados para sus primeros lectores, nos enseña que el diálogo entre la fe y el ambiente cultural debe seguir. Si en Génesis cielo y tierra pueden unirse quedando con sus diferencias abismales, así podemos aprender a considerar que la ciencia y la fe pueden y deben unirse en un diálogo, respetando sus diferencias abismales como los habíamos analizado en el capítulo 9. Dios se ha dado a conocer en su palabra, pero también en su creación. Lo uno complementa lo otro, aunque los mensajes están codificados de manera distinta, deben quedar en diálogo.

Para nuestros días donde la iglesia y las universidades en mucho sentido han llegado a crear más un modelo de conflicto, Génesis nos enseña que el conflicto interpersonal ni la violencia han resuelto los problemas entre humanos. Una gran mayoría de jóvenes dejan la iglesia por esta problemática. Si hemos perdido una generación por una actitud de conflicto que hemos heredado quizá no sea culpa del mundo, sino de nuestra actitud que no ha considerado opiniones que no necesariamente difieren del mensaje de la Biblia.

La victoria sobre el mundo la tuvo Jesús, pero a nosotros nos llamó a ganar el mundo para él. Esto es diálogo, esto es consideración de las opiniones. Consideración no es aceptación. No es una tolerancia ciega lo que Génesis nos enseña, de ninguna manera. Pero sí una consideración sobre nuestro entendimiento de la Biblia y lo que nuestra inteligibilidad nos puede decir sobre nuestra creación. Considerar al otro y su opinión es diálogo. Génesis nos instruye a ser sabios como Adán al conocer el mundo animal como también los astros para entender los tiempos. Esto nos llevará necesariamente a una profunda reflexión doble: primero sobre lo majestuosamente grande que es Dios y, segundo, sobre nuestro entendimiento limitado no solo de la naturaleza, sino también sobre nuestro entendimiento de su Palabra.

DIOS QUIERE QUE REPRESENTEMOS AL JARDINERO EN PERFECCIÓN EN ESTA TIERRA

El relato creacional nos muestra en primer lugar al rey del universo ordenando el cosmos para que la vida pueda darse. Los siete días nos muestran una inauguración de lo que Dios considera su creación: espacio sagrado. Cuando Dios había otorgado a su pueblo la tierra prometida, los profetas reclamaron que las malas acciones de los habitantes han profanado la tierra (ej. Is 24:5; Jer 3:2) y era en parte la razón que Dios los quitó de aquella tierra. Génesis nos clarifica la misma idea, cuando los habitantes profanan el santuario de Dios, su destino queda en la destrucción y muerte. Le sucedió a los humanos expulsados del edén, al pueblo de Dios en la tierra prometida, pero también a Ananías y Safira en la iglesia por profanar el santuario de Dios (Hch 5:1-11).

Que los humanos somos creados a la imagen de Dios nos indica que somos estatuas vivas del Dios viviente. En contraste con las otras esculturas de piedra u otro material abiótico, nosotros representamos al Dios viviente. Este es nuestro propósito en la tierra. Para esto Dios nos ha creado. Como él se preocupa por nosotros, así debemos preocuparnos de su santuario, su creación.

1. Dios plantó su jardín con los mejores frutos

Dios plantó un huerto y en él encontramos las mejores frutas que hemos conocido. De alguna manera los frutos que salen del obrar de Dios siempre han sido mejores que los que nosotros hemos podido ofrecer al mercado. Allí había incluso árboles del conocimiento y de la vida. ¿Qué mejor fruto puede haber? Este relato nos muestra nuestra situación en la jerarquía divina, no somos dioses, pero somos representantes de Dios. Mientras como Adán y Eva guardaban y servían en el santuario de Dios, manteniendo su palabra, Dios resplandecía a través de ellos y como vemos que Génesis nos muestra, cumplían con el propósito humano aquí en la tierra.

Hay muchos propósitos ofrecidos en el mundo que pretenden dar lo esperado, pero no llegan a dar la vida prometida. El mensaje de Génesis nos llama a no caer en estas tentaciones y cambiar nuestro propósito a otros dioses o estatuas sin vida de dioses que son como muertos. La vida eterna, la paz mundial solo la lograremos al cumplir nuestro propósito que es representar al Dios vivo aquí en la tierra, cuidando su santuario. El cuidar de la creación de Dios incluye obviamente a nuestro prójimo, pero también a los animales y a nuestro hábitat más natural, el planeta tierra.

Dios eligió a Jacobo y a su descendencia llamándolos "su viña". Podríamos decir que era un pequeño símbolo de que eran su jardín del edén. El profeta Isaías explica esta relación de la siguiente manera:

Ciertamente, **la viña del Señor** de los ejércitos es la casa de **Israel**,
y **los hombres** de Judá **su plantío** delicioso.

> *Él esperaba **equidad**, pero he aquí derramamiento de sangre;*
> ***justicia**, pero he aquí clamor*
> *(Isaías 5:7, LBLA)*

Jesús dice que la viña depende de la vid que es él (Jn 15:1-5). Por esta razón podemos decir que los frutos que ha plantado Dios tienen un sabor diferente, saben a Jesús. Pero ¿cómo es este sabor?

2. ¿Qué sembramos nosotros?

Esta cuestión inicia con Génesis y la idea de fruto divino queda arraigado en los primeros capítulos de la Biblia. Dios preparó su plantío delicioso, y nosotros queremos, con lo poco que queda del santuario y presencia de Dios, mantenernos en este plantío de Jesús. ¿Cuál es el sabor de los frutos del plantío de Dios? Pues el apóstol Pablo nos explica lo que significa ser el templo de Dios como seguidores de Jesucristo:

> *Mas el **fruto del Espíritu** es amor, gozo, paz, paciencia, benignidad, bondad, fidelidad, mansedumbre, dominio propio; contra tales cosas no hay ley. Pues **los que son de Cristo Jesús** han crucificado la carne con sus pasiones y deseos. **Si vivimos por el Espíritu**, andemos también por el Espíritu. No nos hagamos vanagloriosos, provocándonos unos a otros, envidiándonos unos a otros*
> *(Gálatas 5:22-26)*

Para Pablo era claro que el Espíritu que estuvo presente en los siete días de la creación, también está presente en los que son de Cristo Jesús. Es él quien da el sabor a los creyentes de ser frutos de la vid llamada Jesús: estos saben a los frutos del Espíritu.

¿Qué sembramos nosotros? La pregunta a la que nos lleva Génesis es ¿qué clase de ministros del plantío de Dios seremos? ¿Los que guardan su palabra y quedarán con él, o los que deciden cambiar su propia manera de ser reyes y dominadores de la creación de Dios? El paradigma que Génesis nos presenta es claro: los primeros tendrán acceso a la añoranza mundial, mientras que los segundos terminarán encontrándose como enemigos de Dios y serán parte de la tierra y cielo que serán destruidos. Génesis conlleva un mensaje muy directo al corazón. Nuestras pasiones descontroladas o nuestros deseos de las frutas prohibidas nos llevan a la muerte. Así también el vanagloriarnos al pensar que somos como Dios y saber mejor lo que está bien y lo que está mal. Sin olvidarnos de la envidia que ya en Génesis ha llevado a un hermano a matar al otro.

EL RUMBO DE LA CREACIÓN ES UNA RESTAURACIÓN GLORIFICADA

Además de todo lo visto ya, el mensaje de Génesis es que Dios ha visto su creación como buena. Dios quiso tener su santuario terrenal y morar en medio de nosotros. Aunque la creación no ha seguido las instrucciones del Creador, este sí ha querido restaurar la situación. La humanidad como también la tierra han sufrido sus consecuencias por el pecado a través de las maldiciones por Dios, sin embargo, como también con la humanidad Dios busca la manera de restaurar. Génesis nos muestra que Dios de alguna manera había quedado encantado con su creación. A pesar de haberla destruido unas cuántas veces, siempre la ha vuelto a restaurar. Génesis nos ayuda a entender el rumbo que tiene la creación.

En su tiempo, el Génesis ha mostrado que volveremos a cómo inició Dios este mundo, a su reino completo en el cual él descansó. La Biblia en su mensaje general nos ayuda a entender la esperanza paradigmática sobre la tan querida creación de Dios. Tendría poco sentido, habiendo invertido tanto que simplemente la destroce de un día para el otro. Y es así como la "nueva" tierra se nos muestra en imágenes presentadas en Génesis. Es donde vemos la voluntad de Dios para con ella. El gemido creacional como también el llanto y muerte humana tendrán su fin. En este sentido, el relato del Génesis sigue siendo la base para nuestra esperanza futura. Un Dios que puede ordenar el cosmos de tal manera, lo puede volver a hacer y restaurar la creación a un estado glorificado. La creación del humano como hombre y mujer, que ha quedado en una lucha de género desde sus inicios, tirándose la culpa del mal en este mundo, será salvada y restaurada.

1. La promesa de la salvación por medio de la mujer

En este sentido, también Génesis nos dice que, si según el relato la mujer fue la primera en comer de la fruta prohibida, no es menos valiosa en los ojos de Dios. A lo largo de la historia muchos han culpado a la mujer por el problema del mal que experimentamos a diario.

Judíos, griegos y cristianos en tiempos de Jesús, todos han utilizado este argumento en contra de la mujer. Pero Génesis es justamente el mensaje que nos muestra que los dos, hombre y mujer tuvieron el mismo llamado de guardar y servir en el santuario del Señor. Génesis nos indica que no podemos considerar ni a la mujer ni al hombre inferior o superior al otro. Los dos son terrenales ante Dios y no hay distinción ni gracias diferentes por los pecados cometidos.

Los primeros cristianos habían entendido que la mujer había recibido la promesa de salvación en primer lugar, cuando en Gn 3:15 leemos que la simiente de la mujer herirá la cabeza de la serpiente. De la misma manera, vemos que la promesa de la simiente de Abraham necesariamente debía venir por Sara, su mujer. Y más tarde Jesús iba a nacer por medio de María. El paradigma de salvación ha venido de Dios, pero a través de la mujer. Con esto Génesis no quiere decir que la mujer es más importante, pero le indica al hombre que los dos han tenido su parte en la caída de la humanidad y los dos tuvieron su participación en la historia de la salvación. El rumbo de la creación tiene una restauración a la gloria inicial, donde los terrenales, hombre y mujer, codo a codo puedan cumplir sus funciones de forma fiel y completa en el santuario de nuestro gran Dios.

2. La limitación de los poderes malignos y su destrucción final

Pero ¿qué de la serpiente, de las profundidades, de las aguas y de las amenazas que pueden terminar con nuestro bendecido hábitat? Génesis nos muestra que en su tiempo como ahora, Dios tiene el control sobre estas amenazas. El Dios que pudo ordenar el cosmos de tal manera que su gobierno haya sido total, lo está todavía controlando, aunque tiene sus tiempos y caminos que no siempre entendemos, Génesis nos asegura que este Dios todavía gobierna sobre el universo. Si algunos funcionarios del rey se rebelan, no significa que el rey ya no es rey. La humanidad y los hijos de Dios se habían rebelado, dando lugar al gran mal en esta tierra.

La buena intención del Dios creador nos asevera que, si el diluvio no volviera a suceder, es porque Dios mantiene sus promesas. Si su Espíritu limitó a los poderes amenazantes, es exactamente este mismo Espíritu del cual el Nuevo Testamento habla el que resucitó a Jesús y nos resucitará también a nosotros. Este es el paradigma del relato de Génesis. Mucho más que un compendio de ciencias naturales, es ciencia divina, es un testimonio sobre este Dios que no dejará a los suyos ser arrebatados por el maligno.

Jesús nos mostró que con el Espíritu de Dios los poderes se le subordinaban. Él era el Cristo y siguiéndole a él, nos dará este mismo Espíritu que estará obrando en su iglesia. En todas las luchas de poder que se batallan a nuestro alrededor, podemos saber que el Dios de Génesis es un buen Dios que quiso reinar con nosotros en esta tierra. El libro del Nuevo Testamento que más construye sobre el mensaje de Génesis es justamente Apocalipsis, donde los poderes finalmente quedarán juzgados. El mensaje de Génesis nos asegura que podemos seguir confiando en un buen Dios que todo lo había creado de la mejor manera. El paradigma central de Génesis nos indica que el buen Dios que lo inició todo tan perfectamente, lo llevará a cabo todo a una misma situación tan perfecta. Los dos libros de Dios, su palabra y sus obras, dan testimonio de esto: la confianza sobre nuestro final está en nuestro alrededor, cuando vemos todo lo que Dios ha hecho.

CONCLUSIÓN

Al terminar nuestro viaje sobre cómo leemos la Biblia, qué nos quieren decir los primeros capítulos de Génesis y a qué nos llevan las diferentes lecturas, podemos decir que la manera más bíblica parece ser leer a Génesis como un documento antiguo que presenta un testimonio sobre el Dios que gobierna sobre este mundo, aunque a veces no nos parece que sea esta la realidad. Leyendo a Génesis como un libro de ciencia, o incluso como ciencia moderna, nos obstaculiza a entender el gran mensaje que Génesis nos quiere transmitir. El efecto de Génesis para nosotros, como para la Biblia, lo podríamos comparar con una teoría del todo.[2]

Una teoría del todo es una teoría que explica la razón de todas las demás teorías. Especialmente en las ciencias naturales se ha estimado este concepto, para determinar si se puede encontrar un principio que llevará y podrá guiar a las demás leyes naturales, para así entender lo que mantiene unido nuestro universo. Los naturalistas que eliminan toda obra de un ser divino mantienen que, una vez

---

2. Un argumento similar hace Alister McGrath en *A Theory of Everything (That Matters): A Brief Guide to Einstein, Relativity, and His Surprising Thoughts on God* (Carol Stream, IL, EE.UU.: Tyndale House, 2019).

hallada esta teoría, todo lo podremos explicar. Sin embargo, objeto esta idea ya que, aunque alcancemos esta teoría que explique todo el proceso físico del universo, todavía no nos podría explicar qué significa esto para mi vida, cómo deberíamos vivir o por qué tenemos inclinaciones políticas e ideológicas.

En contraste, creo que Génesis presenta una teoría del todo, en el sentido de que explica el razonamiento último, el paradigma que mantiene unido no solo nuestro universo sino también todo ente supernatural. En este contexto, el relato de Génesis nos provee una sombrilla mucho más amplia de lo que la ciencia nos puede brindar. Mientras tanto, deja lugar a otras teorías científicas a incorporarse a estos conceptos teológicos que Génesis 1-3 nos presenta y nos explica la razón de la existencia de la ciencia. Para la Biblia, sin lugar a duda, Génesis 1-11 ha sido la teoría del todo. Aunque la ciencia ha progresado y nuestro entendimiento ha crecido, podemos apreciar cómo la teoría del todo, como paradigma de la esperanza bíblica, todavía está tan actual que cuando fue escrita. Sin intentar responder a las preguntas científicas, Génesis nos explica justamente las preguntas que la ciencia no nos puede responder. Nos explica nuestro sentido en la vida, nuestro lugar en el mundo natural y supernatural, como también cómo debemos vivir. Es justo por esta misma razón del mensaje tan poderoso que ofrece Génesis, que el diálogo entre la fe y la ciencia debe seguir. ¡Animémonos a investigar las obras de Dios, y al mismo tiempo, a máxima profundidad, su Palabra!

Anexos

COMPARACIÓN ILUSTRATIVA DE DOS TEORÍAS

1. Días simbólicos:

Ilustración 14 - Interpretación de días simbólicos

La propuesta de los días simbólicos entiende el relato como <u>científico</u>-histórico. En la ilustración, el margen claro alrededor del cuadro del relato que contiene Génesis 1, demarca el énfasis de la interpretación. Luego, los días no son realmente 7 días consecutivos de 24 horas, sino actos seguidos con posibles pausas entre ellos. Note el margen difuso alrededor de los círculos representando los siete días. La estructura de los días es *metafórica*, aunque la secuencia es según la lógica <u>científica</u>. Las acciones de los *actos* (metáfora), son históricas y <u>científicas</u>, pero son representados figurativamente. Por ejemplo: las figuras utilizadas de "separar las aguas" o que "el sol domine el día" son formas de explicar <u>ciencia</u> histórica a personas del antiguo AOP. Note los márgenes rayadas y deformadas de los hexágonos, representando las acciones.

El problema que surge a la pregunta si es histórico, se responde que es un relato <u>científico</u> y, por lo tanto, histórico. Así también las acciones son <u>científicas</u> y, por lo tanto, históricas. Las preguntas que debe responder esta interpretación son: 1) ¿por qué la secuencia de siete actos debe ser tomada de manera <u>científica</u>, pero los días no? Esto pareciera ser una exégesis incoherente, donde el lector decide lo que es metafórico y lo que no. Además, 2) ¿por qué "separar las aguas" o que "el sol domine", sí son figuras explicativas antiguas? ¿No pueden tener significado antiguo también, en vez del <u>científico</u> moderno? Finalmente, note cuántas veces la palabra *ciencia o científico* ocurre en estos dos párrafos. Son el ancla y los anteojos a través de los que se lee Génesis 1 en esta interpretación. No se puede negar que esta interpretación es muy dependiente del concepto ciencia moderna.

2. Propuesta paradigmática:

Ilustración 15 - Interpretación de relato paradigmático

La propuesta de este libro entiende el relato de una manera <u>paradigmática,</u> no científica. Note el margen difuso en la parte baja y rayado/abierto en la parte superior del pentágono grande, que apunta hacia arriba. Aquí es un pentágono que contiene Génesis 1, porque como un conjunto apunta a algo. Luego los *días son literalmente* días consecutivos de 24 horas y no una figura metafórica. Note los márgenes claros alrededor de los círculos, representando a los días. No se requieren pausas de periodos de millones de años para esta interpretación. La estructura es secuencial (siete días) y tópica (tres secciones y climática). Note los detalles grises debajo de los círculos que dividen la secuencia en tres secciones. Las acciones son *actos literales* que contienen *imágenes históricas contextuales del Antiguo Oriente Próximo* (profundidades, monstruos marinos, el mar amenazante, el espíritu/viento divino, lumbreras dominantes). Note los márgenes claros alrededor de los hexágonos, representando las acciones, conteniendo imágenes contextuales. Una diferencia es que el día séptimo funciona de una manera <u>paradigmática</u> individual en su clímax, igual que todo Génesis 1 como conjunto.

La apertura hacia arriba en la ilustración recalca que Génesis no lo entiende como terminado al séptimo día.

A la pregunta de la historicidad, aquí se responde que es un relato paradigmático y, por lo tanto, histórico. El paradigma inicial para toda cultura es una verdad histórica, sobre la cual se construye la concepción de la realidad. Podría decirse que es como la prédica (*kerigma/logos*), una base de todo concepto de realidad. Y en este sentido es inspiración divina. Pero no necesariamente es científica en el sentido empírico. Esta caja científica le queda pequeña a todo paradigma que quiere explicar el concepto de realidad (ver pág. 246). Para Génesis 1 queda especialmente pequeña, ya que Génesis tiene un creador sobrenatural que interactúa con su creación. Las preguntas que debe responder esta propuesta es: 1) ¿por qué este paradigma histórico es la verdad si no es evidenciada empíricamente y no meramente cultural? Además, 2) ¿cómo se diferencia esta verdad de las otras "verdades culturales"? Finalmente, note que la palabra *ciencia/científico* no aparece en lo positivo en estos párrafos, pero el *paradigma* sí y varias veces. El ancla y los anteojos a través de los que se lee Génesis 1 en esta interpretación son un paradigma teológico-contextual en su mundo del Antiguo Oriente Próximo.

CONCEPCIONES DE LA INTERPRETACIÓN PARADIGMÁTICA

La interpretación paradigmática no siempre ha sido aceptada con mucho clamor. Un estudio de los mayores contrarios a la interpretación nos lleva a entender cuál ha sido la razón central de desconfianza hacia la interpretación y por qué simplemente está mal fundamentada esta sospecha.[1]

La interpretación paradigmática sostiene que Génesis 1 es como un paradigma de hábitats creadas y luego llenadas con habitantes (pág. 74-75), basándose en el paralelismo entre los días 1 y 4, 2 y 5, 3 y 6. Los que desconfían de este hecho, aseveran que la idea inició con el filósofo alemán Johann Gottfried Herder (1744–1803)

---

1. Los más pronunciados probablemente son Kenneth Jr. Gentry, *As It Is Written: The Genesis Account Literal or Literary?* (Green Forest, AR, EE.UU.: Master Books, 2016); Marc Kay, "On Literary Theorists' Approach to Genesis 1: Part 1", *J. Creation* 21.2 (2007): 71–76.

del romanticismo, que entendía a Génesis por así decir, puramente como un inspirador poema. Los desconfiados reclaman que se llega a esto siguiendo esta interpretación y que es una peligrosa inclinación hacia el liberalismo del siglo 18 y 19. Aunque Herder sí entiende a Génesis unir los hábitats con sus habitantes, la idea es mucho más antigua que Herder. Lo que sucedió es que en primer lugar pocos han leído a Herder mismo. Luego, se han basado en una explicación que ha presentado Henry Blocher, cuando este dice: "hace dos siglos, Herder reconoció la poderosa simetría entre las dos triadas de días: día 1 corresponde a día 4, día 2 a día 5 y día 3 a día 6".[2]

Aunque Blocher no afirma que Herder fue el primero en proponer esto, otros sí lo han tomado así. Por ejemplo, Marc Kay afirma que "Herder fue el primero en argumentar a favor de una simetría estética de días en Génesis 1, los primeros 3 reflejando los últimos 3".[3] Más tarde, encontramos también a Kenneth Gentry Jr., refiriéndose a Kay, para decir: "Aparentemente apareció primeramente … en los escritos de … Herder".[4] Pobre Herder tiene que cargar con toda esta historia sobre su tumba.

Sin embargo, no fue para nada Herder quien introdujo la idea de esta coyuntura de las triadas de días, ni fue el primero en pensar que esto se refiere a algo como un hábitat y habitantes. Quizás hubo otras personas antes, pero ya encontramos esta última idea en el comentario de Martín Lutero en 1544:

> *Consideremos la bondad de Dios y su cuidado por nosotros, ya que prepara una **casa** tan hermosa para el hombre antes de crearlo; de modo que después, cuando sea creado, encontrase una **morada** preparada e instalada … a disfrutar de todos los ricos bienes de tan gran y espléndida **casa**. Al tercer día se preparan y encargan la **cocina** y la **bodega**.*[5]

De que Lutero entendió la idea de la creación del hábitat parece quedar claro. Aunque no encontramos la conexión entre los primeros

---

2. Henri Blocher, *In the Beginning: The Opening Chapters of Genesis*, trad. David G Preston (Leicester, Reino Unido: Inter Varsity, 1984), 51.

3. Kay, "On Literary Theorists' Approach to Genesis 1", 72.

4. Gentry, *As It Is Written*, 13.

5. Lutero, *Gründliche und erbauliche Auslegung des ersten Buchs Mosis*, 64.

y segundos tres días en Lutero, sí lo encontramos en James Ussher, en 1642:

> *¿En qué orden los creó Dios? En primer lugar, se enmarcaron los lugares de residencia, luego las criaturas que habitarán en ellos.*[6]

Pues de aquí queda poco que agregar. Queda claro entonces que para el reformador Lutero, como también para el arzobispo Ussher, quien calculó los 4004 años de la creación a Jesús, estarían totalmente de acuerdo con el paradigma de los hábitats y los habitantes.

Por su lado, John Lennox explica que Herder llamó a esto "el paralelismo del cielo y de la tierra".[7] Lo que Lennox sugiere, es que la interpretación del paradigma se basa solamente en este paralelismo en Génesis 1. Pero Herder, en el libro citado por Lennox, habla casi en su totalidad de las conexiones entre las naciones con sus imágenes poéticas. Un tema fuerte aquí es la mezcla de Herder entre el animismo que las figuras poéticas sugieren y los dioses que gobiernan los elementos naturales, así también las naciones. Herder, un hijo de su tiempo, fue un amante de la poesía y el filósofo y teólogo que dio las bases para los estudios orientales, antropológicos, las ideas sobre naciones sin un necesario nacionalismo, la igualdad de valor entre las culturas y otros tópicos cruciales. Aunque fue muy innovador al comparar los escritos del Antiguo Oriente Próximo con los textos bíblicos, Herder mezcla diferentes criterios que tardarán siglos hasta que puedan ser utilizados en las ciencias bíblicas como aceptables y justos.[8]

En lo que respecta a comparar literatura y categorías de pensamiento, Herder no es nada innovador. Aquí sigue exactamente lo que ya Agustín de Hipona había sugerido al decir en su *Doctrina christiana*: "Los libros sagrados de los cristianos también contienen los recursos literarios de que se vanaglorian en exclusiva los

---

6. James Ussher, *A Body of Divinity: Or, The Sum and Substance of Christian Religion,* 8ª ed. (London, Reino Unido: Robinson, Churchill, Taylor y Wyatt, 1702), 86, https://catalog.hathitrust.org/Record/012308105.

7. Lennox, *El principio según el Génesis y la ciencia,* 36.

8. Johann Gottfried Herder, *Vom Geiste der ebräischen Poesie: Eine Einleitung für die Liebhaber derselben und der ältesten Geschichte des menschlichen Geistes,* 3ª ed. (Leipzig, Alemania: Johann Ambrosius Barth, 1825), 1:42–46.

paganos, e incluso otros peculiares".[9] El ejemplo más claro en la Biblia son las mismas cartas de Pablo, que siguen muy de cerca la forma clásica griega de redactar cartas como, por ejemplo: Cicerón, Séneca, Demóstenes o Isócrates.[10]

Herder se sale del análisis comparativo de los escritos, adentrándose en las poesías como el Salmo 104 y varios textos de Job. Estos textos describen la creación en forma poética y de manera bastante figurativa. De que Génesis 1 se parece mucho a estos textos, se debe admitir. Pero lo que Herder propone como el paralelismo no son los mismos días, sino en primer lugar lo que ocurre en el cielo también ocurre en la tierra. Según Herder, el pensamiento del Antiguo Oriente Próximo siempre ha identificado una chispa divina en todos los elementos naturales; desde las plantas hasta los humanos. En cierto sentido, esto está respaldado en que Dios da su aliento al humano al crearlo (Gn 2:7), como también por la idea de que Dios emite la lluvia como su simiente vivificante haciendo fructífera la tierra que es personificada como la parte femenina que produce sus frutos desde su vientre (Job 38:28; Is 26:18-19).[11]

En comparación con los textos del Antiguo Oriente Próximo, para Herder la poesía bíblica acerca de la creación:

> *le ha dado a la poesía de estos orientales una sublimidad y verdad, una simplicidad y sabiduría que afortunadamente se ha convertido en el líder del mundo. Es indescriptible qué tesoros de conocimiento y moralidad de la raza humana debían depender del concepto de la unidad de Dios.*[12]

A la pregunta ¿cómo la poesía bíblica lo logra? Herder responde a través del paralelismo del cielo y de la tierra. El orden creacional, para él, es tan elevado en varios libros de la Biblia, no porque los días son paralelos, sino que, como Herder se expresa poéticamente,

---

9. Citado en Schökel, *Hermenéutica de la palabra: Interpretación literaria de textos bíblicos*, 235.

10. Stanley E. Porter, *The Apostle Paul: His Life, Thought, and Letters* (Grand Rapids, MI, EE.UU.: Eerdmans, 2016), 136–154.

11. Schökel, *Hermenéutica de la palabra: Interpretación literaria de textos bíblicos*, 286–92.

12. Herder, *Vom Geiste der ebräischen Poesie*, 1:46.

solamente a través de un sublime enaltecimiento del cielo mismo, puede la tierra ser habitada. Es decir, la creación bíblica en Génesis 1 puede salvaguardar a toda la humanidad de todos los males, porque eleva al único Dios por sobre todas las otras cosas. Por tal motivo Herder exclama que "casi quisiera llamar a esta, poesía del cielo y de la tierra".[13] Cabe preguntar si aquí Herder no habrá sido malentendido y que la interpretación del paradigma no inició con el paralelismo entre los días, sino en la comparación de las imágenes poéticas utilizadas entre las cosmogonías del Antiguo Oriente Próximo.

El paralelismo de Herder no es un simple paralelo de rimas, como en nuestra poesía. Él lo explica de la siguiente forma: "En el principio creó Dios Cielo y Tierra, como ya hemos visto, el siempre gobernante *paralelo* del oriente".[14] Lo que sí se debe reconocer es que la idea del ordenamiento de Dios al caos y la elevación del cielo dando lugar a la tierra para que se llene, puede retraerse de Herder. Pero lo que la *Historia en su Contexto Cultural* (pág. 43) y la *Antigua Cosmología* (pág. 47) intentan demostrar, va mucho más allá de esta simple comparación o del sugerido paralelismo de los días.

Lo complicado y lo perplejo de Herder es que ha estado contrastando lo que sucede en el cielo con lo que sucede en la tierra. En cierta manera se había desconectado el actuar de Dios en la tierra que, según Herder, lo realizaba el Espíritu de Dios. En este sentido, la elevación del cielo de la tierra dio lugar a otros personajes a llenar el vacío resultado. Por lo tanto, para Herder, Dios quedó en el cielo y su Espíritu en la tierra. Creo que las ideas son interesantes, pero no creo que Génesis desconecta al Creador de su creación, para nada.

No quisiera defender a Herder en todo lo que dice, pero sí quiero mostrar que no es tan fácil tachar en dos páginas los argumentos que están detrás de la manera de entender el actuar de Dios. La simetría que Herder ha reconocido en Génesis 1, se basa en la teoría de su época, que el idioma escrito se había originado por simples letras. En hebreo, como también en los idiomas semíticos

13. Herder, *Vom Geiste der ebräischen Poesie*, 1:47.
14. Herder, *Älteste Urkunde des Menschengeschlechts*, 1:128.

conocidos en 1800, las letras del alefato solamente son consonantes. Para Herder la poesía era avivada mediante las imágenes del texto, así los consonantes semíticos son avivados por las vocales. Pues, siguiendo esta *idea*, como él la llama, se saca todas las imágenes de Génesis 1, compartidas con los textos paralelos de los demás pueblos, y lo que sale es la simetría entre cielo y tierra. Esto es, hay un paralelo de lo que sucede en el cielo y lo que se ve desde la tierra.

Herder no afirma que la estructura de Génesis 1 lo llevó a esta idea, sino que fue basado en el conocimiento de su tiempo lo que proporcionó su entendimiento de lo que era Génesis 1. Sin embargo, aunque su teoría del origen del idioma no pudo mantenerse por mucho tiempo, la idea sobre qué se nos presentaba en Génesis 1 sí se mantuvo. Lo que la interpretación del paradigma propone, no es una nueva estructura para Génesis 1, para esto se sigue enfatizando en el número de los días. Pero sí propone un segundo nivel de organización de estos siete días. Esta segunda organización no elimina necesariamente una secuencia de los siete días. Lo que sí, muestra algo que no se había observado anteriormente, o simplemente no fue anotado de forma explícita. La razón más probable es que los autores bíblicos pensaron que era asumido, o que era lo único que haría sentido para la gente de su tiempo.

Los que siguen entendiendo a Génesis conteniendo esta segunda organización, han encontrado un soporte, no necesariamente en lo que Herder llamó el paralelismo de cielo y tierra, sino entre los dominios contrastados del cielo y la tierra. Los descubrimientos de diferentes cosmogonías han ayudado a tener un mejor concepto de lo que eran las categorías existentes de expresarse en los tiempos bíblicos. Esto ha llevado a entender mejor las aguas profundas, las profundidades, el mundo de los muertos, el Seol o los cielos. Estas son categorías que no encajan en la ciencia moderna. No se trata de la profundidad de la tierra donde hay lagos de lava y por lo tanto son el Seol. Los lugares de las historias de 1 Samuel 29, donde Saúl contacta al Samuel fallecido, como la idea de que el diablo sea echado al lago de fuego (Ap 19:10) no funcionan en un universo como el científico, sino que son parte de la concepción del universo tripartito (ver pág. 78). Esto es lo que hoy en día quieren decir los que tratan de explicar Génesis 1 sin tratar de acomodarlo a la ciencia, ni la ciencia a Génesis 1 (ver cap. 9).

COMPARACIÓN GRIEGA DE LISTA DE PIEDRAS

Gn 2, LXX	Éx 28, LXX	Ez 28, LXX	Ap 21
	Κατάλιθον; λίθων	πᾶν λίθον χρηστὸν ἐνδέδεσαι	παντὶ λίθῳ τιμίῳ κεκοσμημένοι
χρυσίῳ	1 σάρδιον	1 σάρδιον	6 σάρδιον (1)
ἄνθραξ	2 τοπάζιον	2 τοπάζιον	9 τοπάζιον (2)
	3 σμάραγδος	3 σμάραγδον	4 σμάραγδος (3)
πράσινος	4 ἄνθραξ	4 ἄνθρακα	3 χαλκηδών
	5 σάπφειρος	5 σάπφειρον	2 σάπφιρος (5)
	6 ἴασπις	6 ἴασπιν	1 ἴασπις (6)
		7 ἀργύριον	5 σαρδόνυξ
	7 λιγύριον	8 λιγύριον	10 χρυσόπρασος
	8 ἀχάτης	9 ἀχάτην	11 ὑάκινθος
	9 ἀμέθυστος	10 ἀμέθυστον	12 ἀμέθυστος (9)
	10 χρυσόλιθος	11 χρυσόλιθον	7 χρυσόλιθος (10)
	11 βηρύλλιον	12 βηρύλλιον	8 βήρυλλος (11)
	12 ὀνύχιον	13 ὀνύχιον	13 μαργαρῖται
χρυσίῳ	χρυσίῳ	χρυσίου	χρυσίον

Tabla 11 – Comparación griega de listas de piedras

Traducción de Jünemann

Gn 2, LXX	Éx 28, LXX	Ez 28, LXX	Ap 21
	piedras	Toda piedra preciosa	Toda piedra preciosa
oro	1 sardio	1 sardio	6 sardio (1)
carbunclo	2 topacio	2 topacio	9 topacio (2)
	3 esmeralda	3 esmeralda	4 esmeralda (3)
ónice	4 carbunclo	4 carbunclo	3 calcedonia
	5 zafiro	5 zafiro	2 zafiro (5)
	6 jaspe	6 jaspe	1 jaspe (6)
		plata y oro	5 sardónice
	7 Jacinto	7 jacinto	11 jacinto
	8 ágata	8 ágata	10 crisóprasa
	9 ametisto	9 ametisto	12 ametisto (9)
	10 crisólito	10 crisólito	7 crisólito (10)
	11 berilo	11 berilo	8 berilo (11)
	12 ónice	12 ónice	13 perlas
	oro	oro	oro

Tabla 12 – Comparación griega de listas de piedras traducida

COMPARACIÓN HEBREA DE LA LISTA DE PIEDRAS

Gn 2	Éx 28	Ez 28
זָהָב	אֶבֶן	אֶבֶן יְקָרָה
בְּדֹלַח	אֹדֶם 1	אֹדֶם 1
שֹׁהַם	פִּטְדָה 2	פִּטְדָה 2
	בָּרֶקֶת 3	בָּרְקַת 9
	נֹפֶךְ 4	נֹפֶךְ 8
	סַפִּיר 5	סַפִּיר 7
	יָהֲלֹם 6	יָהֲלֹם 3
	לֶשֶׁם 7	
	שְׁבוֹ 8	אַבְנֵי־אֵשׁ 13
	אַחְלָמָה 9	
	תַּרְשִׁישׁ 10	תַּרְשִׁישׁ 4
	שֹׁהַם 11	שֹׁהַם 5
	יָשְׁפֵה 12	יָשְׁפֵה 6
	זָהָב 13	זָהָב 10

Tabla 13 – Comparación hebrea de lista de piedras

Traducción de RV60

Gn 2	Éx 28	Ez 28
oro	piedras	piedras preciosas
bedelio	1 rubí	1 rubí
ónice	2 topacio	2 topacio
	3 esmeralda	9 esmeralda
	4 turquesa	8 turquesa
	5 zafiro	7 zafiro
	6 diamante	3 diamante
	7 jacinto	
	8 ágata	13 piedras de fuego
	9 amatista	
	10 berilo	4 berilo
	11 ónice	5 ónice
	12 jaspe	6 jaspe
	13 oro	10 oro

Tabla 14 – Comparación hebrea de lista de piedras traducida

TABLA DE EDADES Y MUERTES[15]

	Patriarca	Primer hijo	Restante	Total	Nacimiento*	Muerte*		
1	Adam	130	800	930	0	930		
2	Set	105	807	912	130	1042	858	Promedio de vida
3	Enós	90	815	905	235	1140	156	Prom. edad 1er hijo
4	Cainán	70	840	910	325	1235		
5	Malalel	65	830	895	395	1290		
6	Jared	162	800	962	460	1422		
7	Enoc	65	300	365	622	987		
8	Matusalén	187	782	969	687	1656		
9	Lamec	182	595	777	874	1651		
10	Noé	500	450	950	1056	2006		
	De Noé al diluvio			600				
	Año del diluvio					1656		
1	Sem	100**	500	600	1556	2156		
2	Arfaxad	35	403	438	1656	2094	317	Promedio de vida
3	Selaj	30	403	433	1691	2124	49	Prom. edad 1er hijo
4	Éber	34	430	464	1721	2185		
5	Péleg	30	209	239	1755	1994		
6	Reú	32	207	239	1785	2024		
7	Serug	30	200	230	1817	2047		
8	Najor	29	119	148	1847	1995		
9	Téraj	70	135	205	1876	2081		
10	Abraham	100	75	175	1946	2121		
	Edad en migración			75		2021		
	Isaac	60	120	180	2046	2226		
	Jacob	130***	17	147***	2236	2253		
	José			110	2196	2306		

Israel en Egipto			430	Éxodo:	2666
Éxodo a Salomón			480		3146
Por lo tanto, hasta el comienzo del 2º templo			480		3626
538 a.C. a 164 a.C.****			374		4000

Tabla 15 – Años de edades y muertes

15. Adaptado de Johnson, *The Purpose of the Biblical Genealogies*, 262.

* Año del mundo
** En Gn 5:32 y 7:6 Sem tiene 100 años al inicio del diluvio, pero en Gn 11:10, Sem engendró a Arfaxad dos años después del diluvio, o sea 102.
*** El año en que Jacob migró a Egipto.
**** El año de la rededicación del templo por los Macabeos, después de que Antíoco IV Epífanes lo había profanado.

LISTA DE TABLAS

LISTA DE ILUSTRACIONES

Bibliografía

Agustín. *Comentario Literal al Génesis*. Traducido por Lope Cilleruelo García. Madrid, España: Biblioteca Autores Cristianos, 1989. http://www.augustinus.it/spagnolo/genesi_lettera/index2.htm.

———. *Obras escogidas de Agustín de Hipona: Confesiones*. Editado por Alfonso Ropero. Vol. 2. Barcelona, España: Clie, 2018.

Alter, Robert. *The Art of Bible Translation*. Princeton, NJ, EE.UU.: Princeton University Press, 2019.

———. *The Art of Biblical Narrative*. New York, NY, EE.UU.: Basic Books, 1981.

Arana, Juan. "Algunas consideraciones utópicas sobre el problema educativo". Seminario presentado al Grupo Ciencia, Razón y Fe. Universidad de Navarra, Pamplona, España, 24 de abril de 2018. https://www.unav.edu/web/ciencia-razon-y-fe/algunas-consideraciones-utopicas-sobre-el-problema-educativo.

Archer, Gleason L. *Reseña crítica de una introducción al Antiguo Testamento*. Traducido por Edwin Sipowicz y Francisco Liévano. Grand Rapids, MI, EE.UU.: Portavoz, 1981.

Ball, Charles J. *Light from the East or the Witness of the Monuments: An Introduction to the Study of Biblical Archaeology*. London, Reino Unido: Eyre y Spottiswoode, 1899.

Barbour, Ian G. *El encuentro entre ciencia y religión: ¿rivales, desconocidas o compañeras de viaje?* Traducido por José M. Lozano-Gotor. Santander, España: Sal Terrae, 2004.

———. *Religión y ciencia*. Traducido por José M. Lozano-Gotor. Madrid, España: Trotta, 2004.

Bar-Efrat, Shimon. *El arte de la narrativa en la Biblia*. Madrid, España: Ediciones Cristiandad, 2003.

Barna Group. "Six Reasons Young Christians Leave Church". *Barna Group*, 27 de septiembre de 2011. https://www.barna.com/research/six-reasons-young-christians-leave-church/.

Barr, James. "Why the World Was Created in 4004 BC: Archbishop Ussher and Biblical Chronology". *BJR* 67.2 (1985): 575–608.

Bazán, F. García. "Gnosticismo". Págs. 1023–42 en *Gran Diccionario enciclopédico de la Biblia*. Editado por Alfonso Ropero. Barcelona, España: Clie, 2017.

Beale, G. K. *The Book of Revelation*. The New International Commentary on the New Testament. Grand Rapids, MI, EE.UU.: Eerdmans, 2013.

Behe, Michael J. *Darwin's Black Box: The Biochemical Challenge to Evolution*. New York, NY, EE.UU.: Free Press, 1996.

Berges, Ulrich y Willem A. M. Beuken. *Das Buch Jesaja: Eine Einführung*. Göttingen, Alemania: Vandenhoeck & Ruprecht, 2016.

Blocher, Henri. *In the Beginning: The Opening Chapters of Genesis*. Traducido por David G. Preston. Leicester, Reino Unido: Inter Varsity, 1984.

Boda, Mark. *1-2 Chronicles*. Carol Stream, IL, EE.UU.: Tyndale House, 2010.

Boda, Mark J. *The Book of Zechariah*. NICOT. Grand Rapids, MI, EE.UU.: Eerdmans, 2016.

Bottéro, Jean. *La Epopeya de Gilgamesh*. 3ª ed. Madrid, España: Ediciones AKAL, 2007.

Cann, Rebecca L., Mark Stoneking y Allan C. Wilson. "Mitochondrial DNA and Human Evolution". *Nature* 325.6099 (1987): 31–36.

Carballosa, Evis L. *Génesis*. Grand Rapids, MI, EE.UU.: Portavoz, 2017.

Carson, D. A. y Douglas J. Moo. *Una introducción al Nuevo Testamento*. Traducido por Dorcas Gonzáles Bataller y Pedro L. Gómez Flores. Colección Teológica Contemporánea 27. Barcelona, España: Editorial Clie, 2009.

Cassuto, Umberto. *A Commentary on the Book of Genesis: From Adam to Noah*. Traducido por Israel Abrahams. Vol. 1. Jerusalem, Israel: Magnes, Universidad Hebrea, 1961.

Cho, Paul K.-K. *Myth, History, and Metaphor in the Hebrew Bible*. Cambridge, Reino Unido: Cambridge University Press, 2019.

Church, Philip. *Hebrews and the Temple: Attitudes to the Temple in Second Temple Judaism and in Hebrews*. Leiden, Países Bajos: Brill, 2017.

Clements, Ronald E. *God and Temple: The Idea of the Divine Presence in Ancient Israel*. Oxford, Reino Unido: Basil Blackwell, 1965.

Coats, George W. *Genesis, with an Introduction to Narrative Literature.* FOTL. Grand Rapids, MI, EE.UU.: Eerdmans, 1983.

Collins, C. John. *"Reading Genesis 1-2 with the Grain: Analogical Days". En Reading Genesis 1-2: An Evangelical Conversation.* Editado por J. Daryl Charles. Peabody, MA, EE.UU.: Hendrickson, 2013.

Collins, Francis S. *¿Cómo habla Dios? La evidencia científica de la fe.* Traducido por Adriana de la Torre Fernández. Barcelona, España: Ariel, 2007.

Cornelius, Izak. "גן". *New International Dictionary of Old Testament Theology and Exegesis* 1:875–78.

Craigie, Peter C. y Marvin E. Tate. *Psalms 1-50.* 2ª ed. WBC. Nashville, TN, EE.UU.: Thomas Nelson, 2004.

Creation Museum. "Creation and Science". *Creation Museum,* s.f. https://creationmuseum.org/creation-science/.

Cruz, Antonio. *A Dios por el ADN.* Barcelona, España: Clie, 2017.

———. *Darwin no mató a Dios.* Miami, FL, EE.UU.: Vida, 2004.

———. *La ciencia, ¿encuentra a Dios?* Barcelona, España: Clie, 2016.

Curtius, Ernst Robert. *Literatura europea y edad media latina.* Traducido por Margit Frenk Alatorre y Antonio Alatorre. Madrid, España: Fondo de Cultura Económica, 1955.

Custance, Arthur C. *Without Form and Void: A Study of the Meaning of Genesis 1:2.* Brockville, Canadá: Custance, 1970.

Danker, Frederick W. y Walter Bauer. *A Greek-English Lexicon of the New Testament and Other Early Christian Literature.* Traducido por F. Wilbur Gingrich y William F. Arndt. 3ª ed. Chicago, IL, EE.UU.: University of Chicago, 2000.

Davidson, William, traductor "Sanhedrin 97a". *Sefaria,* s.f. https://www.sefaria.org/Sanhedrin.97a.

Dawkins, Richard. *El espejismo de Dios.* Traducido por Natalia Pérez-Galdós. Barcelona, España: Divulgación, 2013.

———. *El gen egoísta: Las bases biológicas de nuestra conducta.* Traducido por Juana Robles Suárez. Madrid, España: Grupo Anaya Comercial, 2000.

Day, John. *God's Conflict with the Dragon and the Sea: Echoes of a Canaanite Myth in the Old Testament.* Cambridge, Reino Unido: Cambridge University Press, 1985.

Dearman, J. Andrew. *The Book of Hosea*. NICOT. Grand Rapids, MI, EE.UU.: Eerdmans, 2010.

Delgado Jara, Immaculada. *Diccionario Griego-Español Del Nuevo Testamento*. 2ª ed. Navarra, España: Verbo Divino, 2014.

Delgado Jara, Inmaculada. *Diccionario griego-español del Nuevo Testamento*. 2ª ed. Estella, España: Verbo Divino, 2014.

Dembski, William A. *Intelligent Design: The Bridge Between Science Theology*. Downers Grove, IL, EE.UU.: InterVarsity, 1999.

Díez Macho, Alejandro, ed. *Apócrifos del Antiguo Testamento*. Vol. II. Madrid, España: Cristiandad, 1983.

———, ed. *Apócrifos del Antiguo Testamento: Introducción general*. Vol. I. Madrid, España: Cristiandad, 1984.

Díez Macho, Alejandro y Antonio Piñero, eds. *Apócrifos del Antiguo Testamento*. Vol. VI. Madrid, España: Ediciones Cristiandad, 2009.

Diógenes Laercio. *Los Diez Libros de Diógenes Laercio: Sobre Las Vidas, Opiniones y Sentencias de Los Filósofos Más Ilustres*. Traducido por José Ortiz y Sanz. Vol. 2. Madrid, España: Imprenta Real, 1792.

Donnelly, Ignatius. *Atlantis: The Antediluvian World*. New York, NY, EE.UU.: Harper and brothers, 1882.

Drees, Willem B. "Naturalism". Págs. 593–97 en *Encyclopedia of Science and Religion*. Editado por J. Wentzel van Huyssteen. New York, NY, EE.UU.: Macmillan Reference, 2003.

Eidevall, Göran. *Amos: A New Translation with Introduction and Commentary*. New Haven, CN, EE.UU.: Yale University Press, 2017.

Elhaik, Eran, Tatiana V. Tatarinova, Anatole A. Klyosov y Dan Graur. "The 'extremely Ancient' Chromosome That Isn't: A Forensic Bioinformatic Investigation of Albert Perry's X-Degenerate Portion of the Y Chromosome". *Eur J Hum Genet* 22.9 (2014): 1111–16.

Evans, Craig A. *Mark 8:27-16:20*. WBC. Nashville, TN, EE.UU.: Thomas Nelson, 2001.

Finkel, Irving. *The Ark Before Noah: Decoding the Story of the Flood*. London, Reino Unido: Hodder And Stoughton, 2014.

Fishbane, Michael. "Jeremiah IV 23-26 and Job III 3-13: A Recovered Use of the Creation Pattern". *Vetus Testamentum* 21.2 (1971): 151–67.

Fisher, Ian. "Uganda Survivor Tells of Questions When World Didn't End". *The New York Times*, 3 de abril de 2000, § World. https://www.nytimes.com/2000/04/03/world/uganda-survivor-tells-of-questions-when-world-didn-t-end.html.

Florentín, Flavio. *El Mensaje de Los Profetas Menores Para Este Tiempo.* Asunción, Paraguay: Instituto Bíblico Asunción, 2018.

Foster, Benjamin R. *Before the Muses: An Anthology of Akkadian Literature.* 3ª ed. Bethesda, MD, EE.UU.: CDL Press, 2005.

France, R. T. *The Gospel of Mark: A Commentary on the Greek Text.* NIGTC. Grand Rapids, MI, EE.UU.: Eerdmans, 2002.

García Santos, Amador Ángel. *Diccionario del griego bíblico: Setenta y Nuevo Testamento.* Navarra, España: Verbo Divino, 2016.

García-Huidobro Rivas, Tomás. *El regreso al Jardín del edén como símbolo de salvación: Análisis de textos judíos, cristianos y gnósticos.* Navarra, España: Verbo Divino, 2017.

Garland, David E. *1 Corinthians.* BECNT. Grand Rapids, MI, EE.UU.: Baker, 2003.

Garr, W. Randall. *In His Own Image and Likeness: Humanity, Divinity, and Monotheism.* Vol. 15 de *Culture and History of the Ancient Near East.* Leiden, Países Bajos: Brill, 2003.

Gentry, Kenneth Jr. *As It Is Written: The Genesis Account Literal or Literary?* Green Forest, AR, EE.UU.: Master Books, 2016.

Gerontology Research Group. "Gerontology Research Group (Grupo de Investigación Gerontología) - Verified Supercentenarians". *Gerontology Research Group*, 1 de enero de 2015. https://grg.org/Adams/B.HTM.

Green, Joel B. *The Gospel of Luke.* NICNT. Grand Rapids, MI, EE.UU.: Eerdmans, 1997.

Guggenheimer, Heinrich Walter. *Seder Olam: The Rabbinic View of Biblical Chronology.* Lanham, MD, EE.UU.: Rowman & Littlefield, 1998.

Gurtner, Daniel M. *Introducing the Pseudepigrapha of Second Temple Judaism: Message, Context, and Significance.* Grand Rapids, MI, EE.UU.: Baker, 2020.

Haarsma, Deborah B. y Loren D. Haarsma. *Origins: Christian Perspectives on Creation, Evolution, and Intelligent Design.* 2ª ed. Grand Rapids, MI, EE.UU.: Faith Alive Christian Resources, 2011.

Habermas, Jürgen. *Entre naturalismo y religión*. Traducido por Pere Fabra, Daniel Gamper, Francisco Javier Gil Martín, José Luis López de Lizaga, Pedro Madrigal y Juan Carlos Velasco. Barcelona, España: Paidós, 2006.

Hallo, William W., ed. *The Context of Scripture: Canonical Compositions from the Biblical World*. Leiden, Países Bajos: Brill, 2003.

Hamilton, Victor P. *The Book of Genesis, Chapters 1-17*. NICOT. Grand Rapids, MI, EE.UU.: Eerdmans, 1990.

Haran, Menahem. *Temples and Temple-Service in Ancient Israel*. Winona Lake, IN, EE.UU.: Eisenbrauns, 1985.

Harrison, Roland K. "Reinvestigating the Antediluvian Sumerian King List". *JETS* 36 (1993): 3–8.

Hawking, Stephen, y Leonard Mlodinow. *El gran diseño*. Traducido por David Jou Mirabent. Barcelona, España: Crítica, 2010.

Heiser, Michael S. *Reversing Hermon: Enoch, the Watchers & the Forgotten Mission of Jesus Christ*. Bellingham, WA, EE.UU.: Lexham Press, 2017.

———. *The Unseen Realm: Recovering the Supernatural Worldview of the Bible*. Bellingham, WA, EE.UU.: Lexham Press, 2015.

Herder, Johann Gottfried. *Älteste Urkunde des Menschengeschlechts: eine nach Jahrhunderten enthüllte heilige Schrift*. Vol. 1. Tübingen, Alemania: Cotta, 1806.

———. *Vom Geiste der ebräischen Poesie: Eine Einleitung für die Liebhaber derselben und der ältesten Geschichte des menschlichen Geistes*. 3ª ed. Vol. 1. Leipzig, Alemania: Johann Ambrosius Barth, 1825.

Heschel, Abraham J. *The Prophets*. Edición Perennial Classic, Publicado originalmente en 1962. New York, NY, EE.UU.: HarperCollins, 2001.

Hess, Peter M. J. "Two Books". Págs. 905–8 en *Encyclopedia of Science and Religion*. Editado por J. Wentzel van Huyssteen. New York, NY, EE.UU.: Macmillan Reference, 2003.

Hiebert, Paul G. *Transforming Worldviews: An Anthropological Understanding of How People Change*. Grand Rapids, MI, EE.UU.: Baker Academic, 2008.

Horowitz, Wayne. *Mesopotamian Cosmic Geography*. Winona Lake, IN, EE.UU.: Eisenbrauns, 1998.

Hughes, Jeremy. *Secrets of the Times: Myth and History in Biblical Chronology*. JSOTSup 66. Sheffield, Reino Unido: Sheffield Academic, 1990.

Janse, Jan C. *La tiranía del evolucionismo*. Traducido por Juan-Teodoro Sanz Pascual. 2ª ed. Barcelona, España: FELiRe, 1997.

Johnson, Marshall D. *The Purpose of the Biblical Genealogies: With Special Reference to the Setting of the Genealogies of Jesus*. London, Reino Unido: Cambridge University Press, 1969.

Josefo, Flavio. *Antigüedades de los judíos*. Editado por Alfonso Ropero. Barcelona, España: Clie, 2013.

———. *Antigüedades Judías: Libros I-XI*. Editado por José Vara Donado. Vol. I. Madrid, España: Ediciones Akal, 1997.

Joüon, Paul, y Tamitsu Muraoka. *A Grammar of Biblical Hebrew*. 2ª ed. SB. Roma, Italia: Gregorian & Biblical, 2011.

Juza, Ryan P. "Echoes of Sodom and Gomorrah on the Day of the Lord: Intertextuality and Tradition in 2 Peter 3: 7–13". *BBR* 24 (2014): 227–45.

Kay, Marc. "On Literary Theorists' Approach to Genesis 1: Part 1". *Journal of Creation* 21.2 (2007): 71–76.

Keel, Othmar. *Die Welt der altorientalischen Bildsymbolik und das Alte Testament: Am Beispiel der Psalmen*. Göttingen, Alemania: Vandenhoeck & Ruprecht, 1972.

———. *La iconografía del Antiguo Oriente y el Antiguo Testamento*. Traducido por Andrés Piquer. Madrid, España: Trotta, 2007.

Kinnaman, David. *You Lost Me: Why Young Christians Are Leaving Church ... and Rethinking Faith*. Grand Rapids, MI, EE.UU.: Baker, 2016.

Koehler, Ludwig, Walter Baumgartner, Johann Jakob Stamm, Benedikt Hartmann, Ze'Ev Ben-Hayyim, Eduard Yechezkel Kutscher, Philippe Reymond y M. E. J. Richardson. *The Hebrew and Aramaic Lexicon of the Old Testament*. Leiden, Países Bajos: Brill Academic, 1999.

Kugel, James L. *A Walk Through Jubilees: Studies in the Book of Jubilees and the World of Its Creation*. Supplements to the Journal for the Study of Judaism. Leiden, Países Bajos: Brill, 2012.

Lambdin, Thomas O. *Introducción al hebreo bíblico*. Traducido por María Melero y Noé Reyes. Estella, España: Verbo Divino, 2001.

Lamoureux, Denis O. *Evolutionary Creation: A Christian Approach to Evolution*. Eugene, OR, EE.UU.: Wipf and Stock, 2008.

Lang, Bernhard. "Non-Semitic Deluge Stories and the Book of Genesis a Bibliographical and Critical Survey". *Anthropos* 80 (1985): 605–16.

LeFebvre, Michael. *The Liturgy of Creation: Understanding Calendars in Old Testament Context*. Downers Grove, IL, EE.UU.: InterVarsity, 2019.

Lefèvre, André. "Note d'exégèse Sur Les Génélogies Des Qehatites". *RSR* 37 (1950): 287–92.

Legarreta, Felipe de J. "The Figure of Adam in Rom 5:12-21 and 1 Cor 15:21-22, 45-49: The New Creation and Its Ethical and Social Reconfigurations". Tesis Doctoral, Universidad de Loyola Chicago, 2011. https://ecommons.luc.edu/luc_diss_6mos/5.

Lennox, John C. *El principio según el Génesis y la ciencia: Siete días que dividieron el mundo*. Barcelona, España: Clie, 2018.

Levenson, Jon D. "The Temple and the World". *The Journal of Religion* 64.3 (1984): 275–98.

Levison, John R. *Portraits of Adam in Early Judaism: From Sirach to 2 Baruch*. 2ª ed. London, Reino Unido: Bloomsbury, 2015.

Lewis, C. S. *God in the Dock: Essays in Theology and Ethics*. 7ª ed. Grand Rapids, MI, EE.UU.: Eerdmans, 2014.

Linville, James R. *Amos and the Cosmic Imagination*. 2ª ed. New York, NY, EE.UU.: Routledge, 2018.

Livingstone, David N. *Adam's Ancestors: Race, Religion, and the Politics of Human Origins*. Baltimore, MD, EE.UU.: Johns Hopkins University Press, 2008.

Longman, Tremper. "Form Criticism, Recent Developments in Genre Theory, and the Evangelical". *WTJ* 47.1 (1985): 46–67.

———. *"What Genesis 1-2 Teaches (and What It Doesn't)"*. En *Reading Genesis 1-2: An Evangelical Conversation*. Editado por J.Daryl Charles. Peabody, MA: Hendrickson, 2013.

Longman, Tremper, y Daniel G. Reid. *God Is a Warrior*. Grand Rapids, MI, EE.UU.: Zondervan, 1995.

Louis, Ard. *Ard Louis: Science and Faith*, 2016. https://vimeo.com/153015977.

Lundbom, Jack R. *Jeremiah 1-20*. AB. New York: Doubleday, 1999.

———. *Jeremiah: A Study in Ancient Hebrew Rhetoric*. 2ª ed. Winona Lake, IN, EE.UU.: Eisenbrauns, 1997.

Lutero, Martín. *Gründliche und erbauliche Auslegung des ersten Buchs Mosis*. Traducido por Johann Georg Walch. Halle, Alemania: Johann Justinus Gebauer, 1739.

MacArthur, John. *La batalla por el comienzo: La creación, la evolución y la Biblia*. Traducido por John A. Bernal. Grand Rapids, MI, EE.UU.: Portavoz, 2003.

Mateu, Lluís Feliu y Adelina Millet Albà. *Enuma Elis y otros relatos babilónicos de la creación*. Madrid, España: Trotta, 2014.

Matthews, Víctor H. y Don C. Benjamin. *Paralelos del Antiguo Testamento: Leyes y relatos del Antiguo Oriente Bíblico*. Traducido por Ramón Díez Aragón. Santander, España: Sal Terrae, 2004.

McClellan, Daniel. "The Gods-Complaint: Psalm 82 as a Psalm of Complaint". *Journal of Biblical Literature* 137.4 (2018): 833–51.

McGrath, Alister. *A Theory of Everything (That Matters): A Brief Guide to Einstein, Relativity, and His Surprising Thoughts on God*. Carol Stream, IL, EE.UU.: Tyndale House, 2019.

———. *Heresy: A History of Defending the Truth*. New York, NY, EE.UU.: Harper Collins, 2009.

McGrath, Alister E. *Darwinism and the Divine: Evolutionary Thought and Natural Theology*. Oxford, Reino Unido: Wiley Blackwell, 2011.

———. "¿Ha Matado La Ciencia a Dios?" *Has Science Killed God?* Traducido por Javier A. Alonso. London, Reino Unido: SPCK, 2011. https://www.faraday.cam.ac.uk/wp-content/uploads/resources/Faraday%20Papers/Faraday%20Paper%209%20McGrath_SPAN.pdf.

———. *Re-Imagining Nature: The Promise of a Christian Natural Theology*. West Sussex, Reino Unido: Wiley-Blackwell, 2016.

Meyer, Rudolf. *Gramática del hebreo bíblico*. Traducido por Ángel Sáenz-Badillos. Barcelona, España: Clie, 1989.

Middleton, J. Richard. *A New Heaven and a New Earth: Reclaiming Biblical Eschatology*. Grand Rapids, MI, EE.UU.: Baker Academic, 2014.

Miscall, Peter D. *Isaiah 34-35: A Nightmare/A Dream*. Journal for the Study of the Old Testament Supplement Series 281. Sheffield, Reino Unido: Sheffield Academic, 1999.

Moo, Douglas J. *Comentario a la epístola de Romanos*. Barcelona, España: Clie, 2016.

Morris, Henry M. *Scientific Creationism*. San Diego, CA, EE.UU.: Creation-Life Publishers, 1974.

———. "The Vital Importance of Believing in Recent Creation". *Back to Genesis in Acts & Facts* (2000).

Mounce, Robert H. *Comentario al libro del Apocalipsis*. Traducido por Pedro L. Gómez Flores. Barcelona, España: Clie, 2007.

Niehoff, Maren. *Philo of Alexandria: An Intellectual Biography*. AB. New Haven, CT, EE.UU.: Yale University, 2018.

Numbers, Ronald L. *The Creationists: The Evolution of Scientific Creationism*. Berkeley, CA, EE.UU.: University of California Press, 1993.

Olazabal, Hernan Amat. "Evolución humana y el ADN mitocondrial (II)". *Investigaciones Sociales* 12.21 (2008): 103–44.

del Olmo Lete, Gregorio. *Mitos, Leyendas y Rituales de Los Semitas Occidentales*. Madrid, España: Trotta, 1998.

Oswalt, John N. *The Book of Isaiah, Chapters 1–39*. Grand Rapids, MI, EE.UU.: Eerdmans, 1986.

Paas, Stefan. *Creation and Judgement: Creation Texts in Some Eighth Century Prophets*. OTS. Leiden, Países Bajos: Brill, 2003.

Patmore, Hector M. *Adam, Satan, and the King of Tyre: The Interpretation of Ezekiel 28:11-19 in Late Antiquity*. Leiden, Países Bajos: Brill, 2012.

Perrin, Nicholas. *Jesus the Temple*. London, Reino Unido: SPCK, 2011.

Pikaza, Xabier. *Comentario al evangelio de Marcos*. Barcelona, España: Clie, 2012.

Polkinghorne, John. *Science and the Trinity: The Christian Encounter with Reality*. New Haven, CT, EE.UU.: Yale University Press, 2004.

Porter, Stanley E. *The Apostle Paul: His Life, Thought, and Letters.* Grand Rapids, MI, EE.UU.: Eerdmans, 2016.

Pratico, Gary D., y Miles V. van Pelt. *Basics of Biblical Hebrew Grammar.* 2ª ed. Grand Rapids, MI, EE.UU.: Zondervan, 2007.

Price, George McCready. *The New Geology.* Mountain View, CA, EE.UU.: Pacific Press, 1923. https://archive.org/details/newgeologytextbo00pric.

Rau, Gerald. *Mapping the Origins Debate: Six Models of the Beginning of Everything.* Downers Grove, IL, EE.UU.: IVP Academic, 2012.

Ropero, Alfonso. "Creación". Págs. 507–12 en *Gran Diccionario enciclopédico de la Biblia.* Editado por Alfonso Ropero. Barcelona, España: Clie, 2017.

———. "Eva". Págs. 838–9 en *Gran Diccionario enciclopédico de la Biblia.* Editado por Alfonso Ropero. Barcelona, España: Clie, 2017.

———. "Jehová de los ejércitos". Págs. 1306–7 en *Gran Diccionario enciclopédico de la Biblia.* Editado por Alfonso Ropero. Barcelona, España: Clie, 2017.

———. "Mito". Págs. 1715 en *Gran Diccionario enciclopédico de la Biblia.* Editado por Alfonso Ropero. Barcelona, España: Clie, 2017.

———, ed. *Obras escogidas de los Padres apostólicos.* Barcelona, España: Clie, 2018.

Rosin, Hanna. "As Jan. 1 Draws Near, Doomsayers Reconsider". *The Washington Post*, 27 de diciembre de 1999, § News.

Rupke, Nicolaas A. "Reclaiming Science for Creationism". Págs. 242–48 en *Creationism in Europe.* Editado por Stefaan Blancke, Hans H. Hjermitslev y Peter C. Kjærgaard. Baltimore, MD, EE.UU.: John Hopkins University Press, 2014.

Sarna, Nahum M. *Exodus.* JPS. Philadelphia, PA, EE.UU.: Jewish Publication Society, 1991.

———. *Exploring Exodus: The Origins of Biblical Israel.* 2ª ed. New York, NY, EE.UU.: Schocken Books, 2011.

———. *Genesis.* JPS. Philadelphia, PA, EE.UU.: Jewish Publication Society, 1989.

Schökel, Luis Alonso. *Diccionario bíblico hebreo-español.* 2ª ed. Madrid, España: Trotta, 1999.

————. *Hermenéutica de la palabra: Hermenéutica bíblica*. Vol. 1 de *Academia Christiana* 37. Madrid, España: Ediciones Cristiandad, 1987.

————. *Hermenéutica de la palabra: Interpretación literaria de textos bíblicos*. Vol. 2 de *Academia Cristiana* 38. Madrid: Ediciones Cristiandad, 1987.

————. "Motivos sapienciales y de la alianza en Gn 2-3". *Biblica* 43.3 (1962): 295–316.

Scholem, Gershom. *Major Trends in Jewish Mysticism*. 3ª ed. New York: Schocken Books, 1961.

Scio de San Miguel, Felipe. *La Santa Biblia: Traducida al Español de La Vulgata Latina y Anotada Conforme al Sentido de Los Santos Padres y Epistolarios Católicos*. Madrid, España: Gaspar y Roig, 1852. https://sirio.ua.es/libros/BEducacion/santa_biblia_05/ima0346.htm.

Scott, R. B. Y. "The Hebrew Cubit". *JBL* 77.3 (1958): 205–14.

Skehan, Patrick W. y Alexander A. Di Lella. *The Wisdom of Ben Sira*. AB. New York, NY, EE.UU.: Doubleday, 1987.

Sperling, S. David. "Belial". Págs. 169–71 en *Dictionary of Deities and Demons in the Bible*. Editado por Karel Van der Toorn, Bob Becking y Pieter W. Van der Horst. 2ª ed. Leiden, Países Bajos: Brill, 1999.

Stahl, Wilmar. *Culturas En Interacción: Una Antropología Vivida En El Chaco Paraguayo*. Asunción, Paraguay: El Lector, 2007.

Stone, Michael E. y Matthias Henze. *4 Ezra and 2 Baruch: Translations, Introductions, and Notes*. Minneapolis, MN, EE.UU.: Fortress Press, 2013.

Strack, Hermann Leberecht y Paul Billerbeck. *Kommentar zum Neuen Testament aus Talmud und Midrasch*. Vol. 4b. München, Alemania: Becksche Verlagsbuchhandlung, 1928. https://archive.org/details/kommentarzumneue00herm/mode/2up.

Strong, James. "היה Jayá". Pág. 116, en *Diccionario Strong de palabras originales del Antiguo y Nuevo Testamento*. Nashville, TN, EE.UU.: Caribe, 2002.

Stuckenbruck, Loren T. *The Myth of Rebellious Angels*. SSTJNTT. Grand Rapids, MI, EE.UU.: Eerdmans, 2017.

Svensson, Manfred. *Más allá de la sensatez: El pensamiento de C. S. Lewis*. Barcelona, España: Clie, 2015.

Swaggart, Jimmy, ed. *Biblia de Estudio Del Expositor*. Baton Rouge, LA, EE.UU.: Jimmy Swaggart Ministries, 2011.

Swamidass, S. Joshua. *The Genealogical Adam and Eve: The Surprising Science of Universal Ancestry*. Downers Grove, IL, EE.UU.: Inter-Varsity, 2019.

Tanzella-Nitti, Giuseppe. "The Aristotelian-Thomistic Concept of Nature and the Contemporary Debate on the Meaning of Natural Laws". *Acta Philosophica* 6.1997 (1997): 237–64.

Tellería, Juan María. "Géneros literarios". Págs. 986–7 en *Gran Diccionario enciclopédico de la Biblia*. Editado por Alfonso Ropero. Barcelona, España: Clie, 2017.

Tenesa, Albert, Pau Navarro, Ben J. Hayes, David L. Duffy, Geraldine M. Clarke, Mike E. Goddard y Peter M. Visscher. "Recent Human Effective Population Size Estimated from Linkage Disequilibrium". *Genome Res.* 17.4 (2007): 520–26.

Thompson, J. A. *A Book of Jeremiah*. NICOT. Eerdmans, 1980.

Toews, John E. *Romans*. BCBC. Scottdale, PA, EE.UU.: Herald, 2004.

Tsumura, David Toshio. *Creation and Destruction: A Reappraisal of the Chaoskampf Theory in the Old Testament*. 2ª ed. Winona Lake, IN, EE.UU.: Eisenbrauns, 2005.

Ussher, James. *A Body of Divinity: Or, The Sum and Substance of Christian Religion*. 8ª ed. London, Reino Unido: Robinson, Churchill, Taylor y Wyatt, 1702. https://catalog.hathitrust.org/Record/012308105.

Van Till, Howard J. "The Fully Gifted Creation". Págs. 159–218 en *Three Views on Creation and Evolution*. Editado por John Mark Reynolds y James Porter Moreland. Grand Rapids, MI, EE.UU.: Zondervan, 1999.

VanderKam, James C. *Jubilees 1–21*. Hermeneia. Minneapolis, MN, EE.UU.: Fortress Press, 2018.

Venema, Dennis R. y Scot McKnight. *Adam and the Genome: Reading Scripture After Genetic Science*. Grand Rapids, MI, EE.UU.: Brazos, 2017.

Vishwanath, Tara, Dhuraj Sharma, Nandini Krishnan y Brian Blankespoor. *Where Are Iraq's Poor: Mapping Poverty in Iraq*. Hoja de debate. Iraq: Banco Mundial, Junio 2015. http://documents.

worldbank.org/curated/en/889801468189231974/pdf/97644-WP-P148989-Box391477B-PUBLIC-Iraq-Poverty-Map-6-23-15-web.pdf.

Wall, Marcelo. "El legado del enfoque de Emil Brunner hacia la teología natural". *Espacio Teológico* 4.1 (2019): 47–68.

Waltke, Bruce. "The Creation Account in Genesis 1:1-3; Part II: The Restitution Theory". *Bibliotheca Sacra* 132.526 (1975): 136–44.

Walton, John H. *El mundo perdido de Génesis uno: Cosmología antigua y el debate de los orígenes*. Traducido por Jorge Ostos. Salem, OR, EE.UU.: Kerigma, 2019.

———. "Reading Genesis 1 as Ancient Cosmology". Págs. 141–69 en *Reading Genesis 1-2: An Evangelical Conversation*. Editado por J. Daryl Charles. Peabody, MA: Hendrickson, 2013.

———. *Zondervan Illustrated Bible Background Commentary: Genesis, Exodus, Leviticus, Numbers, Deuteronomy*. Vol. 1 de ZIBBC. Grand Rapids, MI, EE.UU.: Zondervan, 2009.

———, ed. *Zondervan Illustrated Bible Background Commentary: The Minor Prophets, Job, Psalms, Proverbs, Ecclesiastes, Song of Songs*. Vol. 5 de ZIBBC. Grand Rapids, MI, EE.UU.: Zondervan, 2009.

Walton, John H. y Tremper Longman. *The Lost World of the Flood: Mythology, Theology, and the Deluge Debate*. Downers Grove, IL, EE.UU.: InterVarsity, 2018.

Weiss, Meir. "Wege der neuen Dichtungswissenschaft in ihrer Anwendung auf die Psalmforschung: Methodologische Bemerkungen, dargelegt am Beispiel von Psalm XLVI". *Biblica* 42.3 (1961): 255–302.

Wenham, Gordon J. *Genesis 1-15*. Vol. 1 de *Word Biblical Commentary*. Grand Rapids, MI, EE.UU.: Zondervan, 1987.

———. "Sanctuary Symbolism in the Garden of Eden Story". Págs. 399–404 en *I Studied Inscriptions from Before the Flood: Ancient Near Eastern, Literary, and Linguistic Approaches to Genesis 1-11*. Editado por Richard S. Hess y David Toshio Tsumura. Winona Lake, IN, EE.UU.: Eisenbrauns, 1994.

Whitcomb, John C. y Henry M. Morris. *El diluvio del Génesis: El relato bíblico y sus implicaciones científicas*. Barcelona, España: Clie, 1982.

White, Ellen Gould. *Patriarchs and Prophets*. Toronto, Canadá: Review and Herald, 1890. http://archive.org/details/patriarchsprophe00whituoft.

Winston, David. *The Wisdom of Solomon: A New Translation with Introduction and Commentary*. AB. New York, NY, EE.UU.: Doubleday, 1979.

Witte, Markus. *Die biblische Urgeschichte*. BZAW. Berlín, Alemania: De Gruyter, 1998.

Wolff, H. Walter. *Oseas Hoy*. Traducido por Faustino Martínez Goñi. Salamanca, España: Sígueme, 1984.

Wray Beal, Lissa. *1 & 2 Kings*. AOTC 9. Downers Grove, IL: IVP Academic, 2014.

Wright, Archie T. *The Origin of Evil Spirits: The Reception of Genesis 6:1-4 in Early Jewish Literature*. WUNT2 198. Tübingen, Alemania: Mohr Siebeck, 2005.

Wright, N. T. *The New Testament and the People of God*. Vol. 1 de *Christian Origins and the Question of God*. Minneapolis, MN, EE.UU.: Fortress, 1992.

Wright, N. T. *The Resurrection of the Son of God*. 5ª ed. Minneapolis, MN, EE.UU.: Fortress, 2003.

Wyatt, Nick. *Religious Texts from Ugarit*. 2ª ed. Biblical Seminar 53. London, Reino Unido: Sheffield Academic, 2002.

"ABS RECORD". *American Bureau of Shipping (ABS)*, s.f. https://www.eagle.org/portal/#/absrecord/details.